新时代荆楚大遗址保护与考古（文化）遗址公园建设研究

湖北省文物事业发展中心 编

武汉大学出版社
WUHAN UNIVERSITY PRESS

图书在版编目（CIP）数据

新时代荆楚大遗址保护与考古（文化）遗址公园建设研究/湖北省文物事业发展中心编. —武汉:武汉大学出版社,2024.5
湖北文物保护系列图书
ISBN 978-7-307-24188-6

Ⅰ.新…　Ⅱ.湖　Ⅲ.①文化遗址—文物保护—研究—湖北　②文化遗址—国家公园—建设—研究—湖北　Ⅳ.K878

中国国家版本馆 CIP 数据核字（2023）第 237621 号

责任编辑:李　程　　　责任校对:李孟潇　　　版式设计:马　佳

出版发行:**武汉大学出版社**　（430072　武昌　珞珈山）
（电子邮箱:cbs22@ whu.edu.cn 网址:www.wdp.com.cn）
印刷:湖北金港彩印有限公司
开本:787×1092　1/16　印张:20.5　字数:429 千字　插页:10
版次:2024 年 5 月第 1 版　　2024 年 5 月第 1 次印刷
ISBN 978-7-307-24188-6　　　定价:99.00 元

新时代荆楚大遗址保护与考古（文化）遗址公园建设研究

编纂委员会

主　任：余　萍

副主任：晏　妮　陈　飞　张晓云

成　员：杜　杰　张　君　何　凌

　　　　汤强松　周　卉

特约审稿人：

　　　　雷　鸣　余西云　蔡　丹

　　　　李长盈　彭　蛟

1. 荆州熊家冢国家考古遗址公园

2. 武汉盘龙城国家考古遗址公园

3. 荆门屈家岭国家考古遗址公园

4. 潜江龙湾国家考古遗址公园

5. 湖北省文化遗址公园——明楚王墓

6. 湖北省文化遗址公园——炎帝神农故里

7. 湖北省文化遗址公园——东坡赤壁

8. 湖北省文化遗址公园——关陵

9. 湖北省文化遗址公园——古隆中

10

11

10. 湖北省文化遗址公园——华新水泥厂旧址

11. 湖北省文化遗址公园——赤壁古战场

12. 湖北省文化遗址公园——屈原祠

13. 湖北省文化遗址公园——走马岭遗址

14. 湖北省文化遗址公园——建始直立人遗址

15. 湖北省文化遗址公园——铜绿山古铜矿遗址

16. 湖北省文化遗址公园——三游洞　　18. 湖北省文化遗址公园——彭家寨

17. 湖北省文化遗址公园——李时珍墓　　19. 湖北省文化遗址公园——容美土司屏山爵府遗址

18

19

20. 湖北省文化遗址公园——凤凰咀遗址

21. 国家考古遗址公园立项项目——楚纪南城

22. 国家考古遗址公园立项项目——石家河

23. 国家考古遗址公园立项项目——苏家垄墓群

21

22

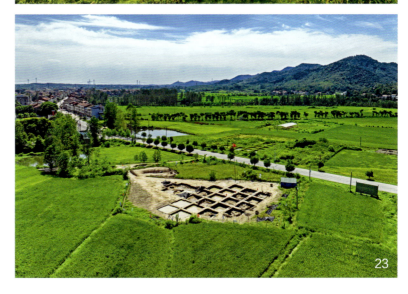

23

24. 国家考古遗址公园立项项目——学堂梁子

25. 国家考古遗址公园立项项目——擂鼓墩

建好用好遗址公园 弘扬优秀荆楚文化

习近平总书记指出，"荆楚文化是悠久的中华文明的重要组成部分，在中华文明发展史上地位举足轻重"①。近年来，湖北省把遗址公园建设作为荆楚文化保护传承的重要抓手，坚持"保护第一、加强管理、挖掘价值、有效利用、让文物活起来"的新时代文物工作方针，推动遗址公园成为文旅融合的重要载体和促进区域经济社会发展的新引擎。目前，已建成开放熊家冢、盘龙城、屈家岭、龙湾国家考古遗址公园4处，楚纪南城、铜绿山、石家河、苏家垄、明楚王墓、学堂梁子、擂鼓墩共7处国家考古遗址公园获批立项，总量位居全国第三、南方省份第一；评定公布湖北省文化遗址公园三批次共18处。长江、长征国家文化公园湖北段建设正加紧推进。以国家文化公园、国家考古遗址公园、湖北省文化遗址公园为主体的荆楚文化保护传承体系初步形成。

一、坚持全域布局，系统谋划部署

在全省经济社会发展大局中，把遗址公园建设作为省之要事，全域布局，系统谋划，高位推进。

（一）着眼全省总体谋划

荆楚大遗址数量多、规模大、价值高，是荆楚文化在中华文明辉煌历史中的重要标志性物质遗存。2019年，省政府启动荆楚大遗址传承发展工程，陆续制定发布《荆楚大遗址传承发展工程实施方案（2019—2023年）》《荆楚大遗址传承发展工程规划（纲要）》，提出通过一轴（大遗址保护中心轴线）、两翼（西翼自然风光、东翼人文景观）、三区（曾随文化保护展示区、史前文化保护展示区、楚文化核心保护展示区）、多组团的整体布局整合全

---

① 《习近平会见印度总理莫迪》，中国政府网（http://www.gov.cn/xinwen/2018-04/27/content_5286462.htm），2018年4月27日，检索时间：2024年3月22日。

省重要大遗址资源，将全省 40 处大遗址纳入项目库，到 2023 年"建成开放的国家考古遗址公园和湖北省文化遗址公园不少于 20 个"。

(二) 凝聚合力高位推进

省政府成立由常务副省长任组长的荆楚大遗址传承发展工程领导小组，连续三年将实施荆楚大遗址传承发展工程写进省政府工作报告；重点大遗址所在地党委、政府成立领导小组或工作专班，强化统筹协调，推进工作落实。先后出台《曾随文化遗址保护条例》《屈家岭遗址保护条例》等专项法规。推荐 20 余处大遗址升格为全国重点文物保护单位、湖北省文物保护单位，提升大遗址保护和遗址公园建设在当地经济社会发展中的关注度、优先级。

(三) 提高标准系统打造

坚持世界眼光、一流标准，在学习借鉴兄弟省份先进经验的基础上，贯彻落实新时代文物工作方针要求，提出一个主题、一本规划、一座博物馆、一个以上展示区、一个考古工作站、管理队伍和科研队伍两个支撑的"一题一规一馆一区一站两支撑"的建设标准，既体现"一园一策"，又形成遗址公园建设的湖北特色。2023 年 4 月，国家文物局在武汉召开国家考古遗址公园现场会，省文化和旅游厅 (省文物局) 在大会作交流发言；2023 年 6 月，国家文物局《贯彻落实〈关于加强文物保护利用改革的若干意见〉工作简报》(第 28 期) 刊发《湖北省建好用好考古遗址公园 在城乡建设中保护传承优秀传统文化》，向全国文物系统介绍湖北有关经验做法。

二、坚持创新推进，破解发展难题

在全省深化改革一盘棋中，把荆楚大遗址传承发展工程列为文化体制改革重点项目全力推进。

(一) 完善制度机制

建立省文物工作联席会议制度，充分调动发挥 19 家省直部门协作效能。省委省政府印发《关于加强全省文物保护利用改革的工作措施》《关于在城乡建设中加强历史文化保护传承的具体措施》等文件，部署落实统筹文物保护与经济社会发展的重点任务。

(二) 深化行业改革

优化直属文博事业单位机构设置和人员配置，成立副厅级省文物事业发展中心，协助开展包括大遗址在内的文博领域发展研究、评估论证、技术支撑、交流合作、服务保障等工作；推进省水下文化遗产保护中心整体并入省文物考古研究所，增加人员编制，组建省文物考古研究院，将省博物馆与省考古院分开独立运行；推进省文物交流信息中心、省工艺美术研究所整体并入省博物馆。省文化和旅游厅(省文物局)与武汉大学共建长江文明考古研究院，与湖北大学共建湖北大学文化遗产学院，用好在汉高校专业力量，搭建人才培养培训平台。

(三)破解困难问题

省领导多次听取遗址公园建设专题汇报、深入现场调研，推动解决资金缺口、征地拆迁等问题。近年来，在省委省政府关心重视下，省财政厅、省文旅厅(省文物局)统筹将国家和省级文物保护专项资金的约45%(共约8亿元)用于大遗址保护利用和遗址公园建设，实施大遗址本体保护展示、环境整治等50余项。地方政府充分发挥主观能动性，通过发行政府债券、争取世界银行贷款、接受社会捐赠等多种方式筹措资金，保障遗址公园建设持续推进。屈家岭每年将全区财政收入的40%用于遗址公园项目建设。熊家冢国家考古遗址公园利用世界银行贷款资金1.3亿元完善设施与展陈，园区景观基础设施、智慧化建设等全面提档升级。为解决考古与研究不足、重建设轻运营等问题，在多个大遗址设立大学生考古教学实践基地，引入社会力量参与运营，不断提高遗址公园建设和运营水平。

三、坚持文旅融合，提升品牌形象

在全省推进文旅深度融合中，把遗址公园建设作为重要载体，全程衔接，以文塑旅，以旅彰文，提高遗址公园的品牌力、影响力。

(一)在建设运营中融合

发挥文化引领、旅游引擎作用，遗址公园规划阶段就注重文物文化和旅游的融合，在保持遗址信息真实完整的基础上，为后期展示利用留足空间和接口。以大遗址为核心，着力打造集科研、展示、休闲等功能于一身的文化旅游综合体。荆州市专门设立正县级的荆州纪南生态文化旅游区，以楚纪南故城、鸡公山、郢城等大遗址为依托，在城乡接合带催生了一座文旅产业发展新城。

(二)在景区创建中融合

以创建A级景区为抓手，注重大遗址与周边山水风光、人文风物的有机融合、相生共长，依托遗址公园创建高品位的文化旅游景区和特色旅游目的地，形成文旅融合的新场景、文旅产业的新业态。各遗址公园按照 A 级景区标准加强质量建设，纳入当地精品旅游线路，打造遗址公园旅游品牌。赤壁古战场遗址在创建 5A 级景区中，突出"三国"文化特色，推出一批精品旅游线路，深受游客喜爱。目前，全省国家考古遗址公园、湖北省文化遗址公园中 AAA 级以上景区 9 家，已成为人民群众关注、喜爱的打卡地。

（三）在宣传展示中融合

充分挖掘大遗址价值内涵，创新展示传播手段。举办形式多样的学术交流活动，提升考古遗址博物馆展陈质量，推出更多原创性主题展览，盘龙城遗址博物院基本陈列荣获"全国博物馆十大陈列展览推介活动"精品奖。利用"云博物馆""云展览"等线上展示，通过新媒体广泛传播大遗址考古重要发现，考古话题成为互联网上的热点。做好遗址公园品牌包装、推介，制作出一批大遗址纪录片、宣传片，使湖北遗址公园走出湖北、走向全国、走向世界。2020 年，屈家岭遗址公园开展屈家岭文化 IP 全球征集大赛，收到国内外参赛作品 2476 件（套），引发广泛关注。

四、坚持围绕中心，服务地方发展

湖北在加快建设全国构建新发展格局先行区中，把遗址公园作为满足人民群众精神需求的公共文化空间，服务中心工作、服务群众生活，带动周边区域发展。

（一）提供优质文化服务

坚持遗址公园公益属性，把遗址公园建设运营有机融入现代生活，提供优质文化场所、产品和体验。许多遗址公园设置了趣味性文化体验设施，开展"考古小工地""博物馆寻宝记"等活动，提升学生参与度、游客体验度。明楚王墓文化遗址公园开展考古探秘小教学，推出"老王说藩王"系列短视频，让游客对话历史、探秘考古，了解湖北的藩王文化。结合时代热点和趋势，各遗址公园推进文博创意产品开发，让更多文物可爱、好玩、可用、"出圈"，促进文化消费提质升级，多项文创产品在"博博会""文博会"等国家级博览会获奖，盘龙城遗址博物院荣膺 2022 年"全国最具创新力博物馆"。

（二）提升周边设施环境

借势国家和省级重大战略，将遗址公园建设与乡村振兴、城市更新、民生改善相结合，由交通、农业农村、自然资源、生态环境等部门参与规划设计和建设运营，促进周边环境改造、水体污染治理、生态景观升级、市政交通等基础设施改善。襄阳凤凰咀遗址公园建设中，注重发挥乡镇基层治理"最后一公里"的作用，一体推进遗址公园和美丽乡村建设，遗址核心区所在地闫营村被授予"2021年中国美丽休闲乡村"。

（三）营造综合文化生态

贯彻共建共治共享理念，将遗址公园建设与当地特色经济、文化、风俗习惯相结合，营造综合文化生态。潜江市在龙湾遗址公园建设中注重保护原生农业和生态，在周边农田推行虾稻共生种植模式，把遗址公园与特有的虾经济、虾文化有机融合，描绘出一幅美丽的田园水乡画卷。荆门市发挥屈家岭遗址公园辐射影响力，围绕"稻缘·农魂"主题定位，在周边延展构建农业、纺织业、文旅、文创等产业，打造"中国农谷"，为区域带来经济和税收增长，并反哺大遗址保护利用。

下一步，我们将继续深入学习贯彻党的二十大精神，贯彻落实习近平总书记关于文物工作重要论述和指示批示精神，认真落实省第十二次党代会精神和国家文物局工作部署，建好用好遗址公园，弘扬优秀荆楚文化，以文物事业高质量发展成果，为湖北建设全国构建新发展格局先行区提供坚强文化支撑，为传承弘扬中华文明、推进文化自信自强、努力建设中华民族现代文明贡献湖北力量！

湖北省文化和旅游厅党组成员
湖北省文物事业发展中心党委书记、主任
余萍
2024年3月22日

目　录

综　合　篇

1

案 例 篇

附 录

城址类大遗址保护与利用中的考古工作思路与方法

刘　辉*

摘　要： 城址类大遗址与一般大遗址相比，具有规模大、等级高、地位突出、延续时间长、遗存复杂的特点。对一个地区历史和文化及文明进程的了解，从城址类大遗址入手开展考古和研究工作，往往能取得轰动性的发现和突破性认识。相比一般类型的大遗址和其他遗存形态，这些列入大遗址保护项目的城址类大遗址具有自身的特殊性，因此，其考古工作的思路与方法与其他遗址相比有一定的区别。充分必要的考古工作是保证大遗址保护利用和考古遗址公园建设的关键。对城址类大遗址的保护利用，在开展保护规划和考古遗址公园建设立项前，都应该做到考古先行，并贯穿始终。考古发掘与研究在强调学术性的同时，应充分考虑考古遗址公园展示利用的需要，重要遗存尽可能完整揭露，并与遗址公园建设的主题和时代要求一致。

关键词： 城址；大遗址保护；遗址公园建设；考古

一、前言

大遗址是中国古代文明的高度凝聚体，是中华民族历史传承最直接、最主要的见证。城址类大遗址是其中最引人注目的文化遗产，通常以面积大、结构复杂、延续时间长而著称，相当多的城址在一段时间内作为地区的政治、经济、文化中心，是人类智慧和文明的结晶，反映了某一时期社会、文化、经济发展的最高水平，具有十分重要的历史和文化价值。从中心城址类聚落获得的地区历史和文化的认识和了解，是一般遗址所不能比的。因此，城址类大遗址的考古工作历来是考古学界优先考虑和关注的重点，也是需要重点保护和展示利用的文化遗产。同时，以这样的文化遗产来建设考古遗址公园，能更好地弘扬优

---

* 刘辉，湖北大学历史文化学院（文化遗产学院）教授。

秀的历史文化，激起遗址所在地政府和民众的参与积极性。

2013 年国家文物局在公布的大遗址考古工作要求中提出，大遗址考古的主要目的是支撑遗址保护，促进有序利用；加强考古学科建设，推动学科进步；服务遗址管理和展示，支持考古遗址公园建设；改善遗址环境，造福当地民众。并提出大遗址考古是在严格遵守《中华人民共和国文物保护法》和《田野考古工作规程》的基础上，主动调整工作方式和方法、更新保护技术和理念、创新管理机制和模式的文化遗产保护实践①。2021 年 10 月国家文物局公布的《大遗址保护利用"十四五"专项规划》又提出，大遗址是实证"中国百万年人类史、一万年文化史、五千多年文明史"的核心文物资源。做好大遗址保护利用工作，让陈列在广阔大地上的遗产"活起来"，有利于突出中华文明的历史文化价值，有利于体现中华民族的精神追求，有利于向世人展示全面真实的古代中国和现代中国。同时公布了 145 处大遗址保护项目，其中属于城址类的大遗址共计 75 处，占项目总数的半数以上，时代从新石器时代一直到明清②，且绝大多数属于国家或省级重点文物保护单位。相比一般类型的大遗址和其他遗存形态，这些列入大遗址保护项目的城址类大遗址具有自身的特殊性，因此，其考古工作的思路与方法，与其他遗址有一定的区别，也与配合基建的抢救性考古发掘有明显区别。本文拟从笔者多年的城址类遗址考古工作的实践出发，总结经验，就相关考古工作的思路和方法提出自己粗浅的看法，抛砖引玉，供学界讨论。

二、城址类大遗址基本特点

1. 同时期或同类遗址中，城址类大遗址规模大、等级高、地位突出，均为不同时期的都城遗址、地区首府或重要军事城堡等

城址往往为某一时期的都邑型聚落或区域中心聚落，周边汇聚较多的附属遗址或墓地，形成规模庞大的遗址群。城址类大遗址往往代表一个地区某一时期社会文化发展的最高水平，因此，对一个地区历史和文化及文明进程的了解，从城址类大遗址入手开展考古和研究工作，往往能取得轰动性的发现和突破性认识。

---

① 国家文物局：《大遗址考古工作要求》，国家文物局网（http：www.ncha.gov.cn/art/2013/1/28/art_2237_23506.html），2013 年 1 月 28 日，检索时间：2023 年 8 月 8 日。

② 《国家文物局关于印发〈大遗址保护利用"十四五"专项规划〉的通知》，中国政府网（https：//www.gov.cn/zhengce/zhengceku/2021-11/19/content_5651816.htm），2021 年 10 月 12 日，检索时间：2023 年 8 月 8 日。

2. 布局与结构复杂，存在不同功能分区

城址内部有宫殿区或高等级居住区、平民居住区、宗教祭祀区、手工业作坊区等各种功能区，城址周边有城墙、护城河、烽火台、哨卡等各种军事防御设施，以及墓葬区、平民居住区、农业耕作区等功能区。当然，不同等级、不同时期的城址其内部结构和功能分区也不同。相比来说，时代越晚，城址的布局和功能分布越规范，模式化越明显，并有大量的官方文献、地方史志记载相印证。相反，越是早期的遗址，其结构和布局越具有不确定和未知性，而科学系统的考古工作，是认识早期城址尤其是先秦城址的最重要、甚至是唯一的手段。

3. 遗迹现象多，地面显性遗存与地下隐形遗存同时存在

城址类大遗址一般有城墙、环壕、烽火台、高台建筑基址等显性地面遗存，由于居住的人口密度大、各类活动频繁、延续时间长，地下文化层堆积较一般遗址要厚，地下隐藏未知的各类遗迹现象也更为多样复杂。对于显性遗存和隐形遗存，需要采取不同的考古工作思路和方法。对于地下遗存，往往发掘越多、越细致，认识越全面，越接近历史原貌，而对于显性遗存，一般以破坏最小的考古调查和勘探为主，过多的考古发掘显然是一种破坏，会破坏遗迹的完整性和原始风貌。

4. 后期反复使用或改建现象较为普遍，不同时期的遗存集中于一个遗址内

城址类大遗址考古工作的复杂性和难度要远高于其他遗址。这就要求考古工作必须有明确的计划和目的，围绕一个明确的主题开展。否则，有可能会造成遗址公园主题不突出，以及民众认知上的混乱。除非每个时期的遗存在历史上都很重要，都是需要重点研究和展示的对象，否则，一定要有所侧重，分清主次，鱼与熊掌不可兼得。

由于城址类大遗址具有以上特点，学术界以及各级文物管理机构都非常重视城址类大遗址的考古和研究，并将其置于优先地位。发现一个城址，尤其是不见于文献记载的城址，就是比较重大的考古发现。而每一个城址类大遗址，都是考古遗址公园建设的潜在对象，都有必要做好文物保护和展示利用。

三、城址类大遗址考古工作的重要性和必要性

对城址类大遗址的保护利用，在开展保护规划和考古遗址公园建设立项前，都应该做

到考古先行，在充分必要的考古调查、发掘之后，才能进入下一个阶段。可以说，充分必要的考古工作是保证大遗址保护利用和考古遗址公园建设的关键。其重要性和必要性主要体现在以下几个方面。

1. 考古调查与发掘是认识历史久远、不见或鲜见于文献记载的城址的基本情况，揭示其文化内涵最重要的手段

第一，城址的分布范围和面积，只有通过系统的拉网式调查和勘探，才能获得最客观的认识。即便是那些很早就已发现、已做过多年的考古工作的大遗址，每次系统调查和勘探，都会有新的认识和收获，如石家河遗址，在 2015 年的考古调查和勘探中，就在石家河古城的中心谭家岭，又发现了一座时代更早的史前城址①。在对石家河古城周边的拉网式调查中，新发现朱家坟头遗址、张家湾遗址等。同时，通过调查和勘探，认识到城址周边围绕护城河分布的台地各有其特殊的作用和功能②。

第二，城址的年代，需要通过对城墙等关键位置或功能区的考古工作来予以确认。尤其是时代久远、已湮没于历史长河中且无文献记载或文献记载较少的城址，其兴建、使用、废弃的年代，都需要通过考古发掘，才能得出科学真实的结论。即便是文献有明确记载的晚期城址，由于后期反复的改建和使用，也需要通过必要的考古手段，确定城址的关键时间节点的年代，并与文献记载互相印证。通常了解城址的年代最直接有效的考古学手段是对城墙和护城河的解剖，尤其是早期城址，湖北 2000 年以来新发现的一批史前城址如门板湾、叶家庙、笑城、走马岭、城河等，对其年代的确认均是如此。其次是对宫殿区（衙署区）、高等级居住区或其他重要功能区的发掘。

第三，只有通过长期持续不断的考古工作积累，才能丰富对城址文化内涵，包括城址的布局与基本结构、各功能区的组成与基本特征的认识。

汉代以后的城址，及其布局逐步形成定制，有一定的规律和制度可循，但由于后期反复的使用、改建与破坏，对其布局与结构的认识仍然必须以考古手段为主，文献记载只能作为参考。事实表明，目前我国各时期的都城遗址，如汉唐长安城、洛阳汉魏城、元大都城，这些官方文献记载较多的城址，对其结构与布局的认识，都是新中国成立后数十年持续不断的考古工作所得。而汉代以前的城址，大多尚未形成定制，每一个城址都有其特殊性，从一个城址获得的知识和经验，很难全盘照搬应用到另一个城址，唯有通过长期系统

① 湖北省文物考古研究所等：《湖北天门石家河谭家岭城址 2015—2016 年发掘简报》，《江汉考古》2017 年第 5 期。

② 湖北省文物考古研究所等：《湖北天门市石家河遗址 2014—2016 年的勘探与发掘》，《考古》2017 年第 7 期。

的考古工作，一点一点揭露出城址的各个部分，才能获得尽可能接近历史真实的认识，不断丰富对城址文化内涵的认识，复原城址的历史原貌。这些知识也是大遗址保护利用和建设遗址公园必不可少的背景资料。这一点体现最明显的是 2015 年列入世界文化遗产名录的土司系列遗产。即便是如唐崖土司城址这样总体格局延续至今、破坏最小且存在大量地面遗存的大遗址，在考古未介入之前，对其的认识还是相当有限的，城址内到处耸立的各种城墙、围墙等建筑遗存反而让人摸不着头脑，唐崖城址的格局及年代也是一团迷雾，各种观点层出不穷。2013 年经过系统的考古调查，对各种遗存进行细致清理后，才逐步弄清楚城址的结构与布局，为唐崖申遗成功提供了最科学的材料①。

第四，只有通过长期持续不断的考古工作，才能理清城址不同时期的聚落形态及发展与演变。一般延续时间长、年代久远的城址，城内文化堆积丰厚，各类遗迹数量众多，盘根错节，遗迹之间的叠压打破关系异常复杂。只有通过细致的考古调查和发掘，才能了解城址现有地面遗存和地下遗存的保存情况，并通过调查和勘探发现更多的遗存，确认遗存的性质，了解各类遗迹现象之间的复杂关系，甄别出不同时期的遗迹和遗物。如石家河遗址，是一个延续了近 2000 年的特大史前城址，城内文化层堆积较厚，不同时期的遗存互相叠压，错综复杂，通过 20 世纪 50 年代以来近 70 年的考古工作与研究，才对其从油子岭文化谭家岭城到屈家岭文化与石家河文化石家河城再到后石家河文化城址废弃，这样一个聚落形态的发展和演变有了初步的认识，构成了我们对于石家河遗址的基本认识。

严格来说，广义的城址分布范围不仅仅是护城河围合部分，周边同时期的附属设施或遗址也应纳入城址的分布范围，如分布在城址周边的普通居住区、高等级墓葬、祭祀遗存、手工业作坊区等，构成一个规模庞大的遗址群。有时由于城址内遗存保存较差，城外的遗存就显得更为重要。因此，对城址的考古也应将周边一定距离内的遗存纳入其中，构成一个完整的有机体，丰富对城址布局和等级地位的认识。如石家河遗址，2022 年在配合沿江高铁的抢救性发掘中，在遗址东南方向和西部发现一系列遗址，这些遗址多数为油子岭文化时期的遗址，只有少数为石家河文化时期的遗址，这对我们之前的认识，认为周边遗址多数为城址鼎盛时期的遗存的观点提出了挑战。

2. 考古工作是城址类遗址制订中长期文物保护规划、考古遗址公园建设立项的必要和重要支撑

只有通过考古工作揭露的遗迹和出土的各种实物资料，才能充分认识遗址的重要性，了解城址所具有的等级和地位，明确其历史定位，揭示城址所蕴含的历史价值、文化价

---

① 湖北省文物考古研究所等：《咸丰唐崖土司城址衙署区发掘简报》，《江汉考古》2014 年第 3 期。

值、社会价值、艺术价值，为城址类遗址的保护利用以及后期的考古遗址公园建设提供决策依据，提炼遗址公园的主题。

实际上，湖北已完成中长期文物保护规划编制和纳入国家和省级遗址公园立项名单的城址类大遗址，如石家河、盘龙城、纪南城等，都是经过系统科学的考古调查与勘探，并经过必要的考古发掘，对遗址的文化内涵和历史价值有了较为深入认识的遗址，且已纳入国家文物局考古中国和长江中游文明化进程的主动性考古项目名单。

3. 建设考古遗址公园，对遗址的展示和陈列，不能建立在文献和历史传说的基础上，而应依托实实在在的物质遗存

考古遗址公园的本质是对城址文化内涵和基本特征的展示和利用，更需要考古工作提供第一手的资料和素材。考古发掘揭露的主要遗存本身即为遗址公园展示的主要内容，遗址公园应以揭示的遗存为核心进行建设。另外，附属于遗址公园的遗址博物馆也应该依托考古发掘成果，展示的文物主要来源于考古发掘。可以说，遗址公园建设的成败、水平的高低直接取决于考古工作的深度、广度和质量。缺乏考古遗存展示的考古遗址公园，必然会陷入空洞和肤浅的说教，是不完整的。如石家河考古遗址公园，印信台祭祀遗址和三房湾制陶作坊遗址，均是遗址公园现场展示的重要内容。唐崖土司城址更是对衙署区做了全面揭露，成为遗址公园最核心的展示场景之一。

四、城址类大遗址考古工作的思路与要点

1. 需要制订科学可行的中长期考古工作计划，建设稳定、专业考古团队

城址类大遗址由于规模较大，遗存复杂，需要解决的问题及疑难点较多，考古工作往往延续时间较长。如石家河遗址，面积达 8 平方千米，虽有几代考古学者长达近 70 年的考古工作，但对其认识仍然十分有限，对城址的揭露仍只是冰山一角，可以肯定的是，对石家河遗址的考古工作仍将持续相当长时间。因此，对于体量庞大、遗存复杂的大型城址，在开展新一轮考古工作前，首先需要制订长期切实可行的考古工作计划。计划的思路、目标要明确。同时，对于已纳入考古遗址公园建设的城址，短期或中期的考古工作计划还要与遗址公园建设方案相协调，与遗址公园建设的思路和主题一致，不能变成考古成果与陈列展示两张皮，甚至互相冲突。

建设一支结构合理、人员梯队明显、专业分工明确的考古发掘队伍非常必要，这是保持考古工作能够持续开展的关键，也只有稳定、层次分明的考古专业团队，才能着眼于遗

址的长远发展，维持考古工作计划的连续性和严肃性，同时保证良好的学术传承。

2. 考古先行，贯穿始终

在制订遗址文物保护规划之前，通过系统的考古调查和勘探，摸清家底，为保护规划提供依据。纳入考古遗址公园建设的城址，要根据制订的考古工作计划持续开展考古工作，真正做到考古先行。城址类大遗址保护利用与遗址公园建设不会一蹴而就，随着对城址的新认识以及新发现的出现，必然会有新调整、新问题。但是无论怎么变化，怎么调整，都必须做到考古及研究工作贯穿始终。考古调查、考古发掘、考古研究伴随遗址公园建设的始终。除了以学术为目的或以配合遗址公园陈列展示为主的主动性考古发掘，还有临时的、不可预见的抢救性发掘，如公园内基础设施建设、遗址周边居民安置小区建设、配套设施建设，均应先做好调查勘探，发现有遗存的，应做好文物影响评估，做好下一步的考古工作。切忌为保护展示一个遗存，而破坏了另外的遗存。即使遗址公园已基本建成，学术性的主动性发掘仍将持续。随着新遗存的发现，或陈列展示区的调整与改变，还会出现新的考古工作。

3. 做好考古测绘

建立永久性的考古坐标系统，完善考古一张图，将所有探孔、发掘探方、揭示遗迹及出土遗物置于三维矢量图。长期项目还应使用田野考古数字化管理平台，并保证发掘资料在一定范围内的资源共享。

由于城址面积大小不一，最大城址达数十平方千米，最小的仅几万平方米。需要采取不同的坐标系统，一般从基点出发，单向距离不超过 500 米的城址，可以采取象限法分区，如果遗址明显属于不同的地貌单元，也可以按照遗址分区。对于距离基点单项距离超过 500 米的特大型城址，应采取网格状分区，但无论怎么分区，遗址的总基点应始终只有一个。

4. 考古工作与研究始终将学术性放在第一位

城址类大遗址需要解决的学术问题较多，往往旧的问题没有解决，在考古发掘的过程中又会出现新的问题。遗址的保护利用及遗址公园的后期发展与调整和完善应以学术为先导，客观反映最新的考古和研究成果，尽可能准确地揭示遗址的文化内涵，复原遗址原貌，明确历史定位。并着眼于解决或呼应当代重要的学术问题和课题，丰富对城址的认识，深化遗址价值研究。

5. 充分考虑考古遗址公园展示利用的需要

对于发掘揭示的具有重要历史和文化价值的重要遗迹或文物，应尽量原地保留，不必像传统考古那样一挖到底，并尽可能通过扩方做到完整全面的揭露，如大型建筑基址、密集连片的墓地或祭祀遗存、手工业作坊等。发掘过程中，领队或项目负责人应控制好发掘进度，各探方发掘进度应尽量保持在统一界面、同一时期文化层或遗迹。这样做的好处是，发现规模较大重要遗迹，能够做到统一清理、完整揭露，特别重要的遗存，还要考虑将来陈列展示的需要，尽量少挖解剖沟、尽量少提取保存较好附属于遗迹的文物标本或建筑构件。如唐崖衙署区的发掘，衙署区是最能反映唐崖土司城址等级和地位的功能区，我们对衙署区的建筑基址进行了整体揭露，现场蔚为壮观，衙署区建筑的布局、结构与特征一目了然。

6. 突出于地面的显性遗存以保护为主，以最小干预原则做好考古工作

城垣、烽火台、地面台基建筑、大型红烧土建筑、祭祀台基等显性遗存，发掘时应尽量保持遗存的完整性，确需解剖了解其堆积特征和年代的，选取有自然剖面或破坏较为严重的地点进行解剖，切勿在保存最好、地势最高的地方开挖探沟，否则会给将来的陈列展示带来败笔。如果已纳入遗址公园陈列展示的范畴，而遗迹之上晚期地层堆积较厚，应进行全面的考古发掘，发掘至遗存即可停止，不必像配合基建的抢救性发掘那样发掘至生土，不涉及遗迹的其他探方也应尽量保留在与遗迹同时的同一界面，此时，遗迹之间关系，共时性重于历时性。对于分布范围较大的遗存如城墙、护城河的环境整治工作，如其上仅有现代层或杂物，不涉及其他遗存，要通过调查与勘探搞清楚遗存的分布范围、走向、堆积厚度与堆筑特征。如不涉及动土，可不做考古发掘，对覆盖其上的植被和现代遗存，应组织人工进行清理，切忌动用工程机械。

7. 边考古、边保护、边展示

已经纳入大遗址保护利用和考古遗址公园建设的城址，可能会出现边发掘、边保护、边展示的现象。因此，不同于一般的抢救性发掘，发掘区应充分考虑揭露遗迹和文物的安全，需要搭建临时性的考古工作大棚。对于发掘区可能出现的重要遗迹，需要提前做好文物保护预案。符合条件需要原地留存以陈列展示的遗存，应马上启动文物保护工作，并开始设计陈列展示方案；不宜原地留存的重要遗存或遗存内的可移动珍贵文物，应组织专家进行论证，是原地回填保护，还是整体提取回实验室进行处理，处理完毕后可在遗址博物馆陈列展示。需要现场修建永久性陈列馆或大棚的，应充分考虑建筑物对遗址的影响和破

坏，需要动土的，仍应先做好考古调查与发掘工作，不能为了保护一批遗址，而破坏了另一批遗存。

8. 有限度开放考古工地，做好遗址公园对地方历史文化的科普和教育工作

纳入大遗址保护利用项目的城址类遗址一般都是各地区最重要、最具影响力的文化遗产，也是地方历史文化和文明发展的直接见证。这样的遗址建成为考古遗址公园，天然具有弘扬地方历史文化的公共属性和教育功能。因此，已建成遗址公园或已立项具备开放条件的考古工地，在保证文物安全的前提下，应充分做好公共考古工作，鼓励游客动手参与考古工作，寓教于乐，提高游客的体验感，改变公众对于考古的"小众""冷门"的印象。如此，考古工作与遗址公园建设既能为地方经济建设和文化建设服务，又能带来良好的社会效益。

国家考古遗址公园建设中相关问题的探讨

张钟云 *

摘　要：国家考古遗址公园建设是为了对大遗址及其周边环境进行更好的保护、发掘、研究，对重要遗迹遗物展览展示，达到保护和利用并重，并解决其他相关问题；遗址公园建设是一个系统工程，在考古先行的原则下，需要所在地多部门通力合作协调，编制完成合理的保护、展示方案，在完善的施工结束后，向观众推广，让更多的人认识自己的文化和历史，坚定文化自信。

关键词：考古；遗址公园；方案；工艺

根据 2022 年 4 月发布的《国家考古遗址公园管理办法》(下称《管理办法》)，国家考古遗址公园("考古遗址公园"或"遗址公园")，是指以重要考古遗址及其周边环境为主体，具有科研、教育、游憩等功能，在考古遗址研究阐释、保护利用和文化传承方面具有全国性示范意义的特定公共文化空间。自 2010 年启动第一批国家考古遗址公园评定工作至 2022 年 12 月第四批，短短十多年时间，我国的国家考古遗址公园已经建成 55 个，立项 90 个，其分布于我国绝大多数省(区)市，时间段从旧石器时代、新石器时代、夏、商、周直到明清时期，涵盖了洞穴、聚落、都城、建筑群、园林、工程、手工业及陵墓等八大遗址类型。在高质量发展文化文物事业的视野下，国家考古遗址公园的立项建设和评定挂牌，进入了科学、快速、系统、全面的新阶段，形成了申报踊跃、建设有序、管理有度、运营良好、传播多渠道的立体多维度局面。当然在实际的项目策划、方案编制、落地实施、运营推广等方面，因各地考古基础工作、经费支持力度以及思维理念的差异，还存在一些需要改进之处。本文针对近些年考古遗址公园建设中所遇到的相关问题，进行探讨，以助于考古遗址公园的顺利建设。

---

* 张钟云，湖北大学历史文化学院(文化遗产学院)教授。

一、国家考古遗址公园的管理模式

无论是 2009 年发布的《国家考古遗址公园管理办法（试行）》还是 2022 年 4 月发布的修订过的正式版本《管理办法》，申请立项条件之一都为需要"具备独立法人资格的专门管理机构"，也就是说需要一个专门的独立的管理机构来负责建设、运营和管理，一般称为"管理处""管理中心"等。根据所在地级别、遗产种类、景区等级等具体情况，这个机构的行政级别从副科级到正处级甚至副厅级都有。比较健全的机构下面还设置了更多的管理分支。在现实中大多数国家考古遗址公园的属地做到了这一点。但随着各地机构管理和设置的规范化，新设立一个带编制的管理机构越来越困难，一般需要合并或取消一个同级别的管理单位，当地编办才能批准新设立一个管理机构，因此，少数地方就出现了先天不足，在申报立项的时候，管理机构本就是一个虚的，或者在文物文化部门内设，在实际管理过程中发挥不了应有的作用。以县级为例（本文所谓的行政级别，皆以县级为例），文旅局为正科级，其下的文物保护中心（以前的文物局或文物管理所）多为股级，博物馆一般为副科级，这样的文物管理部门在文旅局管辖之下，业务范围仅限于文物管理、文物保护和教育传播。

国家考古遗址公园建设是一个系统工程，涉及考古、文物现场保护、国土、规划、环境、河流水利、征地拆迁、招投标、文物保护工程建设等项目，需要当地多部门联动才能顺利实施每一个子项，因此这个管理机构需要具有统筹兼顾的能力和一定的行政级别。从管理运营十多年的经验看，短周期内自立项到评定成功的国家考古遗址公园，其管理机构设置都是正规严谨的，内设机构和二级单位也很合理全面，主要表现为：

1. 管理机构的行政级别最好是副处级或更高

项目启动，管理先行。尽管国家考古遗址公园的具体建设项目主要业务属于考古发掘和研究、文物保护工程范围，但拆迁征地、招投标等涉及的部门远远超出文旅管辖范围，也非普通业务工作所及，因此需要由更高行政级别的独立机构来统筹，有的地方直接由县委、县政府领导参与决策，政策和资金支持、调动力度和执行能量是完全不一样的，如果是 5A 景区或者世界遗产地，更不言而喻了。

2. 管理机构内设"文旅投资公司"

遗址公园建设项目繁多，包括文物保护（如可移动文物保护、考古发掘现场保护）、文物保护工程、涉建项目、环境整治改造等；资金来源多元化：文物部门的文物本体保护资金，地方政府投入的环境治理、政府征迁、房屋改造、河道疏浚资金，发改委、各种融资平台资金如地方债、专项贷款等。每年的项目多和资金流量比较大，需要有专业的投资公司来负责项目经费的管理和经营，遗址公园建成后的运营和维护，更离不开专业的管理公司。

3. 建设的宏观控制需要进一步加强

遗址公园建设由多个单体、不同时间段完成。按照规定，几乎每一个项目都需要招投标，每一次的中标单位几乎都不可能相同（如果同一个公司连续中标不同项目就可能存在违纪问题、甚至法律风险），在实际施工过程中，由于中标公司对已经审批的建设方案理解各异，建设的质量控制也不相同，这在外观、材料、工艺等方面表现尤为突出，就会影响到遗址公园整体的协调性。因此，如何从全局、宏观、连续性方面管理控制项目建设，也是一直困扰遗址公园管理方的问题。大家对经费政策的了解是全面透彻的，多数地方对国家经费使用期限一般是两年，省级经费是一年。如果在子项目实施过程中疏于管理，施工单位以反正有经费截止日倒逼，遗址公园管理方会因检查验收及项目质量和工期得不到应有的保证而陷入被动。

二、考古先行原则的坚持

很多大遗址，也就是国家考古遗址公园之所以能批准立项，很大程度上是因为考古工作比较充分，研究也颇有成果，对遗址的考古学文化内涵的认识很深刻，主要的年代、遗迹遗物特征、发展脉络等文化属性清晰，遗址承载的历史、科学、艺术、社会及文化等多方面价值得到了专业领域及社会的承认。

但因考古工作的客观局限，多数大遗址非短期内能得到连续系统的发掘、研究，即使是考古工作连续进行了快一个世纪的殷墟，仍有层出不穷的新发现新认识，还有更多未知的领域值得期待。因此遗址公园的建设，必须遵循考古先行的原则。在《关于加强大遗址考古工作的指导意见》（文物保函〔2013〕39 号）中，大遗址考古工作应坚持的思路和原则，第一条就是"坚持考古先行原则"。《管理办法》第十条规定："国家考古遗址公园创建过程中，涉及文物保护单位保护范围和建设控制地带内的建设项目须按相关程序报批。"已经完成考古发掘的地方毕竟有限，在遗址保护规划和遗址公园规划里，对于已经发掘、研究的重点区域，一般都划定为展示与阐释区，并按照需要进行设施保护和展示说明，即可以顺利建设，而周边或更大范围内未进行考古工作的项目建设，需要严格执行考古先行的原则。在这个过程中，有一些问题不可回避：

1. 坚持原则，融入建设

考古先行是原则，项目负责人必须坚持。只有进行充分的考古工作及研究，才能对遗址内遗迹遗物有全面认识，对堆积分布和重点区域有详细了解，遗址承载的价值才能得以进一步的阐述。同时融入考古遗址公园建设。在条件允许的前提下，根据遗址公园规划，提前进行全面的考古勘探，掌握遗址必须发掘的区域信息。

2. 根据考古工作计划，协调考古工作区域，考古与建设双赢

考古发掘审批和实施，需要提前规划设计，这是公园建设和地方主要管理者之间的重要分歧所在：地方管理者需要提速增效，快速完成而后产出政绩，但遗址公园建设主要在保护范围和建设控制地带内，首先需要有考古勘探、发掘结果，然后才能逐级申报、审批，一个周期下来，快则一两年，慢则三五年才能实施一个建设项目。

3. 结合建设，适度调整考古发掘点

在编制遗址公园规划的时候，尽管结合了考古工作计划，但建设有时效性，考古发掘点应该实时调整，尤其是环境整治、社建项目及征迁拆除的地点。每年批准的发掘面积有限，与建设进度所需的面积相去甚远，更应该提前和建设项目沟通。

三、公园规划与建设方案

国家考古遗址公园的建设，主要根据考古发掘和研究成果，而遗址保护方案、考古遗址公园规划、当地的国土空间规划、土地使用规划等上位规划，要根据考古发掘进度、单个建设个体的方案编制与实施。

根据《全国重点文物保护单位文物保护工程竣工验收管理暂行办法》（文物保函〔2016〕343号），文物保护工程的方案审批有严格的要求，而且中期检查和竣工验收的主要条件即是否按已经审批同意的方案进行施工，这足以说明方案在文物保护工程中的重要作用。国家考古遗址公园的单体建设项目，也属于文物保护工程范畴，涉及的每一个地点每一个项目，都需要有立项、方案编制、审批、建设、检查验收的程序。方案编制对遗址公园建设尤为重要，其等次不仅影响逐层审批，更决定了建设区域、修缮、展示的效果和质量。一个优秀单体的方案是对该区域考古成果及环境的深刻理解和解读，也是联结各种规划（基本实现了全国范围内的多规合一）、协调整体效果、彰显个性的关键。这些年审阅过的方案，主要存在以下一些值得商榷之处：

1. 方案与规划、原有已审核通过方案之间联系不够

单个项目编制的方案，一般只针对委托方的要求，而编制公司勘察、调查不够深入，背景资料研究不够严谨，和已经审核通过的方案甚至已经建成的部分，没有做很好的衔接。对各种上位规划没有仔细的研究，多数情况就事论事，缺乏全局思维和整体控制的逻辑。

2. 对遗址公园内涵研究不深

多数方案对遗址公园的文化内涵没有太多研究和理解。一些设计公司技术和形式做得很好，套用标准化格式，但缺乏文案甚至考古专业背景，方案编制没有突出遗址承载的文明特征；在使用材料、色彩、风格、风貌的把控上，与文物表达的文化背景不相符；在面积比较大的遗址范围内，千篇一律，没有用出土文物及文物环境灵动表达分区、分级概念。比如在标识系统的方案设计上，既缺少当地传统文化的概念，更没有提取遗址出土文物的器型、纹饰等突出文化特征来表达标识牌的形状设计和美感，不能在整体效果上给观众营造非常直观的文化氛围。

3. 建筑遗址公园建设，缺少全局把控

遗址公园有一部分是建筑遗址或者城址形式的，这类遗址公园的建设，除了发掘出土的部分外，地面仍然保留的部分，如建筑基址或城墙、城门等，不仅需要考古专业队伍的研究和解读，更需要方案编制公司的勘察和建筑史的知识体系。类似于古建筑的维修，在设计方案的时候坚持"原形制、原结构、原材料、原工艺"的修缮原则，在保留原格局、结构的前提下，注重修缮材料、施工工艺等细节上的约束，从设计开始，就要注意整体效果的协调，最好是"一个设计方案、同一施工队伍、一个项目负责人和技术员"，当然因经费等客观原因，可以分批次实施，这样才能保证施工工艺的一致性，整体的协调性，避免因不同设计、施工队伍，造成前后不同的标段在色彩、材料、工艺上的巨大反差。

4. 对环境植被的构造指向不明

遗址公园绿化、植被设计说起来很简单，套用格式普遍"使用本地植物"。但设计公司基本多来自外地甚至外省，很多方案设计没有深入当地进行调查，可能也没有查阅相关生物资料，哪些有突出特征的本地植物可以作为项目建设使用，并没有明确说明；最后的效果就是特征不凸显，千城一面，园林化严重，即使是行道树、植被种植，与城市园林绿化也没什么区别。因此在方案编制设计的时候，应该真正做到大量使用本地植物、树木，并

慎用根系发达的大型树种，做到通过精心栽种植被为游客提供有用信息。

5. 总体环境风貌控制能力差

国际古迹遗址理事会 2005 年通过的《西安宣言》，强调了文物本体和周边环境的紧密关系，"充分认识周边环境在各方面的重要性"；国家文物局"十三五"规划以来，提出了"两个转变"，其中之一就是"由注重文物本体保护向文物本体与周边环境、文化生态转变，确保文物安全"；《"十四五"文物保护和科技创新规划》也强调重要文物系统保护，"整体保护文物本体和改善周边环境"。因此，文物本体和周边环境保护，不仅是文物本体安全的重要保证，也是修复、恢复文物环境生态的重要内容。保证环境风貌的协调是大遗址保护和遗址公园建设的重要一环，从文物本体到周边环境风貌控制再到一般现代生产生活环境的平缓过渡，是方案编制科学合理的表现。一些大遗址的考古发掘材料有限，遗址所处环境的信息更少，方案设计现场勘察不够充分，只看到现存的环境风貌，甚至破坏、改造后的现状，没有结合遗址所处的时代环境、气候因素，而是采取直接引用园林化思路，与实际相去甚远。其实遗址本身的保护性设施、遗迹展示设施、过渡性植被方案选择都很有限，远离本体保护范围的建设控制区域甚至更边缘地带，设计只要有根据、有特色，能很好地衬托遗址公园气氛，与保护主体相得益彰，就是好的方案。

四、传统工艺传承人的减少

遗址公园建设效果和质量，除了取决于较强的组织管理和设计团队外，施工也是关键。遗址公园主要分土遗址和建筑遗址的建设施工，土遗址的表现形式比较单一，很多土遗址公园建设在做考古发掘探方展示时，采用了现代材料的模拟展示手段。这种方式和材料在多雨潮湿的南方被证明非常行之有效，如湖北盘龙城、安徽蚌埠禹会等国家考古遗址公园建设获得了成功，得到业界及观众的肯定，但是对一些需要夯土、版筑、土坯技艺工序的施工方面，存在比较突出的问题，主要是工艺和材料因时代久远，传承下来的很少；建筑遗址多为宋、元、明、清时期的，公园建设包括了传统建筑的石、木、砖、瓦、泥等材料及其制作、施工工艺，尽管还有不少专业的古建筑维修队伍，但和土遗址的夯土、版筑及土坯工艺类似，能做这样传统工艺施工的匠人少之又少。现在很多中标施工公司中，基本都是没有见过这些建筑材料的工人，更不知道材料的制作工艺和安装施工技术，因此在实际建造中，很难坚持"原形制、原结构、原材料、原工艺"的原则。从已完成的一些项目观察，木质材料结构的制作和安装，因传统古建筑木建构普遍的原因，技术难度不是很大。但石质、土、砖结构的施工工艺，差异就比较明显了。对石材本身加工、干砌和浆砌及其工具等缺乏足够的认识；土砖、土坯、灰砖、版筑等砌筑技术和砂浆配比，辅助工具的制作，等等，不仅材料难掌握，对习惯了现代钢筋混凝土的现代工人，更没有传统建筑技术的工艺技术概念。因此施工后的效果比较差，质量也不稳定。所以我们在地面建筑类遗址公园，经常看到石砌、砖砌建筑有很多勾缝、抹缝的现象，有的表现为突出的"裙带缝"，有的勾缝比砌筑缝宽甚至凸起，这不仅是砌筑工艺技术的问题，也有因细节不会处理或者处理不当造成的粗糙、毛糙等不精细的不良效果。

五、运营推广综合能力的提升

考古遗址公园是具有"示范意义的特定公共文化空间"，公共文化要满足大众普惠消费并参与其中，那么观众的参与度和满意度是成功与否的重要考核指标，也就是《国家考古遗址公园评定细则》中的"公众参与"和"宣传推广"内容。考古遗址公园的少部分具有区位优势，位于城市边缘甚至是现代城市的一部分，交通便利，人员聚集和参与热度高，其考古遗址公园建设不仅解决了城市更新升级的用地问题，而且带动了周边商业的兴盛，提高了城市的文化品位，同时也更好地保护了文化遗产，形成多赢的局面，政府财政和其他行业都愿意积极配合，资金和政策上也有保证，是城镇居民休憩、文化、娱乐等业余生活的自然延伸和主要目的地，建成后可以很好同城镇居民业余生活融为一体；但也有更多大遗址位于乡村偏远地区，建成考古遗址公园后，受各种客观因素的制约，虽然让文物本体得到了更好的保护，但公共影响度问题突出，游客观众不多，空旷的遗址公园门可罗雀，观众寥寥。除了区位、交通的劣势，要改变这种状况，应该在更多方面努力：

1. 适当保留原居民及生活方式

除了危房与和遗址公园风貌不协调的建筑需要拆迁外，征收后，根据实际尽可能多地保留那些质量好、高度不影响景观视廊、有整修价值的建筑，并通过建筑立面改造，在色彩装饰、高度控制、风貌整饬、景观培养等方面提升。提升后的建筑一部分作为遗址公园管理用房，或者考古队伍驻地，一部分统一规划，通过竞拍、返租等适当的方式，留住部分原居民，契合当地生活生产。同时居民以增加收入、提高生活水平质量的方式，将部分原居民留在遗址公园内，参与公园建设，使之成为公园的有机组成部分，让公园内部延续烟火气，充满人间活力，而不是拆迁后全部迁走，形成新的荒凉。

2. 坚持景观农业和特色农业

结合乡村振兴和新农村建设，坚持发展景观农业和特色农业，搞活乡村旅游，增强观感，添加兴趣点。景观农业和特色农业，既能增加百姓收入，也能延续农业业态，保持传统农业代代相传，更好与遗址公园景观和时代背景相一致。传统农业也是城市居民的乡愁和兴趣点之一，可以吸引他们来参与种植和收获。

3. 公众考古推广

在目前的遗址公园规划和建设中，多数把公众考古活动放在遗址博物馆范围内，或者考古工作站院子里。其实观众对考古的参与兴趣点应该是实际的考古发掘现场和户外的模拟点，在那观众能获得身临其境、沉浸式的体验，毕竟到了万物皆可沉浸的时代，这种形式的推广应该可以更灵活。户外考古模拟，尤其适合大型团队和中小学团体，当下也是考古热的时代，观众除了参观发掘现场，更愿意实地参与体验。

4. 提升解读、解说能力

现代人的生活，距离考古遗址公园所处的时代还是很遥远的，除了专业人士，绝大多数观众对眼前所看到的一切，包括实在的各类器物，清晰的地层、灰坑、窑址等各种遗迹，应该是懵懂的。面对遗址探方等地下百科全书，他们没法接触、亲近，更不能理解。需要通过专业的内容解读和标识系统等各种解说，展览展示语言，拉近遗迹与观众的距离，把专业枯燥的田野考古现象和冰冷的器物，变成现代人可以理解和有温度的语言。标识系统的设置，在形式、色彩及内容上，应极具本地风格和强烈的遗址出土物元素；讲解内容是考古成果的转化提炼，形式可以是语音系统、人工、自媒体、融媒体等，人工讲解可以是考古领队讲发掘经过和认识，技术工人讲发现和修复经历，更多地应该引入志愿者、文物爱好者、当地居民甚至发掘工人，他们的讲解可能不是那么专业，但与观众更容易接近、亲近，也是观众非常容易接受的一种形式。

5. 鼓励外围多种形式的配套

遗址公园内部内容很多，但观众真正理解并感兴趣的有限，偏远地区的遗址公园，更需要有各种配套设施，作为辅助，让观众愿意来，来了也能留得下。做好保护范围的原址保护，以及控制地带的建筑风貌、风格、色彩和大小高矮尺度等的控制，其外围应该允许适度建设民宿、游学、研学、旅游等文旅配套设施。而在实际运作中，文物文化部门守得比较严，重保护，对外围的有效利用甚至轻度开发比较反感。其实政府部门的关注重点仍然是外围的有效利用，这也是他们的兴趣所在。因此应该因势利导，把外围也作为景观建设的一部分，参与进去，提供并坚持有利观点，与遗址公园本体形成一个相辅相成的有机整体。那些专业的旅游公司、研学游团体、餐饮民宿等，其运营理念、组织能力和招徕游客的手段都是非常现实有用的，它们也是我们观众的源泉，可持续发展的方向。

总之，国家考古遗址公园的建设是一个非常复杂的工程，考古发掘、保护规划、遗址公园规划、项目建设、运营推广、安全高效、可持续发展等方面，都需要社会各界的参与配合才能成功。作为主要组织者和参与者，文化文物人任重道远。建设遗址公园，要立足遗址本体，加大考古发掘和研究力度，提取并升华典型文化符号，总结特征，做到多维度创新、多元素表达、多渠道推广，体现中国力量的文化基因，展现文化软实力。

创新重构古山寨保护利用体系
带动山区文物"活"起来*

张晓云　汤强松　薛玉翔　刘桥　陈旻**

摘　要：湖北作为长江流域重要的山区省份之一，是名副其实的"千寨之省"。以古山寨为代表的山区文物资源十分丰富、特色鲜明。古山寨在阐释荆楚文化价值、助力全省文旅融合、促进山区经济发展等方面潜力巨大，但长期以来保护与利用并未受到应有重视，状况令人担忧，存在深层次、结构性的突出问题，亟待创新性重构破题。在长江国家文化公园建设的背景下，利用长江文物资源专项调查，以古山寨为抓手，系统梳理资源现状，并结合典型案例，研提对策建议，对于破解古山寨等山区文物保护困境，带动山区文物"活"起来，实现保用互促，助力长江国家文化公园建设和山区振兴，具有重要的现实意义和全国示范意义。

关键词：古山寨；山区文物；保护利用

为切实加强古山寨保护利用，以之为抓手破解"山区文物"①保护利用困境，创新重构"山区文物"保护利用体系，探索让"山区文物"活起来、助力山区振兴、促进区域协调发展的政策路径，2022年1—8月，湖北省文物事业发展中心利用长江文物资源专项调查的契机，对全省古山寨文物资源、保护管理、开发利用等进行了全面系统的调研。

---

* 本文系2022年度湖北省长江国家文化公园建设研究课题"湖北古山寨文物资源保护与利用研究——基于山区长江国家文化公园建设视角"（项目编号：HCYK2022Y44）成果。

** 张晓云，湖北省博物馆党委书记、馆长；汤强松，湖北省文物事业发展中心综合处（发展研究处）二级调研员；薛玉翔，湖北省文物事业发展中心技术评估处二级调研员；刘桥，湖北省文物事业发展中心综合处（发展研究处）四级调研员；陈旻，湖北省文物事业发展中心技术评估处副处长。

① 本文"山区文物"为"山区特有文物"的简称，指山区特有、有别于平原地区的文物类型。

一、资源概况

湖北是中国重要的山区省份之一，全省总面积近80%为山区①。湖北山区文物资源得天独厚、丰富多彩，拥有古山寨、石窟寺、摩崖石刻、旧石器时代遗址、民族村寨、古矿冶遗址、岩画等七大类明显区别于江汉平原的山区特色文物资源。其中，以古山寨最具代表性，分布广泛、数量众多、特色鲜明、潜力巨大。

山寨又作"山砦""寨堡"，一般指在高山地区险峻要冲、易守难攻之处构筑寨墙、栅栏等防御性工事的建筑聚落，"高山结寨，平地筑堡"。山寨是在特殊的山区地理环境、动荡的历史条件下形成和发展起来的，"探有贼信，民归寨堡，凭险据守"。据统计，湖北现有古山寨1732处，是名副其实的"千寨之省"，数量位居全省"山区文物"各类型之首②，是湖北重要的代表性"山区文物"。

1. 地域分布

湖北古山寨分布广泛但相对集中，覆盖10个市(州)、57个县(区)，主要为鄂西北的襄阳、十堰、随州和鄂东北的黄冈、孝感等5个市(州)。市(州)数量前三位为襄阳(556处)、黄冈(314处)、孝感(257处)，占比分别为32.1%、18.13%、14.84%。县(区)数量前三位为南漳(377处)、麻城(163处)、大悟(150处)，占比分别为21.77%、9.41%、8.66%。黄石、荆州、鄂州、咸宁、潜江、仙桃、天门等7个地区无。

2. 文物类别

主要包括古遗址、古建筑两类。其中，古遗址1721处，占比99.36%；古建筑11处，占比0.64%。

3. 文物级别

全国重点文物保护单位28处[分布于南漳、兴山、鹤峰、利川等4县(市)]，占比1.62%；省级文物保护单位30处，占比1.73%；县市级文物保护单位252处，占比14.55%。以上各级文物保护单位共310处，占比17.9%。尚未核定为文物保护单位1422

---

① 尹汉宁：《湖北读本》，湖北人民出版社2012年版。
② 根据长江文物资源专项调查统计，湖北山区特有文物，摩崖石刻268处，旧石器时代遗址238处，石窟寺119处，少数民族村寨133处，古矿冶遗址25处，岩画2处。

处，占比82.1%。文物级别整体偏低。

4. 年代

据史料记载，宋元时期湖北即已开始兴建山寨，明成化元年（1465年）以后逐步成形并初具规模，清代因流民起义等原因而鼎盛。在动荡不安战火纷飞的社会环境中，民众结合山区地理优势而大量修建山寨，作为防御外敌入侵保障自身安全的重要手段。现存大多为明清时期，尤以清代为多。其中，清代1355处，占比78.23%；明代175处，占比10.1%；明清时期107处，占比6.18%。新中国建立以后，古山寨普遍被废弃使用。

5. 海拔高度

古山寨军事色彩浓厚，选址讲究，大多建在山梁高阜之地，视野开阔，并将山地险要的地形和人工修筑的寨墙完美结合起来，易守难攻。据统计，海拔高度100米以下59处，100（含100）~200米179处，200（含200）~300米276处，300（含300）~400米258处，400（含400）~500米219处，500（含500）~600米172处，600（含600）~700米120处，700（含700）~800米138处，800（含800）~900米105处，900（含900）~1000米84处，1000米及以上122处。海拔过高则交通不便，物资运输困难，过低则防御功能降低，故选址200~500米相对较多，占比43.48%，200米以下海拔过低、900米以上海拔过高的则明显较少。

6. 占地面积

占地面积10万平方米以上81处，5万~10万（含10万）平方米81处，1万~5万（含5万）平方米360处，5000~10000（含10000）平方米215处，2000~5000（含5000）平方米360处，1000~2000（含2000）平方米256处，100~1000（含1000）平方米334处，100平方米及以下45处。山寨虽地处高阜，却背风向阳，内部地势相对平坦，易于生活居住，一般附近有水源（或水井），并距离村落不远，可及时补充生活、军事物资。大部分古山寨还发现有庙宇遗迹，反映当时的宗教信仰等精神生活需求。

古山寨资源丰富、特色鲜明，不论从数量、分布上，还是从价值、规模上，都是山区特有文物的典型代表。此外，相比于平原地区文物类型，古山寨拥有强烈的山区特质，如幽深健康的自然生态环境，独特险峻的自然地形地貌，精彩入胜的人文故事、非遗技艺等。古山寨依山而建，据险以守，山—寨—村一体，寨寨相连，反映了当时山村社会真实的生存状态，凝聚着古代山民的生存智慧，是山地建筑艺术与军事文化有机融合的重要载体，过去长期将古山寨混同于一般建筑遗址的认识亟待改变。

二、保护现状

1. 管理机构

管理机构包括乡镇政府、村委会、文化文物行政部门、文博事业单位、其他(如林场、开发区等)五类。其中，乡镇政府883处，占比50.98%；村委会386处，占比22.29%；文化文物行政部门103处，占比5.95%；文博事业单位252处，占比14.55%；其他106处，占比6.12%。无管理机构2处，占比0.11%。

2. 所有权

所有权包括国家所有和集体所有两类。其中，国家所有1539处，占比88.86%；集体所有193处，占比11.14%。

3. 保护范围等

划定公布保护范围和建设控制地带的有267处，占比15.42%。101处设置了保护标志，占比5.83%。147处有记录档案，占比8.49%。

4. 保存状况

保存状况包括好、较好、一般、较差、差、消失六类①。其中，好6处，占比0.35%；较好272处，占比15.7%；一般797处，占比46.02%；较差464处，占比26.79%，差190处，占比10.97%；消失3处，占比0.17%。一般及以上共1075处，占比62.07%。

近年来，在国家和省级文物部门的支持下，古山寨管理机构将一批具有较高价值的古山寨申报公布为各级文物保护单位并划定保护范围和建设控制地带，组织编制了利川市鱼木寨等国保单位文物保护规划，开展了南漳县青龙寨、春秋寨、夷陵区杨家河兵寨群等为数不多的修缮工程。但是，相比于平原地区，山区由于自身财力不足，对文物的投入相对较少。即使是有限的投入，亦易于投向级别高、区位条件优越、开发见效快的古建筑、革命旧址、宗教遗迹及名人遗存等类型。绝大多数古山寨仍处于"藏在深山人未识"的状态，断壁残垣，无人问津。

---

① 此项指标未制定可量化的客观标准，由各地调查人员根据文物完残程度并结合个人专业学识、工作经验等综合判断后填报，统计数据存在一定的主观性。

三、利用现状

1. 总体利用

据统计，已开展利用 840 处，占比 48.5%；未利用 892 处，占比 51.5%。已开展利用的 840 处中，从市(州)占全省总数看，前三位为黄冈市(287 处，占比 34.17%)、随州市(179 处，占比 21.31%)、襄阳市(109 处，占比 12.98%)；从县(区)来看，前三位为麻城市(160 处，占比 19.05%)、随县(102 处，占比 12.14%)、广水市(49 处，占比 5.83%)。

2. 硬件指标

已开展利用的 840 处中，从类别来看，古遗址 831 处，占比 98.93%；古建筑 9 处，占比 1.07%。从级别来看，国保 8 处，占比 0.95%；省保 16 处，占比 1.9%；县市保 195 处，占比 23.22%；一般文物点 621 处，占比 73.93%。从占地面积来看，50000 平方米以上 131 处，占比 15.6%；1000~50000(含 50000)平方米 616 处，占比 73.33%；1000 平方米及以下 93 处，占比 11.07%。从海拔高度来看，500 米以上 259 处，占比 30.83%；500(含 500)~100 米 529 处，占比 62.98%；100 米及以下 52 处，占比 6.19%。从保存状况来看，保存状况好的 162 处，占比 19.29%；保存状况一般的 421 处，占比 50.12%；保存状况差的 257 处，占比 30.59%。

3. 软件指标

已开展利用的 840 处中，从所有权来看，国家所有 677 处，占比 80.6%；集体所有 163 处，占比 19.4%。从管理机构来看，文化文物单位管理 250 处，占比 29.76%；乡镇(村)管理 548 处，占比 65.24%；其他 42 处，占比 5%。从利用方式来看，用于工农业生产 521 处，占比 62.03%；宗教活动 23 处，占比 2.74%；开发参观 20 处，占比 2.38%；居住场所 18 处，占比 2.14%；军事建设 10 处，占比 1.19%；其他方式(如道路、林场等)248 处，占比 29.52%。

古山寨较多因军事防御功能丧失而被废弃闲置，用于公众开放占比明显过低，用于宗教活动占比高于开发参观，用于生产生活等活动占比超过九成；文物级别、类别、海拔高度、占地面积等硬件指标并非是否利用及如何利用的决定性因素，所有权、管理机构、营商环境等软件指标是重要的能动性因素；保存状况与利用情况具有较高正相关性；生产生活等利用方式是否科学、适当，是否符合《文物保护法》《大遗址利用导则》《文物建筑开放导则》相关要求，值得探讨。总体上，古山寨利用处在初级阶段，存在严重的结构性问题，亟待解决。

四、典型案例

1. 春秋寨——旅游开发型

春秋寨位于襄阳市南漳县东巩镇陆坪村，坐落在"两山夹一水"形似八卦图案的鲤鱼山山脊之上，海拔270米，地形独特，三面环水，风光优美，有断崖、春秋楼、哨楼、城门等明清遗址，面积2.45万平方米，2013年被公布为第七批全国重点文物保护单位。2009年，南漳县政府通过招商引资将其开发为旅游景区，以全景缆车遗址观光为主，以趣味游乐项目为辅，获得一定的经济效益和社会效益，成为当地标志性文化旅游名片。但景区由企业纯商业化运营，对文物价值的深度挖掘与展示传播能力有限，文化特色品质仍需提升。

2. 老虎寨——城市公园型

老虎寨位于十堰市张湾区牛头山国家森林公园内，海拔814米，有寨墙、瓮城、岩屋、烽火台、瞭望台等清代遗址，面积3.5万平方米，为一般文物点，由张湾区牛头山国家森林公园管理处管理。经过多年建设，公园已成为当地居民日常休闲健身的重要场所，遗址亦得以较好保护利用，森林公园与遗址相得益彰，申报建设湖北文化遗址公园的潜力较大。由于文物级别较低，无文物专项资金投入，管理机构不具备文物价值研究和传播能力，公园文化品牌发展潜力有待激发。

3. 白云寨——宗教开发型

白云寨位于孝感市孝昌县双峰山风景区内，海拔269米，有古寨墙、藏兵洞、校场等清代遗址17处，面积12万平方米，为一般文物点，是湖北省规模较大、保存较好的古兵寨之一。近年，景区运营企业自行维修部分寨墙，仿建春香阁、卢九殿、大佛殿和观音殿，作为宗教活动场所。由于存在消防安全隐患，不满足对外开放条件，长期处于关闭状态。

4. 鱼木寨——传统村落型

鱼木寨位于恩施州利川市谋道镇鱼木村，建于四面绝壁、山顶平缓的群山之上，海拔

1162 米，进出仅一条通道，是一座土家族山寨。现有 231 户 618 人，民房 80 栋、清代文物建筑 5 栋、院落 2 座，古墓葬、栈道、卡门及古树若干，面积 600 万平方米，2006 年被公布为第六批全国重点文物保护单位，2013 年入选第二批中国传统村落，由鱼木寨保护管理所管理。近年来，争取国家、省级财政专项资金，实施文物建筑修缮、"三防"工程、环境整治、白蚁防治等，在寨外 2000 米建设民俗展览馆（接待中心），保护利用取得一定成效。但修缮后的文物建筑、院落多数闲置，面对村民日益强烈的新（改）建住房、开发创收的愿望以及慕名而来的游客，如何做到科学有效保护利用成为必须回答的严峻课题。

五、存在问题

（一）研究匮乏，基础薄弱

中国是多山之国。据统计，山地、丘陵和高原的面积占全国土地总面积的 69%，山区县级行政区数占全国的 2/3。山区是人类文明的摇篮之一，目前发现的古人类化石绝大部分都存在于山区。同时，山区是各少数民族聚居的地方，又是老革命根据地。"山区文物"在文物事业总体格局中的特殊重要性远未被认识。"山区文物"产生的时代背景、所处的地理环境、地质与气候条件、建筑材质等与平原地区迥异。但长期以来，我国文物工作政策文件中基本没有"山区文物"类型的提法，缺乏对"山区文物"的专项研究。2021 年国务院办公厅印发的《"十四五"文物保护和科技创新规划》，其中列举了"革命老区、民族地区、边疆地区"等 30 余个区域类型，但未见山区或偏远山区，为探索开展"山区文物"保护利用政策研究提供了空间[①]。

经梳理文献，40 多年来，古山寨研究主要依赖于调查与地方志等相关资料，考古工作参与不足；研究区域基本局限于包括十堰、南漳等的鄂西北[②]；研究视角以建筑历史、

①　张晓云：《长江国家文化公园建设视角下的湖北古山寨遗址保护与利用初步研究》，《中国文物报》，2022 年 8 月 26 日。

②　杨蕾：《明清时期鄂西北山寨成因与形制研究——以襄樊南漳地区为核心》，华中科技大学硕士学位论文，2008 年。屈金花：《漫谈鄂西北古山寨》，《郧阳师范高等专科学校学报》2015 年第 5 期。刘志军、贾科：《湖北十堰地区的山寨初探》，《郧阳师范高等专科学校学报》2014 年第 2 期。石峰：《湖北南漳地区堡寨聚落防御性研究》，华中科技大学硕士学位论文，2007 年。彭罕之：《明清时期南漳山寨遗址保护与利用研究》，华中科技大学硕士学位论文，2010 年。

军事文化①为主，研究成果主要集中于第三次全国文物普查前后②；早期研究注重功能布局、形制结构、成因价值等，总体上成果数量偏少。对全省古山寨数量、现状缺乏准确掌握；将利用简单等同于使用，古山寨利用工作普遍被置于可有可无的边缘境地。从"山区文物"管理的角度，对湖北全省范围古山寨文物资源保护的系统性、专题性研究处于空白。研究缺乏导致认识不足，直接影响重视程度和工作力度。

(二)日常巡护，严重缺位

乡镇政府、村委会、其他等三类非专职文物保护管理机构占比高达 79.39%，由于权责利不明确、不对等，又缺乏监督、激励机制，日常保护管理基本形同虚设。文化文物行政部门、文博事业单位等两类占比仅 20.5%，人员力量薄弱，且由于远离古山寨所在地，加之古山寨所有权复杂、占地面积(管理范围)较大、交通不便等实际困难，管理成本过高，日常保护管理鞭长莫及。至于无管理机构的古山寨，更是处于无人看管的状态。保护机构力量整体上严重不足甚至缺位。专门管理机构力量的不足，导致"四有"依法保护要求难以落实落地。有文物保护标志、有记录档案的分别占比为 5.83%、8.49%，明显偏低。部分文物保护单位尚未划定公布保护范围和建设控制地带。

利用方式以工农业生产为主，有的以开发之名大兴土木，新建寨墙、观景台、楼阁及宗教建筑。日常看护、巡查不到位，各种人为破坏和不当利用行为难以及时处置，形成"破窗效应"，成为不当利用得以大行其道的重要原因。

(三)自然人为，双重影响

古山寨大多位于山顶的开阔地带，已被废弃近百年乃至更长，长时间受各种自然和人为双重因素影响，无人使用和维护，自然侵蚀与人为干扰隐患突出。从对南漳、孝昌、郧阳等地实地踏勘情况看，很多古山寨建筑屋顶消失无踪，寨墙墙体等地面遗存垮塌乃至消失日益加剧，寨门、道路、格局基本无存或难以辨识，保存现状整体堪忧，数量呈现逐年减少趋势。

自然侵蚀主要为隐性。湖北山区气候湿润，降水丰沛，夏季酷热，冬季高寒，而山寨没有遮挡，完全暴露在日照、雨雪、狂风之下，同时，山区退耕还林植被茂盛，根系和枝干在山寨建筑内肆意扎根。特别是近年来受全球气候变化影响，极端天气气候事件及其次

---

① 陈浩、郑嬗婷：《基于军事文化的大别山区山寨旅游资源开发研究》，《安徽农业大学学报》(社会科学版)2011 年第 2 期。

② 叶植、陈飞：《山地建筑奇观——南漳古山寨群》，《中国文化遗产》2008 年第 4 期。

生衍生灾害呈增加趋势。自然侵蚀短期内具有不可视性，极易被管理者忽视。

人为破坏兼具显性、隐性。显性破坏表现在：一些海拔较低的古山寨附近居民长期在寨内开荒种植、放养牲口；有的古山寨内石质构件被随意取走；有的古山寨内不知何时已被安装高耸入云的风能发电机、无线通信信号发射塔；有的古山寨内寺庙遗存前存在燃香放鞭祭拜的现象；等等。隐性的破坏则主要来自不合理(或不合法)的使用，对古山寨文物遗迹、格局风貌影响较大。

(四)条件制约，难以利用

从自身观赏性看，大多数为遗址形态，长期受自然侵蚀与人为干扰，杂草丛生，断壁残垣，可利用、应利用的社会心理认可度较低，资产闲置率较高。

从资金投入看，山区县市均为"吃饭财政"，资金捉襟见肘，占比96.65%的省保以下低级别文物不属于省级财政专项资金支持范畴，相对于平原地区，山区文物前期开发与后期运营成本往往更高，投资预期回报率却更低。

从体制机制看，由于管理机构的责任义务虚置，利用方式的选择易受经济利益驱使，随意性、破坏性较大，所有权、管理权、运营权"三权分置"缺乏政策法规支撑和成功案例借鉴，能充分满足各方利益诉求调动积极性的激励机制亟待建立。

六、对策建议

全国有古山寨的省份较多。以湖北省古山寨为典型案例的专题政策研究，对于以点带面、撬动"山区文物"保护利用，促进区域协调发展，具有重要的参考价值和借鉴意义。加强古山寨的保护利用，除了常规的加大必要的投入，我们建议坚持问题导向，重点在如下四个方面精准发力：

(一)加强研究宣传，统筹科学推进

1.加强考古研究，准确阐释价值内涵

建议考古专业研究机构，结合大遗址保护与世界文化遗产申报工作，遴选代表性重点古山寨，分期分批列入大遗址主动性考古发掘、研究中长期计划，填补古山寨考古发掘、研究空白，科学界定提炼其性质、价值、年代、沿革、布局、关系等，补正方志、野史、传说，力争纳入国家"十五五"大遗址保护项目库，为分门别类、有针对性地开展荆楚大遗址保护、长江国家文化公园建设乃至申遗等重大项目，讲述文物背后"荆"彩故事，拓展多

维利用空间，提供坚实的技术支撑。

2. 加强预防研究，积极应对自然侵蚀

建议依托文物保护、考古机构或相关高校，联合成立省级古山寨保护研究中心，由该中心组织考古、文保、材料、环境、地质等多学科团队，联合开展古山寨文物病害评估、形成机理、自然灾害风险预控与应对、石质文物科技保护、危岩体加固、数字化保护与技术监测等专项研究，提升文物预防性保护能力，帮助、指导基层有效扭转当前面对古山寨大面积自然侵蚀甚至日趋消亡但却无能为力、无所作为的紧迫、尴尬局面。

3. 加强传播研究，打造山区文旅品牌

建议借力山区振兴、乡村振兴、"襄十随神"等国家、省级发展战略，统筹组织南漳、麻城、大悟、鹤峰、兴山、利川等重点县市，立足资源禀赋和人文优势，通过赴外宣传、举办文体节会活动、影视文艺精品创作等形式，充分利用文旅云、微信、抖音等媒体平台开展全方位推介，系统宣传古山寨的壮美风光和文化内涵，扩大社会影响，以用促保，以点带面，着力打造"古山寨之乡""千寨之省"国家级、省级文化旅游品牌。

(二)强化责任落实，织牢保护防线

1. 推进立法进程，依法构建防护体系

建议以襄阳或十堰为试点，尽快制定襄阳(或十堰)市古山寨保护条例，理顺管理体制，强化统筹协调，建立协同机制、监督机制，明确法律责任、安全底线，重点解决古山寨产权复杂、多头管理、责任落实难、执法难、保护与管理"两张皮"、"法人违法"乱开发建设等突出问题，有效防止古山寨逐年减少(小)和人为破坏，保护改善历史环境风貌，依法加强古山寨保护，实现"山—林—寨"的统筹保护与科学治理。在此基础上，适时将《湖北省古山寨保护条例》列入省人大"十五五"省级地方性法规立法计划。

2. 建立"寨长制"，解决"谁来保"的问题

贯彻落实国家文物局《文物博物馆单位文物安全直接责任人公告公示办法(试行)》，借鉴河(湖)长制、山长制，在全国先行先试建立湖北古山寨"寨长制"，采用信息技术手段，创新巡查监管方式，完善保护机制、保护范围、保护标志，切实解决责任人不明确、职责不清晰，特别是责任虚置、落实不到位等问题，确保事有人管、责有人负。

3. 出台日常保护标准和"三张清单"(保护责任清单、负面清单、正面清单),解决保什么、怎么保的问题

古山寨绝大多数尚未公布为文物保护单位,级别低,很难建立专门的文物管理机构,亦缺乏国家和省级专项经费投入渠道。因此,古山寨日常的维护管理、预防性保护比专项维修工程更重要、更符合实际。建议省级文物行政部门出台专门的湖北省古山寨日常巡查保护管理规程,制定公示"三张清单",让相关单位和人员明明白白知道,哪些能做,哪些不能做,哪些必须做,做到什么程度。同时,开展古山寨保护专项培训三年计划,提升管理机构人员队伍业务素质。

(三)促进分类施策,构建保用体系

近两千个古山寨情况千差万别、困难千头万绪,所以保护利用不能"齐步走""一刀切",而应该差异化、专业化、精细化。建议省级层面做好统筹规划,编制"湖北古山寨文物保护利用中长期总体规划",实施"湖北古山寨新时代保护发展创新工程",组织专业机构按照文物级别、类型、地理位置、规模、管理机构等因素,将保护与利用通盘考虑,确定不同分类标准,遴选一批重点古山寨建立中长期保护利用项目库,制定保护利用导则,采用公园、景区、景点等不同展示利用方式,发展以"古山寨+军事""古山寨+体育""古山寨+养生"等为主题的生态农业、文化创意、旅游业、体育业等低能耗低强度的社会服务产业,明确发展目标、路径和保障,县级层面同步配套制定"一寨一策",精准施策,创新构建"展示+相容"古山寨多元特色保护利用体系。比如,对具备申报世界文化遗产资格条件的,对具有入选国家级大遗址项目库潜力的,对需要开展考古发掘、研究的,对需要实施文物保护工程的,对具有旅游开发潜力的,对具备建设国家文化公园或考古遗址公园基础条件的,对具备申报公布为更高级别文物保护单位条件的,对于缺乏基本日常管理的,等等,分类实施保护利用,避免因保护利用的不到位、不合理,古山寨由"古建筑→古遗址→遗存→遗迹→消失",温水煮青蛙式地一步步被自然侵蚀或人为破坏。

(四)探索机制创新,实现重点突破

1. 建立试点培育机制

可评估选取若干个不同基础条件的古山寨,作为不同类型、层次保护利用试点项目,"一寨一策",确定时间表、路线图,在政策、项目、资金、智力上重点扶持,以点带面,形成可复制可推广经验,发挥头雁效应,激发雁群活力。

2. 探索协同运管机制

山区文物点多面广，地处偏远，权属复杂，较平原地区更易形成"三不管"真空状态。应在政府主导下，文物部门积极发挥业务监督指导职能，紧密协同文物所在乡村两级组织，明确使用(经营)单位责任义务，并在确保文物安全的前提下，探索所有权、管理权、运营权"三权分置"，探索形成高效管用的山区文物保护利用协同运管机制。文物部门应主动提供配套支撑服务，帮助提升考古研究、价值阐释能力水平。

3. 强化保障激励机制

落实国家关于加强文物保护利用改革、鼓励和支持社会力量参与文物保护利用的有关政策，推动地方政府履行属地责任，将文物经费列入财政预算。同时，省级层面出台文物领养、税收减免、融资免息、以奖代补、购买服务等一揽子扶持政策，吸引社会力量参与。

4. 完善执法监督机制

由文物部门会同相关部门，定期开展专项执法检查，重点针对打着开发利用旗号的建设性破坏、人造景观等行为。对不符合文物、宗教、消防、生态政策的工农业生产、宗教活动，应在开展文物影响评估的基础上，依法加强监督管理，对负面影响大的坚决予以叫停。

保护与利用，一体两面，统一互促。2022 年 6 月全国文物工作会议提出的"保护第一、加强管理、挖掘价值、有效利用、让文物活起来"的新时代文物工作方针，既突出强调了"有效利用、让文物活起来"的时代新要求，又系统构建了"保护→管理→研究→利用"四位一体的逻辑关系，指明了实现"有效保护利用、让文物活起来"的规律性路径。解决古山寨文物保护利用的深层次、结构性问题，不是一朝一夕之功，其科学保护利用的实现，须进一步提高思想认识和政治站位，以系统深入的研究，有效到位的管理为基础和保障，不断创新体制机制，真正把握文物工作发展规律，久久为功，在保护中拓展利用，在利用中深化保护。

细化大遗址群保护

孟宪民*

摘　要：六朝第一都是鄂州吴大帝都城，历史细节有待揭示。保护管理大遗址群，要循名求细，先发掘、再抉择建设，明确考古保留地。表面知识构成措施起点，需做足起点工作。居民区拆出空地，应尽快启动发掘，先画探方展示。大范围遥感布方，便于排查问题、促进合作。广设观景地带，产生美感，也利防范基建蚕食和盗掘。努力规划自主措施，能与城乡建设良性互动。鼓励多于限制，细化奖励群众制度，可减少文物非科学出土，促成群体保护。

关键词：措施起点；遥感布方；观景地带；规划工作；奖励制度

大遗址群的说法，早已听过，在荆州、良渚，或洛阳、西安、集安。最初规划保护大遗址就是群的意思，想解决长期困扰的基建蚕食和盗掘问题。突出重点更要指导普遍。后来我发表《大遗址承传与美丽城镇的文化复兴》及《尽保城址论》，提出城址是改变"千城一面"的遗产资源，应有超长远规划与优先行动。前者基于建筑寿命，抉择后者，则需不断细化。

老友相邀，退休后行走湘鄂，看醴陵窑大遗址群、南漳山寨群、桂阳戏台群，发表《由桂阳戏台说文物"群体"保护》。在鄂州市区拆出的空地旁，我们见到鄂州市人大《鄂州市人民代表大会常务委员会关于加强吴王城遗址保护工作的决定》："不新批准与吴王城大遗址保护无关的工程，对区域内的违建项目坚决予以治理；建立退出机制，现有居住人口只减不增，机关、事业单位要制订规划，限期搬迁"。赞叹之余想到，专业工作者必须有跟进措施，而再以"吴王城大遗址"为名保护其余，就得用大遗址群的概念了。对此细化认知，或能助益他群。

---

* 孟宪民，国家文物局原巡视员。

一、历史细节有待揭示

全国性都城遗址鄂州吴王城，六朝第一都，是湖北省也是全国的金名片，实可称：开六朝之首的吴大帝第一都城大遗址群。

六朝历史不得了，孙权在鄂开的头。反映六朝成就，有种说法：所谓东方古罗马实指人口超过百万的建康城。南京六朝博物馆示有《太平寰宇记》引《金陵记》："梁都之时，城中二十八万余户，西至石头城，东至倪塘，南至石子冈，北过蒋山，东西南北各四十里。"显然，城不以城池为限。对六朝第一都也要这么看待：不仅西山禁苑，还要包含樊口及商港、军港，孙权选址建都，概因此。

此类考古重地，需揭示更多历史细节并永世纪念。"地区（Regions）是考古资料中最庞大、最无定型的空间集合。"《发现我们的过去：简明考古学导论》说："综合整个地区情况后，考古学家就可以还原一个过去社会的方方面面，这是一个单一遗址所无法做到的。"①大遗址群保护，意义无限，对得起过去，更造福现在和未来。

基于学术潜力的群体保护，才符合真实性、完整性要求，达到公布文物保护单位（下称保护单位）的目的。《文物保护法》第一句就阐明目的，将"促进科学研究"列于前。将城镇建成区的城址即"城摞城"公布为保护单位，没错！

世纪之交，宿白教授已呼吁"对老城区进行有计划的妥善安排"②。保护单位制度的创建者、学贯中西的郑振铎（1898—1958）早说透本质："中国是一个地下'文化资源'最丰富的国家"，"今天人口密聚的城市""最容易发现古遗址"。不必过于钦羡欧洲城市那么多宏大古建筑，我们有大遗址群，须不避短而扬长。

二、保护管理求细循名

大遗址群由保护单位衍生。《文物保护法》以"文物"指代一切保护对象，保护单位为群体性大类。郑振铎先生在全国人大会议发言："每一个保护单位，都包含有几个或几十

---

① ［美］温迪·安西莫、罗伯特·夏尔著，沈梦蝶译：《发现我们的过去：简明考古学导论》，上海社会科学院出版社2007年版，第38页。

② 宿白：《现代城市中古代城址的初步考查》，《文物》2001年第1期。为"机遇与挑战：文化遗产保护与城市发展"大会发言，末句："希望各级领导积极支持、督导考古工作者要更多更快地进行这项工作，如再迟缓，现代的城市正在快速建设时期，很可能有些今天尚存的古代重要文化遗产就被铲平毁废了。"

个或几百个乃至上万个项目。像在曲阜孔庙这一个'保护单位'项下，就至少包含着两三百个的历代碑碣、汉画像石、汉石人、明清建筑群；还有数以万计的明清档案和衣服及其他日用品等等。"可见保护单位为群体组合。守正以创新是该制度的精华，后出保护区都应汲取。

"公布'文物保护单位名单'和管理工作，是一项带有根本性的工作。"郑先生将公布名单和管理相区别，甚是高明。后来国务院公布国家文物保护单位名单、省级政府会同国家文物局划定保护范围正是这样做的。名单如"吴王城遗址"要理解为以突出价值的名义指代群体，非只保"芯"不顾其余。下级管理当循名求细，即使在划定保护范围后。郑先生还道："名单以外的也希望进一步调查研究予以补充，把所有应该保护的文物都列入国家保护之列。"意即保护单位全覆盖。保护大遗址群正实现了他的理想。

名单公布是又一开始。公布时的简介不是明细。明名下之细，是管理的事。国家保护不同于选拔世界遗产，与世界遗产公约同一天公布的《关于在国家一级保护文化与自然遗产的建议》更须重视："文化和自然遗产应被视为同种性质的整体，它不仅由具有巨大内在价值的作品组成，而且还包括随着时间流逝而具有文化或自然价值的较为一般的物品。"大遗址群保护，使许多看似普通的文物及"白地"组合于斯[1]，可得新知，利于广泛对话，影响全社会。

湖北省有好基础、好传统，值得从细把握。《中国文物地图集·湖北分册》（下称《分册》）将明清"武昌城址"作为省保"吴王城城址"分条，很有道理。《郑振铎日记全编》有1957年记考察"文物单位"：保加利亚"博物馆城"、捷克斯洛伐克"保护城"，而"襄阳城"1956年就公布为省保了。其标志牌仍嵌于临汉门，昭示湖北曾走在中国和世界前列。

三、发掘双刃须加细辨

保护大遗址群利于从细抉择发掘、发掘从细。发掘是双刃剑。国际古迹遗址理事会《考古遗产保护与管理宪章》（下称《宪章》）表述："发掘总是意味着需要以失去其他资料甚至可能以毁坏整个遗址来选择将要记录和保存的证据，因此只有在经过深思熟虑之后方可做出发掘的决定。发掘应该在遭受发展规划、土地用途改变、掠夺和自然蚀化的威胁的古迹和遗址上进行。"《宪章》适应我们"地下'文化资源'最丰富"的国情，惜未引得注意。

---

① 拙文：《大遗址大文物展示"中心环节"论》，辽宁省文物考古研究所编：《庆祝郭大顺先生八秩华诞论文集》，文物出版社2018年版。郭大顺先生介绍苏秉琦先生启发：对东山嘴、牛河梁红山文化遗址，附近商周青铜器窖藏坑，要联系起来，作为一个古遗址群看待，应把它们之间现在看来还没发现什么线索的"白地"都看作重要范围。

"作为例外情况，为了阐明研究问题或为了向民众展览而更有效地阐述古迹遗址，也可以对没有遭受威胁的遗址进行发掘。"《宪章》接着说，要"留一部分不受干扰，以便今后研究"。其实发掘主要目的之一就是明确考古保留地。郑振铎先生曾说，有的地下埋藏"是不能有二的极重要的古代和中古的文化遗址"，发掘之后"还需要把这些地区保留下来"。

大遗址群不是《文物保护法》所言"可能埋藏文物的地方"，应先发掘再抉择建设，除非国家重大工程，否则无须配合什么。基建出资不等于配合基建。《宪章》说："开发项目构成对考古遗产的最大威胁之一。开发者有责任"对其影响进行研究，"此种研究经费应包括在项目经费之中"。

我曾问一位前辈，为何没公布"文物埋藏区"，难道不知日本有埋藏文化财？他说：当然知道，那提法易生错觉，以为挖出器物就可以，遗迹更重要。

四、表面知识构成起点

"表面的知识也能构成保护措施的起点"是《宪章》原话。文化部 1963 年《文物保护单位保护管理暂行办法》(下称《办法》) 所示起点也很多，不止"四有"①。其中"广泛地运用各种方式，对文物保护单位进行经常的宣传与介绍"，有些就是抢救起点。对大遗址群更需广泛宣传。

地方志是好起点。《分册》引"清光绪鄂城县城图"，有"武昌城址"条说明。很多"城摞城"连文物普查点都不是，而《中国文物地图集》大量刊出城池图，警示城址尚存。

任何破坏、威胁均为起点。关于遗存性质、年代的学术争论，不该干扰和削弱遗存保护。类如文物出境鉴定，鉴定是否许可出境，少数人甚至一人认为应该留，就先留下来。

寻求多点突破，总有收获。有关文物工程，随进展会有新发现、新想法，但由于按合同执行，很多时候就只好让沉默的文物受委屈。所以要加强非工程措施。做足起点工作，还能对后来工程有所补益。

五、拆出空地不再空着

空地是起点，也前途未卜。这起点仍应前置。居民区拆迁前的调查、搜集及发掘，跟进设计，麻烦些，却可带来保护发展"双赢"！

---

① 有"划定必要的保护范围，作出标志、说明，建立科学的记录档案和组织具体负责保护人员"，后简称"四有"工作。国家文物事业管理局编：《新中国文物法规选编》，文物出版社 1987 年版。

大遗址群拆出空地，不宜仅做考古钻探就移交建设。大面积揭示利于复原研究，提高有关设计水平。别担心挖不到所谓的东西。细微人文遗迹的发现，价值也许不亚于宫殿。空方不空，正是三峡工程湖北考古的结论。现更强调认知自然的层层积淀，2011年联合国教科文组织《关于历史性城市景观(HUL)的建议》是再提示。

空地总空着，甚至堆垃圾，就是遮挡也不可容忍，必须即刻启动发掘和展示，无须等待什么建设，即使是博物馆、公园。

在鄂州拆出空地，我们想到个快捷方式：先布考古探方，画上醒目白线。凤凰台上，工厂废弃多时，也应如此。那里早该据《宪章》"重建"凤凰台塔。

六、遥感布方跨越山川

一种大范围遥感布方的想法，油然而生。利用遥感技术，为大遗址群布设细密方格，便于排查问题、寻求起点。这想法不新奇。中国考古学之父李济(1896—1979)早有"草地寻球"的譬喻，1978年，许倬云先生为新版《李济传》作序回忆——李济说："真会找球的人，不是找答案，而是找问题，让问题牵出问题。一大堆的问题出现，'草坪'也会就不一样了！"[1]李济先生生前撰写的最后专著，名《安阳》，行为世范：他心怀"草坪"实是包含殷墟的大遗址群及大堆问题。

通过遥感布方，方志知识可得更新。如古代城市的十景、八景多在城址附近，提供了难得的保护展示周界。鄂城八景之"苏子遗亭"纪念苏轼：他见有废亭，经考证，知是三国孙权遗迹，觅得故址，亲自捐资，扩地重建。宋人兴实地考古，还做过什么？值得探究。

在东坡赤壁，我曾眺望长江对岸，还见石刻线画，主题赤壁园林，近景西山、蟠龙矶和其间城垣城楼。苏轼江上往来启示：鄂州、黄州这两座城址，该作一个大遗址群看待，统于遥感布方。

以山川为界的行政区很多，大遗址群的遥感布方，还可促进区域合作，尤在倡导文化带建设的今天。

七、广设观景地点地带

此为防范基建蚕食和盗掘的利器，且距离产生美，大遗址群须着意为之。仔细考察遗

---

[1] 张杰、刘可欣：《带一本书去旅行 | 走近"中国现代考古学之父"激情一生 更深入理解华夏历史》，《封面新闻》，2021年5月11日。

址地貌特征，使之成为可品味的城市和原野景观，本就是大遗址保护展示的首要做法。初走吴王城，我们就被提醒，凤凰路有曲折，是下面东城墙曲折。遗址东北角及江中观音阁，是鄂州博物馆展出的照片上提示的好风景，不知实地是否有人注意，导游导不导？走在江岸陡壁前，我们未见展示地层剖面，有些遗憾。

大遗址群幸存的高低，正是其精华和脆弱所在，急需遏制对观景地点地带作"高平低垫"①简单处理的做法。遗址多是由历代地面、建筑、水系组成的，应采取适当措施，既可标示遗址，还能改善生态环境。而塑造历史城镇特色景观的一个总体性抉择，就是恢复高低错落的形态。

为大遗址未尽事宜，我退休时写了篇《文化遗产保护之观景台》投《中国文物报》。《东南文化》编辑看到，很感兴趣，改以《论观景台之作用、保护与制度建设》为题发表。报社得知仍坚持刊出，用的原题。现在看都有缺憾，观景大遗址群更需强调地带，即文化带建设。

八、加力规划自主措施

"为解决和生产建设的矛盾，更好地发挥文物的作用，要进行文物保护单位的规划工作，以便纳入城市或农村建设规划。"《办法》所说规划工作，指文物机构规划自主措施，不能别家代劳。自力更生，偿还欠账，加大力度保护展示大遗址群，文物工作才能与城乡建设良性互动。

很多地方不愿意把居民区占据的遗址及"城摞城"定为保护单位，或划小保护范围、建设控制地带，理由之一是凡事都报上级批，不必要。其实应通过细化管理、下放权力来解决。文物机构自主规划，上下沟通，可不断启动措施，还能解决这类问题。

展示条件不成熟、利用基础薄弱的规划结论，很多由于目的不明。遗址多可达易达，本就是开放的，如人们常年就走在吴王城上。越是现状不佳，越要展示利用，这是反蚕食反盗掘的博弈，不是文艺表演也不一定如公园般美丽。

九、细化奖励群众制度

群众支持才能保护好大遗址群。《夏鼐谈考古发掘》1985年在《中国文物报》刊出时他

① 苏秉琦《中国文明起源新探》："古城址往往埋藏很浅，高平低垫，很容易就被破坏，一重要，二难保护。"（商务印书馆1997年版，第108页）

已去世，似为先生绝笔。其中谈道："报纸上刊登一条消息，说某单位在基建中发现了许多古物，后来都交到文物机构，受到了表扬。""文物机构和报纸这样在表扬某单位时没有同时指出它的错误，在报纸编辑方面是出于不明白文物法令，但是，在文物机构方面，则是失职。"可见表扬群众的重要。而传播媒体、文物考古机构等，也需以细化的奖励制度为引导，明白文物法令。

大遗址群保护的题中之义，必有防止和减少文物的非科学出土。我在流散文物处时曾发表《小议出土古钱币的及时保护与整体保护》，建议根据"有利于开展科学研究"（1982 年《文物保护法》）的程度，区分给群众的奖励。时已有前辈叮嘱：法令不是捆绑自己人的，管理要面向社会。

以上认识，远不周全。总之，促成文物的群体保护，鼓励要多于限制。我们探访各地基层，对此是感触至深的。

浅谈旧石器时代大遗址的保护与利用

高黄文　李广泽　李元初*

摘　要： 本文运用案例分析、调查研究等技术方法，梳理国内旧石器时代大遗址保护与建设的现状，分析、归纳旧石器时代大遗址保护与建设过程中存在的问题及其原因，提出"应当对典型旧石器时代遗址所在地理区域进行整体性调查、发掘、保护"的对策。并以学堂梁子遗址、"汉江人类演化廊道"为例，展望了湖北省旧石器时代大遗址与国家考古遗址公园前景。

关键词： 大遗址；旧石器时代；文物保护；湖北

党的十八大以来，以习近平同志为核心的党中央高度重视文物保护利用和文化遗产保护传承。人遗址作为实证"中国百万年人类史、一万年文化史、五千多年文明史"的核心文物资源，其保护和利用受到社会各界的关注。

在人类历史中，旧石器时代距今最为久远，古人类改造自然的行为能力明显低于后续时代，导致旧石器时代的遗存特征与后段具有较多不同。在遗迹方面，形制简单且种类数量远少，遗物保存至今的也以各种打制而成的石制品为大宗，伴有少量骨角制品，以及古人类、古动物化石等，因此旧石器时代大遗址具有明显不同于后续时段的特点。

基于以上原因，在充分理解国家文物局提出的"大遗址"①概念的前提下，应当提出更

---

* 高黄文，湖北省文物考古研究院馆员；李广泽，吉林大学考古学院研究生；李元初，杭州市文物考古研究所助理馆员。

① 国家文物局：《大遗址利用导则（试行）》（文物保发〔2020〕13号），国家文物局网（http：// www. ncha. gov. cn/art/2020/9/15/art_2407_122. html），2020年9月15日，检索时间：2023年8月8日。于冰：《"十一五"大遗址保护专项精分政策解读与实施评估》，《中国文物科学研究》2015年第4期。"大遗址"一词是中国文化遗产领域的特色表述，是中国在文物保护工作中首创的分类名称。2005年，国家文物局和财政部联合公布并实施了《大遗址保护专项经费管理办法》，阐明了"大遗址"的概念："大遗址主要包括反映中国古代历史各个发展阶段涉及政治、宗教、军事、科技、工业、农业、建筑、交通、水利等方面历史文化信息，具有规模宏大、价值重大、影响深远特点的大型聚落、城址、宫室、陵寝墓葬等遗址、遗址群及文化景观。"2020年国家文物局颁布的《大遗址利用导则（试行）》也基本沿用了这一定义。

为具体、更有针对性的识别标准以便于推进旧石器时代大遗址的保护与建设工作。近来我国旧石器时代考古工作成果愈发丰硕,在人类演化史上占据重要地位的新发现不断刷新世人的认知。为了对这些遗址及所在区域提供更深入、更系统的研究与保护,探索出适合旧石器时代遗址的大遗址认定标准、考古工作方针和大遗址保护方案势在必行。

一、我国旧石器时代大遗址保护工作现状

(一)旧石器时代大遗址保护工作现状

自 20 世纪初我国开展旧石器时代考古工作以来,经发掘和记录的旧石器时代遗址目前超过 2000 处,涵盖了距今 210 万年至 1 万年的各个时段,是人类文化遗产的重要组成部分。这些遗址对于勾画人类演化、迁徙的世界版图和追溯东亚人类的起源与发展不可或缺[①]。但相对于后续时段的大遗址认定数量与保护情况,我国目前经认定的旧石器时代大遗址数量依旧较少。

自 2005 年财政部、国家文物局印发《大遗址保护专项经费管理办法》以来,共有 5 处旧石器时代遗址(遗址群)入选大遗址名录,其中包括:宁夏水洞沟遗址、广东石峡遗址(含马坝人遗址)、福建万寿岩遗址、河北泥河湾遗址群、北京周口店遗址。除上述 5 处名录中的旧石器遗址外,例如新近立项国家考古遗址公园的湖北学堂梁子遗址入选大遗址名录相信只是时间问题,因此也在文中讨论之内。

根据以上内容,笔者认为我国旧石器时代大遗址认定与保护工作还处于起步阶段。目前经认定并开展系统保护工作的旧石器时代大遗址均为考古工作较为系统、深入的遗址(遗址群),从遗址性质到遗存面貌均具有一定的代表性,能够反映旧石器时代该区域人群的生存适应情况与生活生业面貌。但依旧存在数量占比较小、分布范围零散、没有形成大地理区划内或省区内较为集中的大遗址保护体系等问题。

(二)旧石器时代大遗址保护手段

大遗址保护除为进一步的考古工作服务之外,还承担着考古成果转化、科学知识传播、公众资源共享等重要使命。为了实现这些目标,当前旧石器时代大遗址保护工作中,我们能够看到的保护手段包括常规的预防性保护、建立遗址博物馆、建立不同类型的考古

---

① 陈同滨、李敏、高星等:《笔谈:突出普遍价值命题下的中国考古学话语建构》,《中国文化遗产》2022 年第 6 期。

遗址公园等。

1. 预防性保护

预防性保护普遍存在于大遗址保护工作中，是指"对各类重要遗迹，包括建筑遗址、窑址、城墙、墓葬等不可移动文物，实施预研、监测、控制等措施来预防或减轻遗址遭到的破坏，并保证遗址本体处在一个相对安全稳定的外界环境"[①]。为了进一步服务考古工作、公众考古与科普事业，在我国现有实践案例中可见，旧石器时代的大遗址预防性保护工作的对象除重要遗迹外还包括考古发掘区、地层剖面等。

例如，在北京周口店遗址，周口店第 1 地点主体为天然石灰岩溶洞，以风雨侵蚀为诱因的病害导致遗址本身存在风化、剥落、坍塌等风险。基于遗址保护的需要，采用最小干预的策略，相关部门为洞顶加盖保护棚（参见图 1），隔绝主要自然影响因素，以达到延长遗址寿命的目的[②]。类似的工作还有宁夏水洞沟考古遗址公园为第 1 地点考古地层剖面加盖防护顶棚、湖北学堂梁子考古遗址公园为核心区整体加盖保护方舱等。

图 1　周口店第 1 地点保护棚

---

① 刘亚楠：《乡村型城址类大遗址的保护与展示研究》，浙江大学硕士学位论文，2022 年。
② 崔光海等：《多维度保护建筑营造——周口店遗址保护建筑》，《风景园林》2021 年第 1 期。

这些针对旧石器时代大遗址的预防性保护，有效地维持了文化遗存与自然环境背景的协调统一，延展了遗址本身的"保存寿命"，更保留了未发掘区域开展进一步考古工作的可能性。

2. 建立遗址博物馆

建立遗址博物馆作为提高大遗址保护工作科学性的必要手段，在我国旧石器时代大遗址保护实践中发挥着重要的作用。上述大遗址及国家考古遗址公园有不少拥有体系完备的遗址博物馆。

宁夏水洞沟遗址博物馆(参见图2)通过图片和标本系统地展示了水洞沟遗址发现、发掘和研究的历史，用实物、图片和立体场景复原等手段再现了距今4万年至5000年间先民在这里狩猎采集、生存繁衍的情境，并设有沉浸式远古生活体验区和田野考古体验区，给予公众对古代先民生活与旧石器考古科研过程身临其境的精彩体验①。

图 2　宁夏水洞沟遗址博物馆

---

① 高星：《水洞沟遗址：科学与人文在这里交融》，《人民日报》，2020 年 10 月 9 日。

水洞沟遗址博物馆的建设，处处体现着本体的保护与文化遗产的利用并重，专业严谨的科研与生动直观的科普共进，做到了学术研究、文化产品和旅游经济、社会效益的互利共赢①。

此外，从大遗址保护"十二五"专项规划发布以来，国内旧石器时代大遗址开始依托遗址博物馆逐步开展数字化工作，建立文物信息平台，以及开展大遗址基础数据信息化工作，通过数字化途径保存遗址全方面信息资料，让科技赋予大遗址永久的生命力已成为大遗址保护的又一新趋势。

3. 建立国家考古遗址公园

国家考古遗址公园的建立思路主要有两种：一是在特定范围内集中分布大量文化遗址，适合进行整体性展示；二是呈点状散布在城市或乡野中，每个遗址点的面积有限，但数量众多，可以根据某一主题进行串联，获得时间、空间或文化上的连续统一②。我国现有的旧石器时代国家考古遗址公园主要是前者，如集多处洞穴地点于同一山系的北京周口店遗址、福建万寿岩遗址等，或是集多处旷野遗址于某一河谷、水系的泥河湾遗址群、水洞沟遗址群；后者如广东石峡遗址也显示出旧—新石器时代遗址共筑当地文化谱系的可行性。

河北泥河湾遗址群之于世界旧石器时代考古学研究有着极高的科研价值与学术地位。自 1921 年以来，已发现早更新世中期至晚更新世之末的遗址 300 余处。数百处古人类活动遗址，记录了东亚人类近 200 万年来的连续演化历史，被誉为"东方人类的故乡"。泥河湾遗址群面积约 1000 平方千米，广泛分布于阳原县境内，主要有侯家窑、虎头梁、大田洼三个遗址集中分布区，考古遗址公园核心功能区位于大田洼区，总面积约 3.4 平方千米③。参见图 3。

对于泥河湾这样一个集中第四纪地质学、古人类学和旧石器考古学的科研基地，国家考古遗址公园建设为其百年来的科研、保护工作开启了新的篇章。泥河湾在国家遗址公园建设的同时，大力开展科研工作，夯实科研成果。公园建设亮点当属泥河湾研究中心（参见图 4），该中心建有科学研究中心、保护教育中心、学术交流中心和考古之家，是国内最大的旧石器考古研究基地，泥河湾遗址群发掘的石制品、动物化石等文物都保存在这

---

① 韩如月、马新月：《管窥旧石器遗址文化遗产保护传承的"三种模式"》，《文化产业》2022 年第 14 期。

② 刘亚楠：《乡村型城址类大遗址的保护与展示研究》，浙江大学硕士学位论文，2022 年。

③ 赵佳欣：《泥河湾国家考古遗址公园游客服务中心室内设计》，河北建筑工程学院硕士学位论文，2020 年。

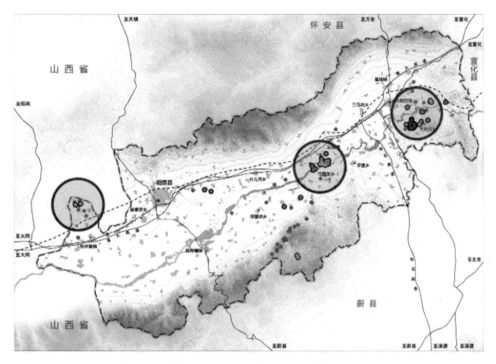

图 3　河北泥河湾考古遗址公园遗址群分布示意图

里，其为国内外旧石器考古机构、业内专家提供了不可多得的科研交流平台。

图 4　河北泥河湾研究中心鸟瞰图

泥河湾遗址群是国家考古遗址公园的优秀案例。泥河湾遗址群相关管理单位与科研机构就遗址保护利用的相关问题积极与政府部门协商，为遗址的学术研究、保护和开发利用制定了清晰、合理的运行规则。科研院所与地方政府各尽其责，充分发挥各自优势，实现了文化遗产保护和学术研究交流的双向共赢。

二、旧石器时代大遗址保护面临的问题与对策

（一）探索适用于旧石器时代的"大遗址"界定标准

国家文物局发布的《大遗址保护专项经费管理办法》与《大遗址利用导则（试行）》两份文件中对"大遗址"的定义，已经在各时段考古大遗址的界定中起到了指导性作用，让一批批珍贵的文化遗产得到系统的保护利用。

但由于旧石器时代距今年代久远，远古人类的行为与适应较为原始等原因，旧石器时代遗址与其他时段的遗址相比具有遗迹种类简单、遗物类别单一的特点，加之旧石器考古研究自身带有一些自然科学属性，指导文件中的一些标准对旧石器遗址来说并不适用。例如，基于迄今为止的研究结果，旧石器时代并不涉及《大遗址利用导则（试行）》"大遗址"概念中所指出的政治、宗教等历史文化信息，也不具有规模宏大、价值重大、影响深远的大型聚落、城址等特征遗存。

因此，应当透过遗址规模、遗迹种类、历史传统影响等因素，结合旧石器考古研究特点，从旧石器时代遗址考古学遗存的独特性、地理单元内的文化层位连贯性、文化序列的完整性、遗址地点在地理单元内的聚集性、学术价值的重要性等特征出发，对旧石器时代大遗址进行界定。笔者认为应当从以下几点切入，提炼能够指导旧石器时代大遗址识别工作的判断依据：

（1）在一定的地理单元（形成时间早于第四纪）内，具有连贯的文化层位或地质层位序列；

（2）依据上述层位序列，可识别出多处同时期的旧石器地点；

（3）能够反映出各阶段各支古人类生产生活、技术传播、行为与适应、迁徙与扩散等方面的丰富考古学信息；

（4）出土有价值重大、影响深远的古人类化石、重要遗迹（房址、陷阱、火塘、绘画等）、器物组合（石制品组合、骨角器组合等）等旧石器时代遗存的遗址、遗址群。

(二)确立旧石器时代大遗址的考古工作方法

旧石器时代大遗址的考古工作方法应从两方面考虑:一是为判定区域内是否存在大遗址的考古调查、试掘、发掘工作;二是对大遗址的持续性发掘与深度科研工作。

前者实际融入旧石器田野考古工作的初期。旧石器时代大遗址考古工作从业者开展工作前,首先应当在区域范围内进行充分的田野调查与试掘工作,以初步查明该地区旧石器遗存分布情况,以及具有大遗址存在的可能性;然后对调查、试掘结果统筹把握,系统规划出区域内未来的田野考古发掘工作;上述准备充分后,选择遗存富集处、地层明确处进行田野考古工作,纵向串联、横向比对发掘成果,再来论定其是否具有大遗址特征。

后者则进入了大遗址保护工作的范畴。结合已有的旧石器时代大遗址保护经验,在设立遗址保护区时,应进行更充分更细致的调查、勘探工作,以规划出未来可能的发掘区域与其他的功能区域,并要跟当地政府做好沟通、协调工作,为大遗址保护区域的建立提供必要的支持。

以上工作的前提,需要旧石器从业者们形成"大遗址"观念,向形成统一、完整的旧石器时代大遗址研究努力。然而,区别于其他时段的考古工作,旧石器时代遗址在现今的考古工作中,很多以分散的"地点"形式示人,缺乏深入的整体研究。各地点间研究结果过于独立是普遍存在的问题,常常是由于缺少深入探究,各立门户,而忽略了彼此间的联系,未能揭示区域内古人类行为结果的关联。只有整体把握区域内各地点遗存情况,梳理文化、自然层位序列,形成连贯区域文化序列,丰富基础资料的内涵信息,才能使保护工作具备扎实的学术支撑,将古人类的生产生活面貌完整地展现给世人。

(三)推进旧石器时代考古遗址公园建设

旧石器时代遗址,尤其是旷野土遗址的可视性和观赏性较差,对社会大众的旅游吸引力不强[1]。虽然有些遗址在考古界可能早已闻名遐迩,但很长时间这里可能只是人迹罕至的荒野和残垣断壁,需要开发"公园"所需承载的"供公众游憩、观赏"功能。

旧石器时代考古遗址公园建设的方向,是学术研究与公众功能并行。旧石器时代遗址所蕴含的知识想要传播给公众,是需要多方合作来共同实现的。例如高星先生提出的"水洞沟模式",是一个政府宏观指导,承担遗址保护和管理责任;科研单位负责遗址发掘、研究、价值阐释并为遗产利用提供咨询;企业开发文旅资源与市场,创造就业机会和经济效益,并为遗址保护提供信息的模式。

---

[1] 高星:《水洞沟遗址:科学与人文在这里交融》,《人民日报》,2020年10月9日。

旧石器时代考古遗址公园建设的过程，是实现遗址整体保护的过程。旧石器时代大遗址保护，绝不仅仅是指对遗址本体的保护，而是通过规划等各种有效手段来保护和管理周边环境，追求大遗址自身文化内涵与环境景观背景的和谐一致；大遗址保护绝不是分散保护，必须通过整体保护，揭示出其整体的文化内涵，全面展示其完整的文化意义①。诸如北京周口店遗址、辽宁金牛山遗址、福建万寿岩遗址等洞穴遗址，具有自然环境相对旷野遗址更加稳定的特点，现存的洞穴、岩厦等自然障壁是阐释文化内涵的必要环境背景。同时，洞穴、岩厦等所能提供的空间感，更能使公众感受到旧石器时代遗存本体特有的魅力和价值、感受到独有的文化生态。

此外，对于某些与其他时期文化遗产共处一地的旧石器时代大遗址，也可以采取联手共建的方法，在规划得当的情况下进行统一保护。例如陕西龙岗寺国家考古遗址公园，其中不仅有旧石器时代遗址，而且包含新石器时代遗址、汉代墓葬群、千年禅院及陕南特委代表会议旧址等。通过这种方法能够借公众熟知的历史时期遗存，增强公众对旧石器时代古人类生产生活图景的认知。

三、湖北旧石器时代大遗址保护工作的展望

（一）湖北旧石器时代大遗址保护的潜力

湖北地区自第四纪之始即为华北、华南地理分界线上的重要一环，在环境上具有南北过渡的融合特征。旧石器时代的古人类改造自然的能力相对较弱，但也各自探索、发展出了适合其生存环境的生业方式，这一点在旧石器时代考古中往往以石制品组合为载体体现出来。湖北独特的地理位置与环境特点，造就了湖北旧石器时代南北交融的独特文化面貌，是探索史前人类生产生活面貌的学术重地。

湖北地区旧石器时代考古工作历史悠久、维度深入、遗存丰富，以学堂梁子（郧县人）遗址、梅铺直立人遗址、白龙洞遗址、黄龙洞遗址为代表的"汉江人类演化廊道"和以建始直立人遗址、长阳人遗址、果酒岩遗址为代表的鄂西南"早期人类和灵长类起源地"，已彰显出湖北地区丰富的旧石器时代遗存资源，以及开展旧石器时代大遗址保护与建设的必要条件。

在队伍建设方面，近期湖北旧石器时代考古团队已经出色完成了郧县人3号头骨发掘工作。在此次发掘工作中，湖北旧石器时代考古团队形成了以湖北省文物考古研究院和中

---

① 单霁翔：《大型考古遗址公园的探索与实践》，《中国文物科学研究》2010年第1期。

国科学院古脊椎动物与古人类研究所为主体的多单位、跨学科工作组，具有调动、统筹全国从事旧石器时代考古学、古人类学、考古年代学、数字化测绘、古遗传学、地质学、古生物学、古环境学等领域专家参与研究的能力，为实施多学科、高科技、国际一流的大遗址保护工作奠定了队伍基础。

（二）湖北旧石器时代大遗址保护的方向

湖北地区旧石器时代大遗址应当秉持遗址安全、延续考古、科学阐释、协调发展的原则，面向考古研究工作者和学者、青少年学生、文化爱好者和假日休闲游客、乡村居民等群体，发挥遗址保护与展示、考古科研、科普教育、文化服务与共享交流、休闲游憩等功能，向着建设发展成为国家考古遗址公园而不懈努力。

以"汉江人类演化廊道"大遗址建设为例，汉江流域的旧石器时代遗址中以学堂梁子遗址最为重要，可以其为核心，建立起汉江流域旧石器时代遗址之间的联系网络。

在学术价值方面，学堂梁子遗址的出土文物、现存面积、保存完整度、堆积丰富度、可持续工作条件等方面，在中国和世界旧石器时代考古学研究，以及古人类学研究中占有非常重要的地位。该遗址还是汉江地区发现直立人化石时代最早、材料最完整的古人类遗址。结合周边多年的考古发现与遗址之间的内在关联，能够为"汉江人类演化廊道"大遗址保护工作提供最扎实的学术基础，成为保护工作中公众性元素的重要支撑。

在政策支持方面，学堂梁子遗址出现在国家文物局 2022 年公布的第四批国家考古遗址公园名单之中①，成为湖北省首个纳入国家考古遗址公园建设体系的旧石器时代遗址。由此可见，对于"汉江人类演化廊道"大遗址保护与建设，将学堂梁子国家考古遗址公园作为工作开展的中心可谓最佳选择。

在未来规划方面，学堂梁子遗址适合作为"汉江人类演化廊道"大遗址保护区的核心功能区域。学堂梁子遗址发掘面积较大，发掘工作深入，遗存分布情况明确，有利于进行功能建筑区域与发掘工作区域的合理规划。例如，在这里可以基于汉江流域多年的考古成果建立旧石器时代考古主题的博物馆，向公众传递旧石器时代考古、人类演化历史、第四纪地质与古生物等科普性内容，宣讲旧石器时代之于人类历史的重要意义；可以结合学堂梁子与周边重要遗址的地理位置，在合理规划下将各遗址连点成线，建设"汉江人类演化廊道"游览路线；等等。

---

① 国家文物局：《国家文物局关于公布第四批国家考古遗址公园名单和立项名单的通知》（文物考函〔2022〕1316 号），国家文物局网（http://www.ncha.gov.cn/art/2022/12/29/art_2318_45970.html），2022 年 12 月 29 日，检索时间：2023 年 8 月 8 日。

后续则需要文旅部门与当地政府一道，建立完善的管理制度，制订全面的区域考古工作计划，协调统筹区域内旧石器时代研究成果，力图将其打造为人类起源演变认知的沉浸式展示体验地、汉江流域乃至中国南方旧石器时代考古科教基地。

四、结语

作为《大遗址保护利用"十四五"专项规划》的重要内容，加强我国大遗址保护利用工作、国家考古遗址公园建设工作恰逢其时。对于正处于发展阶段的旧石器时代大遗址保护与国家考古遗址公园建设，广大旧石器时代考古文博从业者应当继续探索适合实情的工作理念与工作方法，科学阐释中国境内长时间尺度上人类起源和人类发展的关键问题，延伸历史轴线、增强历史可信度、丰富历史内涵、活化历史场景，力图让尘封在广阔大地上的旧石器时代遗产"活起来"，构建中国史前史基干、向世人展示全面真实的史前社会。

荆楚大遗址管理机构现状调查与思考

何 凌 马 军*

摘 要：大遗址的保护管理工作是一项业务性、政策性、社会性很强的工作，内容非常广泛，涉及的方面很多，有些问题的解决难度也很大。本文重点调查分析了湖北 40 处大遗址管理机构运行现状及机构功能现状，总结存在的问题和改进方向，为制定湖北大遗址保护的公共政策提供理论依据和经验参考。

关键词：大遗址；管理机构；现状调查

大遗址是实证"中国百万年人类史、一万年文化史、五千多年文明史"的核心文物资源。湖北大遗址资源丰富。2019 年 2 月湖北省政府印发《荆楚大遗址传承发展工程实施方案（2019—2023 年）》（以下简称《实施方案》），对加强荆楚大遗址传承发展，建设文化旅游强省作出安排部署。2021 年 12 月，荆楚大遗址传承发展工程领导小组办公室印发《荆楚大遗址传承发展工程规划（纲要）》（以下简称《规划（纲要）》），统筹规划荆楚大遗址时空布局，指导荆楚大遗址传承发展工程科学、有序、高质量发展。近年来，国家和各级地方政府投入大量人力、物力、财力对荆楚大遗址进行保护和研究，一些地方人民政府为辖区内的大遗址设立了专门保护管理机构，随州、荆门等地还颁布了大遗址保护地方性法规，但由于湖北大遗址类型多样，规模不同，自身所具备的价值属性和面临的问题各不相同，大遗址管理机构的保护管理水平参差不齐。为进一步深化荆楚大遗址传承发展，充分发挥大遗址在乡村振兴、长江经济带建设等发展战略中的促进作用，现对列入《实施方案》《规划（纲要）》的 40 处荆楚大遗址管理机构采取调查问卷和实地调研相结合的方式进行现状分析，旨在进一步摸清当前湖北大遗址管理机构的基本情况，分析存在的主要问题及不足，推动提高大遗址保护管理水平，为制定湖北大遗址保护的公共政策提供理论依据和经

---

* 何凌，湖北省文物事业发展中心综合处（发展研究处）处长；马军，湖北省文物事业发展中心综合处（发展研究处）一级主任科员。

验参考。

一、基本情况

近年来，湖北按照"政府主导、规划引领、考古先行、社会参与"的工作机制，全面推动荆楚大遗址保护利用创造性转化、创新性发展，在多年持续开展考古和文物保护工作的基础上，湖北屈家岭遗址、石家河遗址、盘龙城遗址、铜绿山古铜矿遗址、楚纪南故城（含龙湾遗址）、擂鼓墩古墓群等 6 处遗址被国家文物局列入《大遗址保护利用"十四五"专项规划》，熊家冢、盘龙城、屈家岭、龙湾 4 个国家考古遗址公园获国家文物局批准挂牌，楚纪南城、铜绿山、石家河、苏家垄、擂鼓墩、学堂梁子、明楚王墓 7 个国家考古遗址公园获批立项，国家级大遗址及国家考古遗址公园数量位居全国前列。2019 年湖北省委省政府启动实施荆楚大遗址传承发展工程，将 40 处具有典型代表的全国重点文物保护单位、湖北省文物保护单位纳入荆楚大遗址传承发展工程项目库名单，并提出到 2023 年，建成开放国家考古遗址公园和湖北省文化遗址公园不少于 20 处，截至 2024 年 3 月，省政府已公布 3 批次共计 18 家湖北省文化遗址公园。

（一）湖北大遗址基本特征

1. 规模差异较大、内涵价值很高

调查显示，列入《实施方案》的 40 处大遗址，32 处为全国重点文物保护单位，8 处为省级文物保护单位，特色鲜明、内涵丰富、价值巨大，不仅是荆楚文化的重要标识，而且是中华文明体系中不可或缺的重要组成部分。40 处大遗址占地面积差异较大，大于 500 公顷的遗址有 4 处，占比 10%，其中规模最大的是楚纪南故城，本体占地面积为 1755.23 公顷。绝大部分大遗址占地面积在 500 公顷以内，占比 90%，其中小于 5 公顷的遗址 6 处，占比 15%，最小的是新四军五师司令部旧址，占地面积为 5400 平方米。参见图 1。

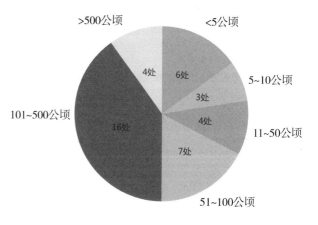

图 1　大遗址本体占地面积统计图

2. 遗址类型多样、保存状况复杂

调查显示，40处大遗址涵盖了聚落遗址、城址、陵寝墓葬、建筑遗址（含园林）、工程遗址和其他一些类型（参见图2），其中聚落遗址、城址、陵寝墓葬、建筑遗址（含园林）占主要部分，约占总数的87.5%。这些大遗址，既有屈家岭、石家河遗址的农耕文明遗产，也有铜绿山古铜矿遗址的工业遗产，还有容美土司的少数民族文化遗产；既有重要文化象征意义的"炎帝故里""习家池"，也有在抗日战争史上具有重要意义的"张上将自忠殉国处纪念碑及同难官兵公墓""天岳关抗战遗址"，以及反映湖北地域文化的重要代表"禹王城城址""罗州城遗址"

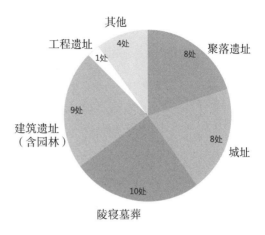

图2　大遗址类型统计图

"大寨坪遗址"。而且对于每一处大遗址而言，本身也包含许多类型的文化遗迹，如盘龙城遗址的遗迹构成就有城墙、城门、道路、城壕、宫殿、市、池沼等，既有地面上的，又有地下的。

3. 土地权属多样、发展水平不一

调查显示，40处大遗址土地权属呈现多样性，其中土地属国有居多，占比50%，还有国家与集体共有、集体与私人共有等三种情况。如楚纪南故城，占地面积达17平方千米，为湖北最大规模大遗址，大多为集体土地，出于文物保护需求的土地利用调整、环境整治、人口搬迁和村庄改造等重大项目都难以开展，影响了大遗址保护和利用成效。又如盘龙城遗址，土地用途涉及城市建设用地，土地性质对大遗址本身构成直接威胁，但同时又为遗址博物馆等建设项目实施在土地政策方面提供了较为便捷的途径。参见图3。40处大遗址所处地区经济发展水平差异性也较大，有位于城市区的，如盘龙城遗址；有位于城郊的，如擂鼓墩古墓群；有位于平原农村的，如屈家岭遗址、石家河遗址；有位于偏远山区的，如容美土司。参见图4。遗址保护管理水平受到经济发展水平的制约。

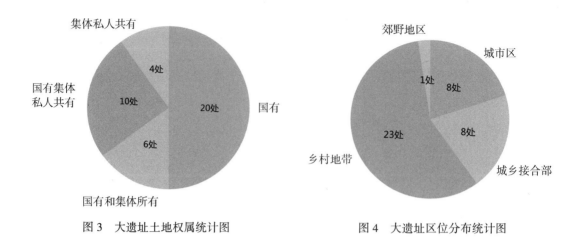

图 3　大遗址土地权属统计图　　　　　图 4　大遗址区位分布统计图

(二)湖北大遗址管理机构现状分析

1. 机构类型

调查显示，40 处大遗址均有机构负责管理，其中，有专门保护管理机构的 25 处，占比 62.5%，由当地文物主管部门、博物馆和其他机构代管的 15 处，占比 37.5%。管理机构中级别较高、职能较全的管委会和博物馆基本集中在经济较发达的城市区或城乡接合部，大遗址展示利用比较容易取得成效。管理性质比较单一的管理处和大部分代管机构集中在经济相对落后的乡村地带和郊野地区，大遗址保护管理工作相对单一，同时一部分大遗址暂时不具备展示利用的条件。参见图 5。

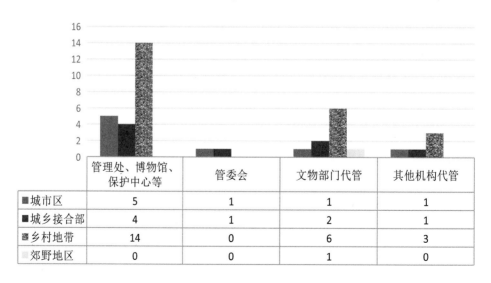

	管理处、博物馆、保护中心等	管委会	文物部门代管	其他机构代管
城市区	5	1	1	1
城乡接合部	4	1	2	1
乡村地带	14	0	6	3
郊野地区	0	0	1	0

图 5　机构类型分属统计图

近年来，湖北大遗址专门保护管理机构不断加强，盘龙城、铜绿山、屈家岭、龙湾、擂鼓墩、苏家垄、走马岭、凤凰咀等大遗址相继成立专门保护管理机构。炎帝故里、铜绿山古铜矿遗址实行管委会管理，管委会是行政管理体制，在相当多的方面代行地方政府职能，行政管理体制的国家控制力、横向协调力较强，能较好地协调各方利益，在充分保护和管理好大遗址的同时，促进地区整体发展。

2. 行政级别

大遗址保护管理机构的行政级别是其管理功能的主要体现。调查显示，湖北大遗址的管理机构级别普遍较低，处级和副处级仅6处，占比15%；科级和副科级16处，占比40%；股级18处，占比45%。参见图6。股级的大多处于不发达的乡村地带和郊野地区，行政级别较低，机构编制少、经费少，难以吸引高素质人才，不利于遗址保护管理工作的开展。

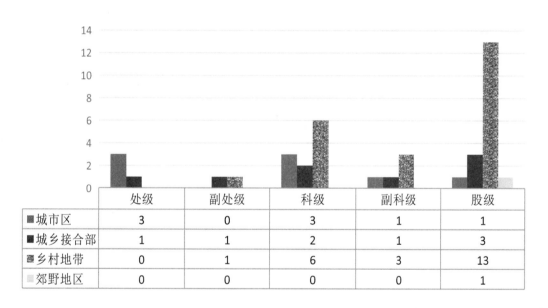

	处级	副处级	科级	副科级	股级
■ 城市区	3	0	3	1	1
■ 城乡接合部	1	1	2	1	3
▨ 乡村地带	0	1	6	3	13
▧ 郊野地区	0	0	0	0	1

图6　行政级别分属统计图

3. 人员结构

调查显示，40处大遗址管理机构在职在编人数小于5人（含5人）的17处，占比42.5%，6~10人（含10人）的9处，占比22.5%.11~20人（含20人）的9处，占比22.5%；超过20人的5处，占比12.5%。参见图7。相当于占地面积大，价值重要、现状复杂的荆楚大遗址，大多数管理机构编制少，人员不足，难以满足履行职能的需求。

参见图8。

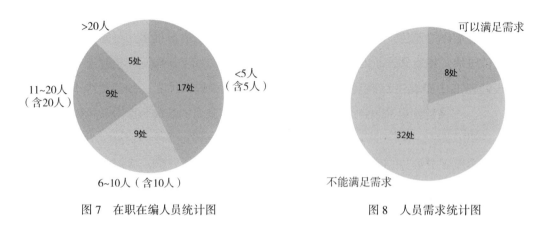

图 7　在职在编人员统计图　　　　　　　　图 8　人员需求统计图

4. 经费状况

调查显示，湖北大遗址管理机构经费普遍不足，经费严重不足的机构达 23 处，占 57.5%，许多工作都受经费限制无法开展。能够满足运行管理需求的遗址仅有 5 处，占总数的 12.5%，这 5 处中有 3 处位于经济较发达地区，同时级别较高，但由于经济发达地区的遗址保护管理工作面临更多的困难和更大的压力，对经费需求更多，所以经费状况虽然在绝对数量上比经济不发达地区要多，但在实际工作中需要投入较大而不能满足要求。参见图 9。

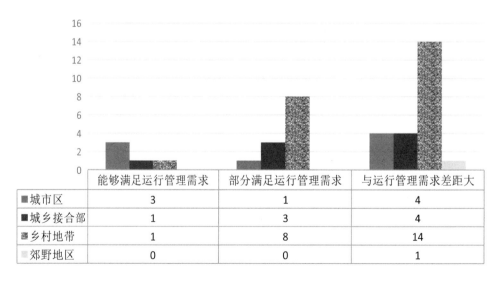

	能够满足运行管理需求	部分满足运行管理需求	与运行管理需求差距大
■城市区	3	1	4
■城乡接合部	1	3	4
▨乡村地带	1	8	14
▨郊野地区	0	0	1

图 9　经费状况统计图

5. 设施与设备

（1）办公用房。

调查显示，湖北大遗址管理机构办公用房条件普遍较差，只有 15 处遗址机构办公用房基本满足要求，占比 37.5%，其中 40% 集中在经济较发达地区；部分符合管理要求的有 13 处，占比 32.5%；缺乏管理设施的有 12 处，占比 30%。参见图 10。

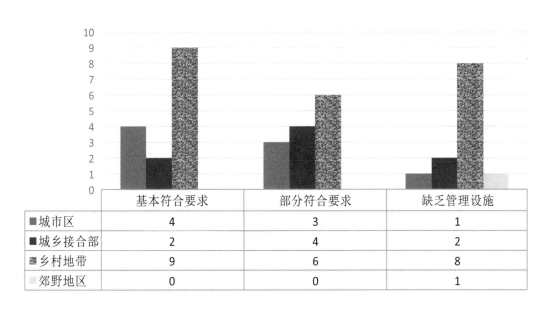

	基本符合要求	部分符合要求	缺乏管理设施
■城市区	4	3	1
■城乡接合部	2	4	2
▨乡村地带	9	6	8
▢郊野地区	0	0	1

图 10　办公用房条件统计图

（2）基础设备配备情况。

基础设备主要包括遗址机构的交通、通信、基本办公设备等。调查显示，能够满足运行管理需求的遗址机构有 17 处，占比 42.5%；14 处遗址管理机构基础设备不足，只能部分符合管理要求，占比 35%；9 处遗址基础设备配备严重不足，占 22.5%。经费管理充足的 5 处大遗址，其中 4 处单位基础设施设备能够满足需求，1 处部分满足要求；经费部分充足的 12 处大遗址，只有 5 处基础设施配备能够满足需求，6 处部分满足要求，还有 1 处缺乏管理措施；经费不足的 23 处大遗址，有 8 处基础设施配备满足需求，7 处部分满足要求，8 处缺乏基础设施配备。参见图 11。可以看出，湖北大遗址管理机构中的大多数存在管理基础设施不足的情况，在这种情况下，管理机构在面积相对较大、遗址点较多的遗址内难以有效实施保护和管理工作。

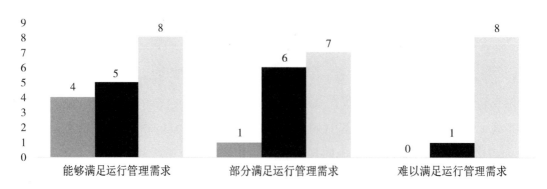

图 11　基础设施配备状况统计图

6. 职能设置

大遗址管理机构在职能设置上大多有日常管理、维护、监测等基本保护职能，但实施的完备程度不一。从调查情况看，有 11 处大遗址管理机构职能设置较全面，人员分工比较细致，职责明确。这些管理机构多数集中在经济较发达地区，如盘龙城遗址博物院专设物业管理部，配备完备的电子安防、技防设施，配有消防系统，统一管理车辆、食堂等，达到了很好的保护管理效果。29 处大遗址管理机构职能设置部分满足或不能满足需求。这些机构多数集中在经济欠发达地区，机构设置没有细分部门，工作性质较为单一，只有人员的简单分工，而且人员变化大，不固定，职责不明确。参见图 12。

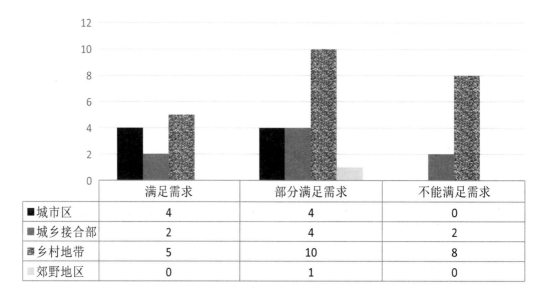

图 12　职能设置情况统计图

7. 人才培养

从调查情况看，湖北大遗址机构职工队伍培训基本满足事业发展需求的比例占比37.5%，部分满足事业发展需求的占比40%，职工队伍培训与事业需求差距较大的遗址机构占比22.5%。参见图13。实际工作中，由于存在引进人员标准和待遇等问题，大部分大遗址管理机构中专业的技术人员所占比例极小或基本没有，现有人员专业大多不对口，没有相关的知识背景。在基层

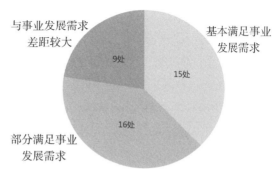

图13　职工队伍培训状况统计图

的遗址管理机构人才自身培养工作方面，只是简单依靠老职工的言传身教和从业人员的自身学习，培训机制不够完善，培训经费不足，影响大遗址机构对遗址科学的保护与管理，制约着文物保护事业的发展。

8. 宣传教育

对周边群众、对社会大众进行大遗址保护的宣传教育，是大遗址保护管理的一项重要任务。调查表明，湖北大遗址管理机构宣传教育工作基本符合保护管理要求的占大多数，但不同的机构由于功能设置不同，宣传工作的开展也有差距。遗址博物馆、管委会类型的管理机构全部都具有宣教功能，这是由它的基本任务决定的，而文管处和代管机构的宣教职能主要是为配合遗址保护简单地

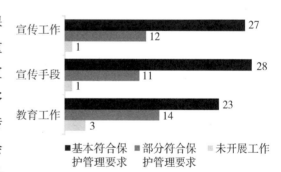

图14　宣传教育情况统计图

开展一些宣教工作，形式比较单一而且效果一般。参见图14。

9. 经济收入

调查显示，40处大遗址保护管理机构经济收入较好的仅有5处，占比12.5%；经济收入较差或没有经济收入的机构多达35处，占比87.5%，参见图15，且经济收入多为财政投入，自身创收能力有限。

大遗址并不是纯粹的公共物品，充分发挥大遗址的经济功能，有利于促进其教育和科

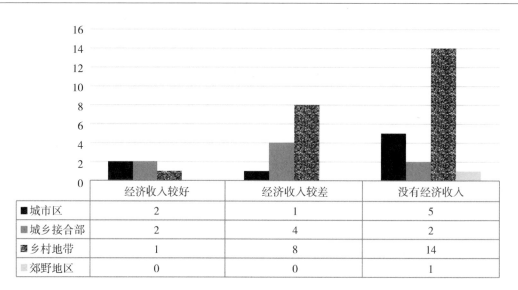

	经济收入较好	经济收入较差	没有经济收入
■城市区	2	1	5
■城乡接合部	2	4	2
■乡村地带	1	8	14
■郊野地区	0	0	1

图15　经济收入情况统计图

研功能的发挥，也有利于对大遗址更高效的保护和管理。如盘龙城遗址本着"将盘龙城国家考古遗址公园建设融入黄陂区、武汉市整体发展"的思路，按照"以遗址本体保护为重点，以历史环境恢复为核心，以殷商文化为依托，兼顾研究、教育、游览、休闲等多项功能为一体"的规划理念，营造"山水、盘龙、商城、梦园"特色，并带动旁边千年古镇黄花涝文化项目及整个开发区的开发与引进。

(三)湖北大遗址管理机构功能现状分析

1. 日常管理功能

大遗址管理机构的日常管理功能是指管理机构运用其职能来对遗址进行看管保护、展示利用、研究等活动的功能。调查显示，日常管理基本符合管理需求的遗址29处，占比72.5%；部分符合需求的遗址8处，占比20%；不能满足需求的遗址尚有3处，占比7.5%。参见图16。可以反映出，湖北大遗址管理机构日常保护管理工作运行较好，能够有效地对文物进行保护管理，但尚有机构经费、人员状况、管理设施状况较差的大遗址机构，如苏家垄遗址管理处目前只有2名在职在编人员，根本无法保证遗址的日常

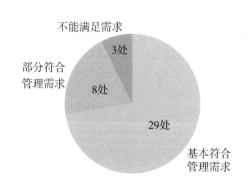

不能满足需求
3处

部分符合
管理需求
8处

29处

基本符合
管理需求

图16　日常管理状况统计图

管理和安全。

2. 保护功能

大遗址管理机构的保护功能主要包括安全设施维护、应急预案、信息保存、科技保护、定期巡视等方面。调查显示，大多数遗址保护机构的保护功能基本符合要求或部分符合要求，其中定期巡视、应急预案和信息保存是遗址机构保护措施中的主要工作。参见图17。

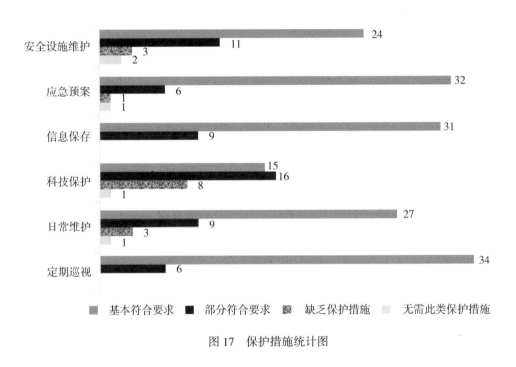

图 17　保护措施统计图

3. 科研功能

对于具有科研部门的遗址管理机构，由于管理机构的经费状况、专业人员配置等因素的影响，科研功能不尽相同（参见图18）。调查显示，大遗址管理机构的类型决定了机构科研功能的强弱，遗址博物馆类型的管理机构科研功能较强，如盘龙城遗址博物院专门设有考古研究部，专门进行考古、文物保护等方面的研究工作，研究生以上学历人员占比54%，相关的研究经费也较充足，科研功能比较突出。反之，管理处和行政代管类管理机构的科研功能较差，相关的研究工作大多委托给考古单位、大型博物馆或其他科研机构。

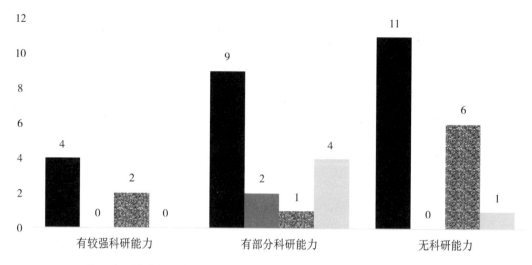

图18 科研状况统计图

4. 展示功能

此次对 40 处大遗址展示体系中展示内容、展示方式、展示效果、展示路线、展示设施、解说方式六个方面现状进行调查。调查显示，展示体系各项指标统计结果相较均衡，总体来看基本符合展示要求的遗址所占比例大约为 45%，部分符合展示要求的占比约 25%，未采取专门措施的占比约 30%。参见图 19。有展示功能的机构，遗址内核心区土地

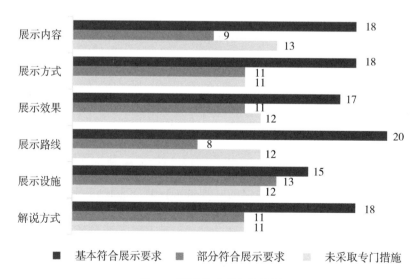

图19 展示体系现状统计图

使用权大多为大遗址管理机构所有，一部分知名度较高，同时展示手段丰富、展示内容多样的博物馆展示情况较好，如盘龙城遗址博物院基本陈列"江汉泱泱 商邑煌煌——盘龙城遗址陈列"获得了"第十七届（2019年度）全国博物馆十大陈列展览推介活动"精品奖。另一部分具有展示功能但展示效果较差的机构，大多展示手段单一、可观赏性差、无特色、旅游开放不足。

5. 执法功能

调查显示，40处大遗址均已由省政府公布保护范围和建设控制地带，树立了保护标志，建立了记录档案，并全面推行"一处一策"制度，落实安全管理责任，其中，有31处制定了大遗址保护管理规章制度，占比77.5%；33处制定了大遗址保护规划，占比82.5%。参见图20。比如武汉市先后编制完成《盘龙城遗址总体保护规划》《盘龙城国家考古遗址公园规划》《明楚王墓文物保护总体规划》《湖泗瓷窑址群文物保护总体规划》等规划，荆门市编制完成了《屈家岭国家考古遗址公园规划》《苏家垄国家考古遗址公园规划》等专项规划。

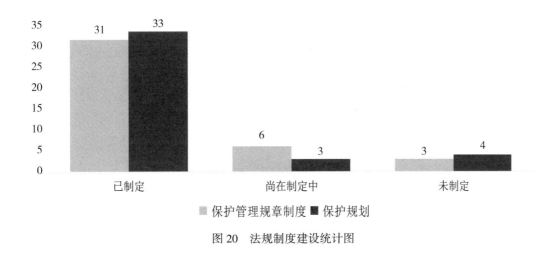

图20　法规制度建设统计图

在立法方面，随州市2020年12月出台了《随州市曾随文化遗址保护条例》，荆门市2022年9月出台了《荆门市屈家岭遗址保护条例》。各地文物行政管理部门加大大遗址"两线"范围内违法案件查处力度，但受法律授权、行政级别、人员和经费的种种限制，大遗址管理机构文物执法功能普遍较差，在执法上存在很大的困难。

6. 旅游功能

湖北只有少数大遗址旅游管理功能较强，主要是盘龙城、赤壁之战遗址等展示条件较好、保护展示投入巨大的大遗址。而大部分大遗址管理机构都没有旅游管理权限，多是和当地的旅游部门合作，共同开展针对遗址的旅游管理工作。由于大遗址观赏性较差、旅游开发难度大，多数大遗址旅游开发不足，无法和当地经济发展相协调。人口基数、交通区位和经济水平等客观要素也是制约国家考古遗址公园发展的关键因素。比如熊家冢国家考古遗址公园，虽已开放多年，但由于不在主要旅游线路上，与邻近景区的协作不够，属于较孤立的景点，对社会公众的吸引力有限。

二、现状调查主要结论

大遗址相对其他遗址而言，它的保护管理工作已经超出了考古学和管理学的范畴，是一项业务性、政策性和社会性很强的工作，内容非常广泛，涉及的方面很多，有些问题的解决难度也很大。湖北大遗址管理大多沿用传统的管理模式，管理机构的职能设置简单，管理的性质和目的较单一，虽然管理机制在不断完善，但距离高质量发展的目标还有差距。从对湖北大遗址管理机构的现状分析可以看出，区域经济的不同发展状况，直接影响到大遗址保护管理机构的运行状况：

第一，管理状况较好，功能完备的遗址，一类为土地使用权的国有化使得管理机构能比较有效地管理大遗址，另一类为遗址的核心区土地使用权为国有，同时这些遗址的知名度较高，旅游等经济效益较好，有利于管理机构在组织建设、职能完善等方面的加强和改进。

第二，大多数位于不发达乡镇区域和偏远地区的大遗址，普遍存在经费少、人员专业素质低、基础设施建设差、机构职能配备不完善，保护管理水平不高等问题。遗址管理工作仅仅停留在简单的看护方面，难以主动进行遗址保护和管理。随着区域经济的发展，这些地区在未来面临的建设性破坏的威胁也愈发严重，其管理机构的功能也需要随着外部环境的变化而调整。此外，一部分大遗址由于没有设立专门的管理机构，遗址的管理和保护难以得到切实落实。

第三，处于经济较发达的城市、城市周边，土地使用权情况复杂的大遗址，其管理机构面临着区域较偏僻、内在设施缺乏，游客对人文资源敏感性不高、参与度低等问题，在管理级别、人员、经费、管理权限上都存在着诸多问题，其各项管理功能也相较薄弱。

一些大遗址面积较大，遗址范围内有居民生活、企业生产、军队驻扎和大片的农田、林地，在组织实施遗址本体保护、环境整治、保护展示设施建设等工程的过程中，涉及的协调、补偿费用很高，并存在一定政策阻碍，需要地方政府加强组织协调力度。另外，大遗址保护项目中管理成员不"统一"，建设过程中，文物系统、地方政府以及其他相关行政机构都有权力对遗址保护区内的部分区域部分事务进行管理。因此，管理成员多元化依旧掣肘着大遗址保护区的建设。

三、思考与建议

探索建立大遗址新型保护管理模式，建立高层次领导协调机制和大遗址专门管理机构，依法编制公布体现"多规合一"的文物保护规划，将大遗址保护纳入地方政府综合治理考核，对于落实地方政府依法履行文物保护主体责任，妥善处理文物保护与经济发展的矛盾，协调大遗址保护中存在的体制机制问题，整合资源，形成合力，实现保护中发展，发展中保护。

第一，制定完善法律法规，"规范"遗址管理中的各方面利益相关者的权力和权限。依法编制公布体现"多规合一"的文物保护规划，相关政府要将大遗址保护工作纳入经济和社会发展规划、纳入财政预算、纳入绩效考核，统筹谋划，积极探索建立体现地方文化特色的大遗址保护利用模式，实现大遗址"永久保存、永续利用"。

第二，推动大遗址分类管理，因地制宜设立综合性大遗址管理机构、多部门协调管理机制，培育和发展理事会，增强大遗址保护管理能力。发挥荆楚大遗址传承发展工程领导小组的宏观指导作用，发挥各级政府荆楚大遗址传承发展工程责任主体的作用。各级文物行政主管部门是荆楚大遗址传承发展工程管理和利用的主要负责机构，产权归国家所有的荆楚大遗址的管理责任主体是文物行政主管部门，负责日常的管理和保护工作；产权归集体所有的荆楚大遗址的管理责任主体是乡、镇一级人民政府。拟建设文化遗址公园的荆楚大遗址，应针对各大遗址成立专门的管理机构，能够履行大遗址利用或监管职责，完善管理机构的部门构成、各项管理规章制度，进一步明确制订管理工作发展方向。按照专业保护、安全防护、管理利用三类补充人员配置，根据文化遗址公园发展需求，制订人才梯队培育计划，保持人才队伍的可持续发展。

第三，以项目作为引领，科学合理地开展荆楚大遗址保护、利用工作。要依靠国家和地方财政的支持，在国家相关文物保护法律、法规框架下，实行专家指导，科学规划设计，合理安排资金，使荆楚大遗址保护和利用有序开展。按照"政府引导、社会参与"的原则，多渠道筹措资金，兼顾公益性与市场化。整合现有的财政资金，重点加强遗产保护、公共服务设施建设、标识配置等基础研究、标准设施方面的保障。在文旅融合区层面，鼓励社会资本积极参与文化创意产业、文化旅游产业的投资与建设。各地应积极支持省级重点重大项目，引导金融机构对荆楚大遗址传承发展工程和省级文化遗址公园建设进行信贷投放。争取中央对湖北在政策与资金方面的倾斜支持，确保规划确定的各项重大项目如期推进。积极广泛地吸收社会力量的参与，使荆楚大遗址保护利用工作成为全社会共同关注的事业，积极学习其他行业的管理经验、吸纳社会资金的介入，以扩大荆楚大遗址的影响力和宣传力。

基于"大数据"的国内大遗址保护研究现状和趋势分析

梁东阳　周鼎凯　杨硕　刘恒　李云方*

摘　要：近年来，大遗址保护问题的研究备受学者关注。为掌握我国关于大遗址保护领域研究进展，探究大遗址保护领域最新研究热点和未来趋势，本文运用可视化分析软件 CiteSpace 对 CNKI 收录的有关大遗址保护研究文献进行定量分析，绘制大遗址保护领域相关的知识图谱，以揭示该领域研究现状和态势。

关键词：大遗址保护；CiteSpace；遗址大数据；文献计量；可视化分析

大遗址是我国稀缺的、不可再生的重要文化资源①，是我国建设新时代社会主义文化强国重要阵地、中华文明起源及民族精神来源的重要"物化载体"②。随着我国现代化不断向前发展及城镇化推进，大遗址保护成为民族和国家头等大事之一，已融入国家大战略及地方各级政府的发展规划层面③。经过 20 多年科学研究，该领域研究框架逐步形成，并出现大量研究成果。我国幅员辽阔，大遗址遍布各地，各个大遗址的地理环境、人文环境存在差异，大遗址保护仍任重道远，故梳理以往学者针对大遗址保护研究脉络、前沿热点，把握研究趋势发展，有助于顺应我国国情和文化需求的发展，对未来大遗址保护具有重要意义。已有学者对大遗址保护领域研究进行广泛梳理和综述，以定性的内容主观解读为主，缺乏定量客观梳理分析。

鉴于此，本文基于大数据基础，运用可视化分析软件 CiteSpace 对 CNKI 数据库的大遗

---

*　梁东阳，二里头夏都遗址博物馆助理馆员；周鼎凯，二里头夏都遗址博物馆馆员；杨硕，二里头夏都遗址博物馆助理馆员；刘恒，二里头夏都遗址博物馆助理馆员；李云方，二里头夏都遗址博物馆馆员。

①　刘军民、刘慧慧、薛立尧：《国土空间规划中大遗址空间管控研究》，《城市发展研究》2022 年第 3 期。

②　刘卫红、曹金格：《大遗址保护规划：对象、使命和内容框架》，《东南文化》2022 年第 1 期。

③　杜金鹏：《新世纪中国考古新常态》，《华夏考古》2017 年第 4 期。杨亮、徐明、赵霞等：《新时代历史文化名城保护规划探索——以洛阳为例》，《城市规划》2022 年第 9 期。

址保护文献进行客观计量分析，通过可视化手段对大遗址保护知识图谱进行文献计量分析，旨在揭示国内大遗址保护的发展历程、研究热点和前沿，以期为未来我国大遗址保护研究和实践的思路创新提供客观参考和借鉴。

一、数据和方法

1. 数据来源

本文数据来源于 CNKI 数据库，检索时间为"大遗址保护"主题首次在 CNKI 数据库刊文的 1996 年，截止时间为 2022 年 12 月 31 日。为保证分析结果的精度和效度，基于 CiteSpace 软件特性，对检索的数据进行科学性筛选，剔除会议、征稿、报告、综述、资讯、访谈等影响结果文章，最终选定 784 篇文献作为本文的研究样本数据。

2. 研究方法

CiteSpace 软件是由陈超美教授开发的一种绘制知识图谱软件，其集信息可视化方法、文献计量方法和数据挖掘算法为一体，并具有"图"和"谱"的双重性质与特征[1]。数据库中热点领域相关文献数量较大，通过一般统计分析不能获得有效结论，该软件则能通过定量分析所研究领域文献资料，对文献关键词进行共现、聚类等，并以可视化的形式呈现，所以在文献大数据中探测学科发展的热点、前沿和趋势等方面极具优势。CiteSpace 软件分析步骤如下：将在 CNKI 数据库中筛选文章用 Refworks 格式导出，在此运用该软件将 Refworks 文件转化为 CiteSpace 所识别的文件，通过可视化分析生成直观的聚类视图（cluster）、时间线视图（Timeline）以及时区视图（Timezone）等。

二、分析与讨论

1. 发文分析

图 1 描绘了 1996—2022 年 CNKI 数据库中大遗址保护领域每年发文量变化趋势，从 1996 年的 2 篇、1997 年 5 篇，渐渐上升并时有波动，至 2022 年的 47 篇，其中 2013 年发文量最多为 65 篇。在 1996—2004 年年发文量平均值为 2.6 篇，2005—2008 年发文量平均

---

① 陈悦、陈超美等：《CiteSpace 知识图谱的方法论功能》，《科学学研究》2015 年第 2 期。

值为 18.3 篇，而在 2009 年以后，年发文量平均值激增至 49.8 篇。根据发文量变化，国内大遗址保护领域研究历程分为初始萌芽期、快速增长期、高速发展期三个阶段。

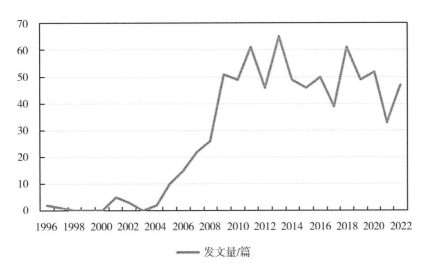

图 1　1996—2022 年 CNKI 数据库大遗址保护领域发文量变化图

　　(1)初始萌芽期(1996—2005 年)，这一时期收录文献较少，学者郭婧娟结合汉阳陵遗址开发模式，首次提出了基于文物保护的大遗址旅游项目开发需注意事项①。在这一时期，人们保护意识相对较低，盗掘、城乡建设及人民群众生活生产等都对大遗址造成较大威胁。另外，我国针对大遗址保护的体系还不健全，部门协调不够，相关保护经费投入不足，所以这一阶段主要以抢救性保护为主②。

　　(2)快速增长期(2005—2010 年)，2005 年后，国家相继出台一系列政策和法规，鼓励广大学者开展对大遗址保护领域深入研究。为适应"十一五"期间全国大遗址保护工作，国家公布了《"十一五"期间大遗址保护总体规划》。同时，在社会层面，"大遗址保护"学术论坛开始兴起，学者们通过讨论，对大遗址保护的概念、理念和模式的认识不断深化。比如，2008 年在西安举办的学术论坛，对大遗址保护模式和手段同城市经济协调发展能力等问题进行了深入讨论，并通过了《大遗址保护西安共识》。在 2009 年大遗址保护的学术论坛，通过了《良渚共识》和《洛阳宣言》③，进一步明确了大遗址保护和考古遗址公园建

　　①　郭婧娟：《试谈大遗址的保护与开发——兼析汉阳陵的开发》，《建筑学报》1996 年第 2 期。
　　②　孟宪民：《梦想辉煌：建设我们的大遗址保护展示体系和园区——关于我国大遗址保护思路的探讨》，《东南文化》2001 年第 1 期。
　　③　孙福喜：《从〈西安宣言〉到〈西安共识〉——大明宫国家遗址公园的构想与实践》，《中国文化遗产》2009 年第 4 期。张关心：《践行"良渚共识"建设好大明宫国家考古遗址公园》，《四川文物》2010 年第 3 期。

设的方向。这些政策和学术论坛的推动可能是 2005—2010 年国内针对大遗址保护领域研究论文数量开始呈现明显上升态势的原因。

（3）成熟发展期（2010—2022 年），2010 年以后，CNKI 数据库中相关发文量相对高，且保持相对平稳，一定程度反映我国大遗址保护领域健康平稳向前发展。党的十八大以后，我国将弘扬传统文化、保护文化遗产放在较高地位上，同时我国社会逐渐进入高质量发展阶段，这个阶段大遗址保护观念较为成熟，大遗址保护研究领域开始扩大，大遗址保护逐渐穿插在新型城市化、区域发展、乡村振兴等大的发展战略和"一带一路"建设中。

2. 关键词共现和聚类图谱分析

关键词是文章中心内容的高度概括，对关键词进行统计分析，可以由点到面窥探该领域研究主题和热点。对 784 篇文献的关键词进行可视化图谱分析，选择阈值 Threshold = 3，得到节点 N 为 122 个、网络线条 E 为 293 条的共现图谱，如图 2 所示。

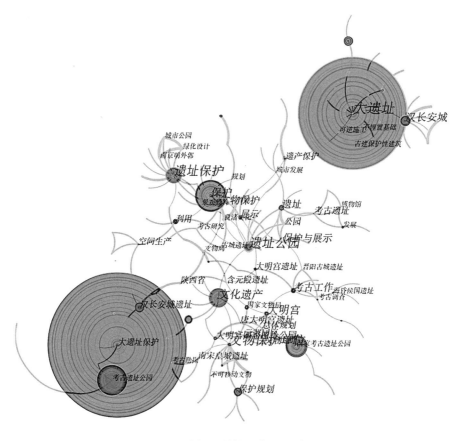

图 2　关键词共现图谱

分析图 2 发现，1996—2022 年大遗址保护领域文章关键词数量多，图谱节点数量多，各个节点联系较强，表明国内学者对大遗址保护领域研究相对十分广泛，共现交叉较为明显。共现图谱中，"大遗址保护""大遗址"是 2 个中心关键词，"遗址保护""实物保护""遗址公园""文化遗产""考古工作""大明宫"等关键词周围连线较密、相互交叉，表明国内大遗址保护研究路径较复杂，各区域研究侧重点存在明显差异，比如"遗址保护"节点处，南京明外郭与城市公园和景观设计联系较紧密。较为突出的网线为陕西省大遗址保护研究，从图中看，陕西省各大遗址保护研究之间联系较紧密。节点越大表明中心性越强，也表明研究热度高，中心性(Centrality)大于 0.1 表明该关键词在图谱中起到枢纽作用。根据出现频数和中心性汇总出 24 个核心关键词，如表 1 所示。

表 1　1996—2022 年大遗址保护领域研究高频关键词(中心性>0.1)

频数	中心性	出现年份	关键词	频数	中心性	出现年份	关键词
37	0.86	2006	文化遗产	10	0.22	2009	国家文物局
15	0.72	2010	遗址公园	42	0.2	2010	国家考古遗址公园
185	0.71	2005	大遗址	3	0.2	2013	楚纪南故城
9	0.67	2011	考古工作	2	0.18	2018	不可移动文物
19	0.63	2006	保护规划	241	0.17	2001	大遗址保护
8	0.51	2008	文物保护单位	15	0.17	2009	文物保护
12	0.5	2010	遗址	2	0.17	2012	对策
9	0.39	2010	展示	56	0.15	2008	保护
3	0.38	2022	景观设计	4	0.13	2016	考古发掘
4	0.37	2011	考古调查	2	0.13	2020	土遗址
33	0.33	2007	遗址保护	2	0.13	2022	可持续发展
16	0.23	2009	汉长安城遗址	10	0.12	2012	利用

3. 关键词聚类图谱分析

为了准确把握大遗址保护领域各个研究热点，在关键词共现图谱基础上做聚类分析，聚类图谱的聚类模块值(Modularity)Q 约为 0.59，远大于 0.3，表明聚类结构显著，聚类平均轮廓值(Silhouette)S 值约为 0.74，大于 0.7，表明聚类效果可靠。在 CiteSpace 软件聚类中，聚类规模越大对应聚类编号越小。如图 3 所示，形成 0~12 共计 13 个聚类，分别为古建保护性建筑、大明宫国家遗址公园、遗址保护、不可移动文物、陕西省、考古调查、郑韩古城、利用、纪南城等，其中，聚类规模最大为#0"古建保护性建筑"，分析发现，该聚类下关键词量最多，主要包含遗址展示、遗产价值、管理体制、生态、本体保护、文化产业社区、大遗址空间、国土空间规划、周边环境、可逆施工、区域发展、保护与开发、价值阐释、不埋置基础。说明国内针对大遗址保护领域研究热点主要集中在这些方面。另外，出现很多具体遗址命名的聚类，表明国内对这些遗址的研究热度较高。

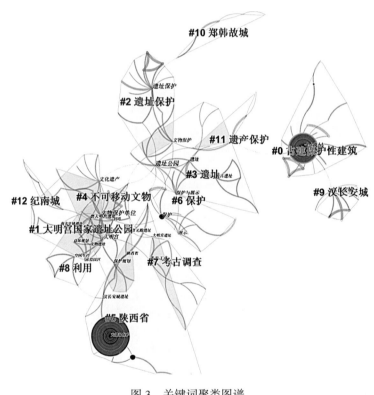

图3 关键词聚类图谱

4. 研究热点演化及未来趋势分析

对1996—2022年大遗址保护研究文献进行关键词演化时间区图可视化。选择节点类型（Node Types）="Keyword"、因时间跨度比较大，为得到区分度明显的时间图，时间切片（Time Slicing）="3"，通过寻径网络算法（Pathfinder）和修剪切片网（Pruning Sliced Networks）对本阶段文献进行热点演进分析，得到大遗址保护研究热点演进的时区知识图谱（见图4）。

通过分析发现，2005年左右，国内大遗址保护领域属于初起步探索阶段，主要围绕"文保单位"、保护规划、"满意度"、"居民生活质量"等。由于当时诸多原因影响，大遗

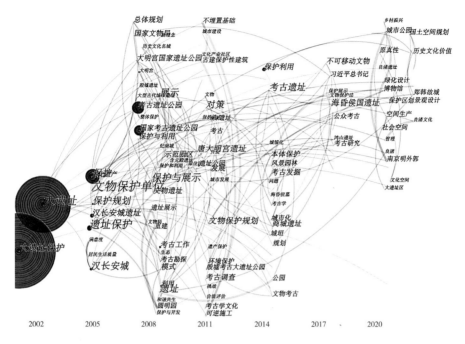

图4 大遗址保护领域关键词时间区图

址保护迫在眉睫，研究者提出保护规划，呼吁各级政府发展经济同时担负大遗址保护责任①。另外，通过问卷形式调查遗址保护区的居民生活质量与遗址保护态度的研究也较密集②。2007—2012年左右，大遗址保护的模式、重建、总体规划、保护性展示为研究热点，同时期，有关国家遗址公园、考古勘探、示范园区等也成为研究者的关注点。随着时间演变，在保护过程中更有针对性的具体问题成为研究热点，比如环境保护、价值评价、可逆施工、不埋置基础、古建保护性建筑等。遗址保护以不破坏为原则，对于古建大遗址保护对外采用可逆施工方式进行修复，对内采用不埋置方式为考古工作开展创造空间③。2016年左右，新型城镇化提出，大遗址保护与当地本土风貌景观改变相结合解决固有文化和地方群体认知出现缺失问题成为研究热点，柳孜村运河遗址、隋炀帝陵考古遗址的保护与当地空间规划协同考虑④，大遗址保护成果逐渐在更多地方显现"窗口"价值。2019年

① 陆建松：《中国大遗址保护的现状、问题及政策思考》，《复旦学报》(社会科学版)2005年第6期。
② 陈稳亮、杨新军、赵荣：《遗址区居民生活质量与保护态度研究——以汉长安城遗址保护区为例》，《现代城市研究》2007年第1期。
③ 王昌兴、徐珂、田立强等：《洛阳隋唐城明堂遗址保护建筑施工可逆性设计实践》，《建筑技艺》2011年第6期。
④ 朱渊、沈旸、李永辉等：《文化景观的叙事呈现——以隋炀帝陵考古遗址保护展示为例》，《中国园林》2016年第4期。许龙：《新型城镇化背景下遗址型乡村发展建设矛盾、动力与规划策略刍议——以柳孜村运河遗址为例》，《小城镇建设》2016年第5期。

后，大遗址保护研究热点集中在国土空间规划、历史文化价值、社会空间、原真性、空间生产及景观设计。大遗址保护再次被提到更高地位，在我国国土空间规划体系"多规合一"的背景下，大遗址保护进入各地城市规划编制中，比如在洛阳，遗址区设立二里头夏都遗址博物馆①。

此外，对获取文献的关键词进行突变检测。突变词变化可以检测一个领域研究热点的变迁，帮助研究者获取研究领域未来研究趋势。将数据导入软件中计算后得到 17 个突显词。通过锁定最近几年的突显词，可预测未来研究热点。突显词中"遗址保护""保护利用""空间生产""考古工作""遗址公园""利用"突显时间一直持续到 2022 年，一定程度反映出，国内未来针对大遗址保护研究工作将以此为基点展开。参见表 2。

表 2　国内大遗址保护研究文献关键词突显情况

关键词	强度	起始年份	终止年份	1996—2022
大遗址保护	4.1589	2001	2002	
汉长安城	4.5317	2005	2007	
保护规划	4.1621	2006	2007	
大明宫国家遗址公园	3.5583	2009	2011	
国家文物局	3.0546	2009	2011	
遗址	2.254	2010	2015	
风景园林	2.6461	2016	2018	
考古发掘	2.4059	2016	2017	
国家考古遗址公园	5.5033	2017	2019	
展示	2.2872	2018	2019	
文物保护单位	1.147	2018	2020	
保护利用	4.4421	2019	2022	
遗址保护	1.4605	2019	2022	
空间生产	1.9905	2020	2022	
考古工作	3.2432	2020	2022	
遗址公园	1.2087	2020	2022	
利用	1.5035	2020	2022	

---

① 周鼎凯：《遗址博物馆的发展优势与瓶颈研究》，《中国博物馆》2021 年第 2 期。

三、结论与展望

本文基于 CiteSpace 文献计量软件对 1996—2022 年 CNKI 数据库中的大遗址保护领域有效文献进行可视化研究，分别绘制了发文量、关键词突显、关键词聚类等知识图谱，经过综合分析得出以下结论：

第一，经过对发文量变化分析得出：我国对于大遗址保护脉络可分为三个时间段，1996—2005 年左右，学者们对大遗址保护刊文较少，内容上显示大遗址面对各方威胁，大遗址保护体系不健全，部门协调不够，相关保护经费投入不足，这一阶段主要以抢救性保护为主。2006—2010 年左右，随着国家相关保护政策、法律法规出台及大遗址保护相关论坛开始盛行，极大推动我国学者对大遗址保护研究热度，发文量呈现"井喷式增加"。2010—2022 年，国内对大遗址保护研究逐渐成熟，发文量保持相对高数量。研究面逐渐扩大，新型城市化、区域发展、乡村振兴、"一带一路"、协同发展、可持续发展等成为学者研究大遗址保护关注对象，在此期间，受政策驱动及观念逐步改变影响，全国各地涌现越来越多大遗址保护成功案例。

第二，分析关键词共现、聚类图谱发现，"文化遗产""遗址公园""考古工作""保护规划""文物保护单位"等为大遗址保护研究领域中心性较强的关键词。大遗址保护研究热点随着时间推移不断演化，大遗址保护呈现多学科多领域交叉融合发展路径，政策和论坛是其重要的推动力量。大体上国内大遗址保护热点主要集中在大遗址本体保护上，强调了大遗址古建筑保护性建设，注重保护规划及遗址景观设计，从地区来看，针对陕西省的大遗址保护研究较多，对汉长安城、纪南城、郑韩故城保护研究较为集中。

第三，根据关键词时间演变图谱发现，现在大遗址保护领域研究热点集中在以下几个方面：一是大遗址保护效果，注重从景观设计上保持大遗址原真性。二是从国土空间整体上规划大遗址保护工作，强调大遗址保护助力乡村振兴战略。三是注重社会文化价值，注重大遗址保护文化空间及社会空间。四是良渚遗址、南京明外郭、郑韩故城等为现在学者研究较热的大遗址。从突显词发现，现在国内大遗址保护研究注重空间生产、考古工作，及大遗址保护利用，为今后大遗址保护研究指明了方向。大遗址保护，功在当代，利在千秋，在如今文旅融合大背景下，如何平衡大遗址保护和开发利用的关系成为国内大遗址保护领域研究发展趋势。既要全面保证大遗址保护工作有效开展，又要充分发掘大遗址在宣教、旅游、研学等方面的社会作用，这些是未来国内学者思考的重点。

浅议两部新出台的荆楚大遗址地方性法规

汤强松 *

摘　要：荆楚大遗址具有重要历史、科学、艺术价值。2015 年修订的《中华人民共和国立法法》赋予所有设区的市地方立法权，为保护好、利用好荆楚大遗址带来了良好机遇。《随州市曾随文化遗址保护条例》《荆门市屈家岭遗址保护条例》是新近出台的地方性文物法规①，本文通过梳理分析，认为这两部条例，根据上位法的有关规定作了具体细化；对于上位法没有规定的，也稳妥开展了自主性立法，较好契合了大遗址工作实际，较好适应了地方需要。同时，本文也对今后工作提出了意见建议。

关键词：地方立法；文物；条例；曾随文化遗址；屈家岭遗址

荆楚大遗址体现了荆楚人民的独特创造、价值理念、精神追求，具有重要历史、科学、艺术价值。湖北省政府办公厅于 2019 年印发《荆楚大遗址传承发展工程实施方案（2019—2023 年)》，设立 40 处荆楚大遗址项目库，提出"大遗址保护管理能力和水平得到显著提升""充分发挥大遗址在乡村振兴、长江经济带建设等发展战略中的促进作用"等目标。2015 年 3 月《中华人民共和国立法法》(以下简称《立法法》)修改，赋予所有设区的市地方立法权，为强化荆楚大遗址传承发展工程的法律保障带来了良好机遇。目前，湖北省各地已出台与荆楚大遗址传承发展工程直接相关的法规有两部，分别是《随州市曾随文化遗址保护条例》②（以下简称《曾随条例》)《荆门市屈家岭遗址保护条例》③（以下简称《屈家岭条例》)。本文通过分析认为，这两部条例在立法过程中坚持问题导向，较好地适应了地

　＊　汤强松，湖北省文物事业发展中心综合处（发展研究处）二级调研员。

　①　本文所指地方性文物法规，指的是以不可移动文物、可移动文物、历史文化名城名镇名村、传统村落等为调整对象的地方性法规。

　②　《随州市曾随文化遗址保护条例》，随州市人民政府网（http：//www. suizhou. gov. cn/zwgk/zfwj/qt_5744/tzgg/202104/t20210430_882090. shtml），2021 年 4 月 30 日，检索时间：2023 年 8 月 8 日。

　③　《荆门市屈家岭遗址保护条例》，荆门市人民代表大会常务委员会网（http：//www. jmrd. gov. cn/old/dffg/2022-10-28/4789. html），2022 年 10 月 28 日,检索时间：2023 年 8 月 8 日。

方实际需要；同时，为有利于条例实施和今后类似地方立法工作，也提出了一些意见建议。

一、地方立法要解决地方问题，适应地方的实际需要

我国实行统一而又多层次的立法体制，全国人大及人大常委会行使国家立法权，之下有不同层次的立法，省级和设区的市级人大及人大常委会制定的地方性法规是中国特色社会主义法律体系的重要组成部分，是国家立法的重要补充①。

周旺生先生指出，"地方立法的任务是解决地方问题，尤其是注重解决应当以立法形式解决而中央立法不能或不便解决的问题，以及中央立法不可能具体解决的问题"②。

2015 年 3 月 8 日，全国人大常委会副委员长李建国在第十二届全国人民代表大会第三次会议上所作《关于〈中华人民共和国立法法修正案（草案）〉的说明》指出"依法赋予所有设区的市地方立法权，以适应地方的实际需要"。

为了做到适应地方的实际需要，《立法法》规定，地方可以就"为执行法律、行政法规的规定，需要根据本行政区域的实际情况作具体规定的事项""属于地方性事务需要制定地方性法规的事项"③制定地方性法规，此外"除本法第八条规定的事项外，其他事项国家尚未制定法律或者行政法规的，省、自治区、直辖市和设区的市、自治州根据本地方的具体情况和实际需要，可以先制定地方性法规""对上位法已经明确规定的内容，一般不作重复性规定"④。即地方可以通过实施性立法、自主性立法和先行性立法等三种方式开展立法。

在文物领域，有《中华人民共和国文物保护法》（以下简称《文物保护法》）《中华人民共和国文物保护法实施条例》（以下简称《实施条例》）等适用全国的法律法规，地方性文物法规大部分内容属于实施性立法，即为执行《文物保护法》《实施条例》等的规定，根据本地实际情况作出具体规定。同时，由于某一具体的文物遗址是地方特有的，有区别于其他地方文物的特殊性，地方立法也有自主性立法的客观要求，即在不抵触上位法的前提下，结合本地实际，将一些尚未列入上位法的措施，纳入地方性法规。

---

① 许安标：《我国地方立法的新时代使命——把握地方立法规律 提高地方立法质量》，《中国法律评论》2021 年第 1 期
② 周旺生：《关于地方立法的几个理论问题》，《行政法学研究》1994 年第 4 期。
③ 《立法法》第 73 条。
④ 《立法法》第 73 条。

二、《曾随条例》《屈家岭条例》是坚持问题导向、适应地方需要的体现

《曾随条例》2020 年 12 月 30 日由随州市人大常委会通过，2021 年 4 月 2 日由湖北省人大常委会批准，自 2021 年 7 月 1 日起施行；《屈家岭条例》2022 年 8 月 23 日由荆门市人大常委会通过，2022 年 9 月 29 日由湖北省人大常委会批准，自 2023 年 1 月 1 日起施行。

从适应实际需要、解决地方问题出发，随州市、荆门市立法机关对上位法的有关规定进行了细化，增强了针对性和可操作性；对于上位法没有规定的，地方立法机关从地方实际出发，适应新时代文物工作要求，吸收近年来中央和上级部门文件精神，进行了自主性立法。归纳起来，大概有以下几个方面：

1. 对文物保护对象作了具体化规定(详见表1)

表 1　关于文物保护对象的具体化规定

地方性法规名称	具体化条款	具体化内容	上位法有关规定
《曾随条例》	第 2 条	曾随文化遗址，是指在本行政区域内以全国重点文物保护单位擂鼓墩古墓群、义地岗墓群、庙台子遗址(含叶家山墓地)和安居遗址(含羊子山墓地)为代表的古曾(随)国遗址及其相关遗存	《文物保护法》第 2 条：在中华人民共和国境内，下列文物受国家保护：(一)具有历史、艺术、科学价值的古文化遗址、古墓葬、古建筑、石窟寺和石刻、壁画……(三)历史上各时代珍贵的艺术品、工艺美术品……(五)反映历史上各时代、各民族社会制度、社会生产、社会生活的代表性实物
《屈家岭条例》	第 2 条	屈家岭遗址，是指位于京山市和屈家岭管理区交界处，以屈家岭遗址点为核心，经国务院公布为全国重点文物保护单位的新石器时代大型聚落遗址群	
	第 13 条	屈家岭遗址的保护对象包括：(一)屈家岭遗址自然环境、历史风貌；(二)环壕、房址、墓葬、窑址等遗迹；(三)陶器、石器、骨器、玉器、炭化稻等可移动文物；(四)其他应当依法保护的对象	

2. 对落实文物保护单位"四有"要求作了具体化规定

"四有",按《文物保护法》第15条"各级文物保护单位,分别由省、自治区、直辖市人民政府和市、县级人民政府划定必要的保护范围,作出标志说明,建立记录档案,并区别情况分别设置专门机构或者专人负责管理"的规定,是指文物保护单位要达到有保护范围、标志说明、记录档案、专门机构或专人管理等四项基本要求。《实施条例》对落实"四有"作了进一步规定。但由于种种原因,各地落实情况存在较大差异。从实际出发,为此在《曾随条例》《屈家岭条例》中作出具体化规定(详见表2)。

表2 关于落实文物保护单位"四有"要求的具体化规定

地方性法规名称	具体化条款	具体化内容	上位法有关规定
《曾随条例》	第9条	曾随文化遗址名录中的遗址保护范围及建设控制地带……按照省人民政府划定并公布的区域执行	《文物保护法》第15条:各级文物保护单位,分别由省、自治区、直辖市人民政府和市、县级人民政府划定必要的保护范围,作出标志说明,建立记录档案,并区别情况分别设置专门机构或者专人负责管理
《屈家岭条例》	第4条	市人民政府设立的屈家岭管理区管理委员会,统一负责屈家岭遗址保护区划内的屈家岭遗址保护工作	《实施条例》第9条:文物保护单位的保护范围,应当根据文物保护单位的类别、规模、内容以及周围环境的历史和现实情况合理划定,并在文物保护单位本体之外保持一定的安全距离,确保文物保护单位的真实性和完整性
	第6条	屈家岭管理区管理委员会所属的屈家岭遗址保护管理机构,负责屈家岭遗址保护具体工作	《实施条例》第12条:古文化遗址、古墓葬、石窟寺和属于国家所有的纪念建筑物、古建筑,被核定公布为文物保护单位的,由县级以上地方人民政府设置专门机构或者指定机构负责管理
	第12条	屈家岭遗址保护区划分为保护范围和建设控制地带。……应当设置屈家岭遗址保护界桩并予以公示	《实施条例》第13条:文物保护单位的建设控制地带,应当根据文物保护单位的类别、规模、内容以及周围环境的历史和现实情况合理划定
	第13条	屈家岭遗址保护管理机构应当对保护对象进行调查登记,分类建立保护对象名册,制定保护措施	

3. 结合大型地下文物遗址的特点，制定了具体化的保护管理措施

（1）针对荆楚大遗址规模较大、涉及面广的特点，突出专项文物保护规划地位（详见表3）。

表3　关于文物保护管理的具体化措施——突出专项文物保护规划地位

地方性法规名称	具体化条款	具体化内容	上位法或上级文件有关规定
《曾随条例》	第8条	市人民政府应当组织文化和旅游、自然资源和规划、住房和城乡建设等部门编制曾随文化遗址保护规划。……保护规划应当依法报批并公布实施	《文物保护法》《实施条例》无相关规定 国务院《关于进一步加强文物工作的指导意见》（国发〔2016〕17号）指出"加强文物保护规划编制实施" 国家文物局2003年出台了《全国重点文物保护单位保护规划编制审批办法》《全国重点文物保护单位保护规划编制要求》
《曾随条例》	第11条	在曾随文化遗址建设控制地带内进行工程建设的，其高度、体量、外观、色调应当符合遗址保护规划有关规定	
《曾随条例》	第12条	曾随文化遗址的利用应当符合曾随文化遗址保护规划	
《屈家岭条例》	第11条	市人民政府组织编制的屈家岭遗址保护规划，是屈家岭遗址保护的依据。经批准公布的屈家岭遗址保护规划，应当严格执行……环境保护规划、矿产资源规划、交通运输规划、旅游发展规划等，涉及屈家岭遗址保护区划的，应当与屈家岭遗址保护规划相衔接。……村庄规划，应当与屈家岭遗址保护规划相衔接	
《屈家岭条例》	第17条	屈家岭遗址保护区划内的建筑物、构筑物，其高度、体量、外观、色调等应当符合屈家岭遗址保护规划要求	
《屈家岭条例》	第18条	市人民政府应当统筹协调京山市人民政府、屈家岭管理区管理委员会，按照屈家岭遗址保护规划要求，将屈家岭遗址保护范围内原有居民、村民逐步迁出安置	

国务院的指导意见和国家文物局的管理办法，不是法律法规。以上条款确立了专项文物保护规划的法律地位，为制订、执行专项文物保护规划提供了法律依据。

（2）针对遗址类地下文物从地表不易辨识、易被无意破坏等特点，对文物保护范围内的禁止性行为予以细化(详见表4)。

表4　关于文物保护管理的具体化措施——细化保护范围内的禁止性行为

地方性 法规名称	具体化 条款	具体化内容	上位法 有关规定
《曾随 条例》	第10条	在曾随文化遗址保护范围内，禁止下列行为：（一）建坟、建窑、取土等改变遗址环境、地形地貌现状的；（二）未经依法批准，擅自进行其他建设工程或者爆破、钻探、挖掘等作业的；（三）工程施工单位擅自倾倒、抛撒或者堆放工程施工过程中产生的建筑垃圾的；（四）随意倾倒、抛撒、堆放或者焚烧生活垃圾的……	《文物保护法》第17条：文物保护单位的保护范围内不得进行其他建设工程或者爆破、钻探、挖掘等作业 《文物保护法》第19条：在文物保护单位的保护范围和建设控制地带内，不得建设污染文物保护单位及其环境的设施，不得进行可能影响文物保护单位安全及其环境的活动
《屈家岭 条例》	第14条	在屈家岭遗址保护范围内，禁止从事下列活动：（一）擅自进行与屈家岭遗址保护无关的建设工程或者爆破、钻探、挖掘等作业；（二）进行打井、挖塘、挖渠、取土、垦荒、深翻土地、平整土丘、建坟、立碑、焚烧等危害屈家岭遗址安全的活动；（三）种植危害屈家岭遗址地下文物安全的植物……	

（3）对涉及遗址的大型基本建设工程中的文物考古工作予以细化(详见表5)。

前置开展大型基本建设工程的文物考古工作，是《文物保护法》确定的一项重要制度，为加强建设工程中的文物保护发挥了非常重要的作用。但由于《文物保护法》《实施条例》未明确界定"大型基本建设工程"，导致各地执行情况不一。近年来经过探索，有的地方出台了标准，如北京市规定"符合下列条件之一的建设工程，应当进行考古调查、勘探……(二)旧城之内建设项目总用地面积一万平方米以上；(三)旧城之外建设项目总用地面积二万平方米以上……"①南京市规定"建设项目用地有下列情形之一的，应当进行考古调查、勘探：……(三)在老城范围外、主城范围内总用地面积三万平方米以上；(四)在主城范围外总用地面积五万平方米以上……"②《曾随条例》对"大型基本建设工程"作了界定，规定了考古的实施步骤、经费来源等，可操作性较强。

表5 关于文物保护管理的具体化措施——细化建设工程中的文物考古工作

地方性法规名称	具体化条款	具体化内容	上位法或上级文件有关规定
《曾随条例》	第12条	建设项目用地有下列情形之一的，应当进行文物考古调查、勘探：(一)在曾随文化遗址保护范围和建设控制地带内；(二)前项所列区域以外用地面积五万平方米以上；(三)法律、法规规定的其他情形。符合以上情形的建设项目用地，以出让方式供应的，土地收储单位应当在土地出让前向文化和旅游部门申请考古调查、勘探，所需费用由本级财政承担并列入土地收储成本；以划拨方式供应土地或者利用自有土地进行建设的，建设单位应当在办理用地规划许可阶段向文化和旅游部门申请考古调查、勘探，所需费用由建设单位承担。未申请考古调查、勘探的建设项目用地，在施工过程中发现地下文物的，抢救性发掘费用由建设单位承担	《文物保护法》第29条：进行大型基本建设工程，建设单位应当事先报请省、自治区、直辖市人民政府文物行政部门组织从事考古发掘的单位在工程范围内有可能埋藏文物的地方进行考古调查、勘探 《文物保护法》第31条：凡因进行基本建设和生产建设需要的考古调查、勘探、发掘，所需费用由建设单位列入建设工程预算 中央办公厅、国务院办公厅《关于加强文物保护利用改革的若干意见》指出"完善基本建设考古制度，地方政府在土地储备时，对于可能存在文物遗存的土地，在依法完成考古调查、勘探、发掘前不得入库"

(4)为处理好保护与利用的关系，对利用文物遗址开展拍摄展演活动进行管理(详见表6)。

---

① 《北京市地下文物保护管理办法》第9条，北京文物局网(http://wwj.beijing.gov.cn/bjww/362690/362731/gz/622516/index.html)，2014年8月26日，检索时间：2023年8月8日。

② 《南京市地下文物保护条例》第7条，南京市人民代表大会网(http://rd.nanjing.gov.cn/xxfb/sjfg/201812/t20181204_1979298.html)，2018年11月28日，检索时间：2023年8月8日。

表6　关于文物保护管理的具体化措施——细化拍摄展演活动的管理

地方性法规名称	具体化条款	具体化内容	上位法有关规定
《曾随条例》	第20条	利用曾随文化遗址拍摄制作电影、电视等影像资料以及举办大型活动的，应当征得文化和旅游部门的同意	《文物保护法》《实施条例》无相关规定《历史文化名城名镇名村保护条例》第25条：在历史文化名城、名镇、名村保护范围内进行下列活动，应当保护其传统格局、历史风貌和历史建筑；制订保护方案，并依照有关法律、法规的规定办理相关手续……（二）在核心保护范围内进行影视摄制、举办大型群众性活动……
《屈家岭条例》	第25条	利用屈家岭遗址拍摄影视剧、广告和其他影视作品或者举办其他活动的，应当依法按照程序报批，接受屈家岭管理区管理委员会监督管理，确保屈家岭遗址本体及其周边环境安全	

　　虽然《文物保护法》《实施条例》没有对"利用不可移动文物开展拍摄展演活动"作出规定，但对此类活动加强管理则是共识，国家文物局2001年曾出台《文物拍摄管理暂行办法》(已失效)，北京市政府1986年出台《北京市利用文物保护单位拍摄电影、电视管理暂行办法》，之后又多次修改。《曾随条例》《屈家岭条例》作出的规定，则为地方管理此类活动提供了法律依据。

　　(5)细化法律责任，对建窑、倾倒垃圾、种植危害遗址的植物等违法行为作出相应的、适度的处罚规定(详见表7)。

表7　关于文物保护管理的具体化措施——细化法律责任

地方性法规名称	具体化条款	具体化内容	上位法有关规定
《曾随条例》	第22条	违反本条例规定，法律法规有规定的，从其规定	
	第23条	违反本条例第十条规定的，按下列规定处理：(一)建坟、建窑、取土等改变遗址环境、地形地貌现状的，由文化和旅游部门责令改正，没收违法所得，处一千元以上	

地方性 法规名称	具体化 条款	具体化内容	上位法 有关规定
《曾随 条例》	第23条	一万元以下的罚款；造成严重后果的，处一万元以上五万元以下的罚款……（三）工程施工单位擅自倾倒、抛撒或者堆放工程施工过程中产生的建筑垃圾的，由生态环境部门责令改正，没收违法所得，处十万元以上一百万元以下的罚款；（四）随意倾倒、抛撒、堆放或者焚烧生活垃圾的，由生态环境部门责令停止改正，没收违法所得，对个人处一百元以上五百元以下的罚款；对单位处五万元以上五十万元以下的罚款……	《文物保护法》第66条：有下列行为之一，尚不构成犯罪的，由县级以上人民政府文物主管部门责令改正，造成严重后果的，处五万元以上五十万元以下的罚款；情节严重的，由原发证机关吊销资质证书：（一）擅自在文物保护单位的保护范围内进行建设工程或者爆破、钻探、挖掘等作业的；（二）在文物保护单位的建设控制地带内进行建设工程，其工程设计方案未经文物行政部门同意、报城乡建设规划部门批准，对文物保护单位的历史风貌造成破坏的……（五）擅自在原址重建已全部毁坏的不可移动文物，造成文物破坏的……刻划、涂污或者损坏文物尚不严重的，或者损毁依照本法第十五条第一款规定设立的文物保护单位标志的，由公安机关或者文物所在单位给予警告，可以并处罚款
《屈家 岭条例》	第27条	违反本条例第十四条第二项规定的，由文物主管部门责令停止违法行为、限期恢复原状或者采取其他补救措施，并可以处一千元以上五千元以下罚款；造成严重后果的，处五千元以上三万元以下罚款（作者按：第十四条第二项，禁止在屈家岭遗址保护范围内，进行打井、挖塘、挖渠、取土、垦荒、深翻土地、平整土丘、建坟、立碑、焚烧等危害屈家岭遗址安全的活动）违反本条例第十四条第三项规定的，由文物主管部门责令停止违法行为、限期恢复原状或者采取其他补救措施，并可以处五百元以上三千元以下罚款；造成严重后果的，处三千元以上一万元以下罚款（作者按：第十四条第三项，禁止在屈家岭遗址保护范围内，种植危害屈家岭遗址地下文物安全的植物）	

4. 为推动文物合理有效利用制定具体化措施(详见表8)

表8 关于推动文物合理有效利用的具体化措施

地方性法规名称	具体化条款	具体化内容	上位法或上级文件有关规定
《曾随条例》	第16条	县级以上人民政府应当按照曾随文化遗址保护规划的要求,通过建立遗址公园、遗址博物馆、主题教育基地等方式,合理利用本行政区域内的曾随文化,开展学术研究、爱国主义教育、观光旅游等活动	《文物保护法》第11条:国家加强文物保护的宣传教育,增强全民文物保护的意识,鼓励文物保护的科学研究,提高文物保护的科学技术水平 中央办公厅、国务院办公厅《关于加强文物保护利用改革的若干意见》指出"大力推进文物合理利用" 国家文物局2016年出台了《关于促进文物合理利用的若干意见》
	第17条	应当在遗址保护的基础上发掘和阐释其文化内涵与独特价值,突出特色,促进文化旅游融合发展	
	第19条	对存续状态较好、具有市场潜力和发展优势的青铜器、漆器制作技艺等非物质文化遗产代表性项目,可以借助生产、流通等手段,实行生产性保护,将非物质文化遗产及其资源转化为文化产品和文化服务	
	第20条	鼓励和支持公民、法人和其他组织开展曾随文化的研究和艺术创作。县级以上人民政府文化和旅游部门应当提供必要的信息和服务,并进行指导	
《屈家岭条例》	第9条	应当做好屈家岭遗址保护的宣传教育工作,通过举办文物展览、专家讲座、社区课堂等活动,宣传屈家岭遗址的历史文化价值,增强社会公众的保护意识	
	第18条	鼓励本市中小学校将屈家岭遗址保护常识纳入教育内容,并利用屈家岭考古遗址公园、屈家岭遗址博物馆等场所和设施,组织开展爱国主义、中华优秀传统文化等主题的研学实践教育活动。鼓励利用屈家岭考古遗址公园、屈家岭遗址博物馆等场所和设施,创建海外统一战线工作基地,对香港、澳门、台湾同胞,华侨、侨眷开展文化交流活动,铸牢中华民族共同体意识	
	第22条	屈家岭遗址保护范围内的土地应当依法调整为文物古迹用地	

续表

地方性 法规名称	具体化 条款	具体化内容	上位法或上级 文件有关规定
《屈家岭 条例》	第23条	应当运用互联网、大数据等信息技术,依托屈家岭考古遗址公园、屈家岭遗址博物馆等场所和设施,展示屈家岭遗址的考古发掘、保护、研究成果。……应当加强对屈家岭遗址价值内涵的研究和阐释,开展国内外遗址保护学术交流与合作,为高等院校、科研机构、专家学者等开展屈家岭遗址科学研究提供支持和帮助	
	第25条	市人民政府应当在确保屈家岭遗址安全的前提下,统筹推进屈家岭遗址保护与经济社会发展,适度控制开发强度,发展生态农业、特色文化、休闲旅游等产业	

在推动文物合理有效利用方面,《曾随条例》《屈家岭条例》考虑较为具体,并且有"真金白银",如《屈家岭条例》第22条"屈家岭遗址保护范围内的土地应当依法调整为文物古迹用地",这是充分考虑屈家岭遗址大部分位于国有农场、土地大部分归国家所有的实际情况作出的制度安排,体现了地方特色。

通过以上分析可见,两部条例中有不少针对地方实际的具体化规定,这些具体化规定大多是对上位法的有关规定的细化,属于实施性立法内容;一些自主性立法内容也与近年来中央和上级部门文件精神保持一致,并不与上位法相抵触,较好地处理了同上位法保持一致与创新补充完善的关系。

另外,从结构、篇幅来看,《曾随条例》分为5章,27条,约3140字;《屈家岭条例》不分章,29条,约3550字。相对于《文物保护法》(8章80条近1.2万字)、《湖北省实施〈中华人民共和国文物保护法〉办法》(31条5100余字),以及2015年以来,湖北省设区的市(州)人大出台的10余部地方性文物法规(详见表9),《曾随条例》《屈家岭条例》结构较为简明、篇幅较为简短,较好地避免了"大而全""小而全""与上位法体例对应"等久被诟病的地方立法常见问题。

表9 2015—2022年湖北省设区的市(州)出台的地方性文物法规基本情况统计表(按篇幅排序)

法规名称	施行时间	结构	篇幅 (约略字数)
十堰市武当山古建筑群保护条例	2017年9月15日	4章,30条	2970

法规名称	施行时间	结构	篇幅 （约略字数）
随州市曾随文化遗址保护条例	2021 年 7 月 1 日	5 章，27 条	3140
襄阳古城墙保护条例	2017 年 5 月 1 日	不分章，24 条	3150
黄冈市革命遗址遗迹保护条例	2018 年 2 月 1 日	5 章，29 条	3210
荆门市屈家岭遗址保护条例	2023 年 1 月 1 日	不分章，29 条	3550
荆州古城保护条例	2017 年 5 月 1 日	6 章，39 条	3765
荆州市湘鄂西苏区革命遗存 保护条例	2021 年 4 月 1 日	5 章，36 条	4120
襄阳古城保护条例	2020 年 3 月 1 日	5 章，37 条	4750
黄石市工业遗产保护条例	2017 年 1 月 1 日	5 章，39 条	4790
随州市历史文化街区和历史建筑保护条例	2020 年 9 月 1 日	5 章，38 条	5150
咸宁市古民居保护条例	2017 年 6 月 1 日	6 章，53 条	5590
恩施土家族苗族自治州传统村落和 民族村寨保护条例	2020 年 3 月 1 日	6 章，48 条	6170

三、关于下一步工作的意见和建议

1. 对法规条文内容的建议

一是对上位法中关于保护管理体制机制的规定还需要进一步细化。《文物保护法》对保护管理体制机制的规定较为原则，如第 9 条"地方各级人民政府负责本行政区域内的文物保护工作。县级以上地方人民政府承担文物保护工作的部门对本行政区域内的文物保护实施监督管理。县级以上人民政府有关行政部门在各自的职责范围内，负责有关的文物保护工作"。当前《曾随条例》《屈家岭条例》的相关规定也较为原则，建议地方可以进一步细化、强化相关制度安排，以避免实际工作中各部门遇到问题互相推诿、职责难以落实的情况。

二是对主动性考古科研工作还需要进一步重视。大遗址考古是开展大遗址保护、展示、利用的科学依据和基础[1]。以大遗址保护管理为主要内容的地方性文物法规，应对主

---

[1] 国家文物局：《关于加强大遗址考古工作的指导意见》（文物保函〔2013〕39 号），国家文物局网（http://www.ncha.gov.cn/art/2013/1/28/art_2237_23506.html），2013 年 1 月 28 日，检索时间：2023 年 8 月 8 日。

动性考古科研工作的地位和作用予以明确。《曾随条例》《屈家岭条例》主要聚焦于建设项目中的考古工作，关于主动性考古科研的内容较为缺乏。国内同类地方性法规如《杭州市良渚遗址保护管理条例》《安徽省凌家滩遗址保护条例》有关方面内容或可借鉴。

2. 加强立法后的检查、评估，并根据评估情况对法规进行修改完善

法律的生命力在于实施①。《曾随条例》《屈家岭条例》中的具体化措施，到底是否可执行、真管用，还需要实践检验。建议人大等机构定期对条例的执行情况开展检查和专项评估，及时分析研判，为今后条例的修订和其他地方立法工作提供有益参考。

---

① 《中共中央关于全面推进依法治国若干重大问题的决定》，中国政府网（http：//www.gov.cn/zhengce/2014-10/28/content_2771946.htm），2014 年 10 月 28 日，检索时间：2023 年 8 月 8 日。

浅析国家考古遗址公园内容阐释路径

宋海超　曾思浩*

摘　要： 经过 10 余年发展，国家考古遗址公园建设成果显著，诸多国家考古遗址公园成为当地的城市名片、旅游目的地。按照"保护第一、加强管理、挖掘价值、有效利用、让文物活起来"新时代文物工作方针的要求，如何在发挥国家考古遗址公园社会效益的同时，坚持融合发展，创新活化方式，减轻运营压力，成为一个现实需求。内容阐释是影响国家考古遗址公园运营效果、活化力度等的重要因素。本文将遗址公园的内容阐释分为展示性阐释、体验性阐释、延伸性阐释三类，并以运营为出发点，就展示性阐释、体验性阐释的落地细节进行分析，以期对后续建设起到借鉴作用。

关键词： 国家考古遗址公园；内容阐释

国家考古遗址公园，是指"以重要考古遗址及其环境为主体，具有科研、教育、游憩等功能，在考古遗址研究阐释、保护利用和文化传承方面具有全国性示范意义的特定公共文化空间"①。截至 2022 年，我国国家考古遗址公园有 55 处正式挂牌，99 处立项。本文将一些拟建未立项的公园也纳入研究范畴。综合场地、对象、目的等，我们将国家考古遗址公园内容阐释分为展示性阐释、体现性阐释、延伸性阐释三类。展示性阐释主要包含遗址博物馆、现场展示等。体验性阐释主要指各类研学活动、体验活动。延伸性阐释指依托纸媒、数媒等开展的各类宣教活动。本文旨在以后期运营为出发点，服务国家考古遗址公园前期基础建设，故将重点放在以场馆作为空间载体的展示性阐释、体验性阐释，以园区为载体的体验性阐释以及以后期运营为主不涉及前期场馆建设的延伸性阐释暂不展开讨论。

---

*　宋海超，武汉大学历史学院副教授；曾思浩，武汉大学历史学院硕士研究生。

①　国家文物局：《国家考古遗址公园管理办法》，国家文物局网（http:www.ncha.gov.cn/art/2022/4/1/art_2318_45461.html），2022 年 4 月 1 日，检索时间：2023 年 11 月 22 日。

一、展示性阐释

展示性阐释主要基于考古发掘所获得遗迹、遗物、标本等，以博物馆展陈的形式，对遗址内涵进行全方位、多角度解读。主要有遗址博物馆和遗址现场展示，遗址博物馆阐释内容以宏观为主，遗址现场展示侧重某特定对象。在展示内容方面，前者为总，后者是分，二者互为补充。下面我们仅对遗址博物馆展示的角度、内容，遗址现场展示的手段等问题进行分析。

1. 遗址博物馆阐释角度

综合已有国家考古遗址公园的类型、年代，其展示性阐释角度无外乎历史学、考古学。二者此消彼长，互为主次。对于遗址为史前时期的公园，阐释角度只能以考古学切入。夏商周时期文献相对较少，考古发现多填补文献空白，故这一时期的国家考古遗址公园在内容阐释上以考古学为主，历史学为辅。秦汉以后虽文献资料丰富，鉴于国家考古遗址公园以文物为载体、对象，我们认为内容阐释角度以考古学为主，历史学为辅为宜。如荆州作为楚国强盛时期都城所在地，已建成的涉及楚文化的场馆有园博园楚文化博物馆、荆州博物馆、熊家冢墓地本体馆、熊家冢墓地出土文物馆，后续还拟建设湖北楚文化博物院。如果协调诸多场馆的展示内容、展示手段，阐释角度是首要考虑的核心问题。

对观众来说，阐释角度最直观的体现是在参观展览中看到的具体知识点。比如很多遗址公园往往会涉及遗址所在区域的商周以前的历史，历史学与考古学阐述角度在具体知识点上就差异明显，如湖北鄂东地区(参见表1)：

表1

历史学	考古学
殷商时代，属荆州 周代初期，属扬越 周夷王八年(前887年)后，属楚国	石家河文化 肖家屋脊文化 大路铺文化 楚文化

阐释角度的差异除了在具体知识点上有反映外，在展陈逻辑、上版图文等众多细节都会有所体现。如荆州熊家冢楚国贵族车马坑被誉为"北有兵马俑，南有熊家冢"，在如何解读其在商周时期的重要性方面，即有历史学与考古学两个角度。车马制度是商周时期

礼制的重要内容，历史学根据文献资料，对这一话题已有深度的研究，熊家冢即是这种礼制的实证。阐释角度以历史学切入，可以将熊家冢置于中国商周礼制文明解读。考古学则可以将其与同时期其他诸侯国车马坑进行共时性比较，阐释秦、周、楚三地车马制度的差异，彰显楚国的地域特色；也可以对殷商至汉代考古发现的车马坑进行历时性比较，从考古资料阐述我国车马制度的兴衰过程。在上版图文上，历史学、考古学阐述角度也差别明显，主要体现在论述方式、论证材料等。如熊家冢在遣车这一展项即以历史学的角度切入：

> 《周礼·夏官·校人》载："大丧饰遣车之马，及葬，埋之。"古代丧葬时，要用一定数量的动物牲体祭奠死者，用来装载动物牲体的车称为"遣车"。熊家冢墓地小型车马坑中，有一些车就应是送葬的"遣车"。

从学科门类来说，历史学、考古学均属历史学类。以何种角度切入，并无优劣、是否合理之分。从国家考古遗址公园已有内容阐述来看，这两种角度均有。在面对某特定遗址时，需要根据遗址的年代，参考同类型、同主题的其他展览，选择最佳阐释角度，避免展览主题、内容的同质化，尽量突出国家考古遗址公园的考古属性，与通史馆、地志馆差异化发展。

2. 遗址博物馆阐释内容

综合已有遗址博物馆展陈，宏观来看，国家考古遗址公园的阐释内容主要有考古过程、遗址内涵、遗址价值三个部分，有学者认为这形成一种新的博物馆叙述模式——考古认知叙述①。

考古过程。即展示考古工作者如何发现、研究遗址的内涵与价值，具体有发现、研究、保护、利用、传承等环节②。在落地环节往往将这一过程划分为数个阶段，重点展示各阶段考古过程，不涉及考古成果。阶段划分伴随的考古技术、理论的变革，也是展示的重点。考古过程的阐释往往以遗址内涵为指引、方向，体现发掘研究的科学性、阶段性。石首走马岭遗址的考古工作可以分为"当时长江流域最早的城址""当时唯一的姊妹双城""目前最早的瓮城"等阶段，体现走马岭古城在新石器时代城址研究中的重要性。杭州良渚

---

① 宋若虹、万琳：《考古学与遗址类博物馆的建设运营——以盘龙城遗址博物院为例》，《自然与文化遗产》2021年第10期。

② 高蒙河、宋雨晗：《从"良渚全考古"到"良博全展示"——以良渚博物院2018年改陈策展为例》，《东南文化》2018年第6期。

遗址的考古工作可以分为"预见价值""初识王迹""确认古城""发现水坝"等阶段，王、城、水坝等都是学术界探讨文明起源的标准，这种阶段划分也是在阐述"良渚遗址是实证中华五千年文明史的圣地"。

遗址内涵。遗址内涵以田野考古调查、发掘为基础，主要阐释遗址的考古发现以及综合研究成果，是内容阐释的核心与重点，具体内容、内部逻辑因遗址而异。杭州良渚遗址内涵依据城址空间布局，分筑城、内城、外城、城郊四个板块，板块内部再以功能展开，如内城分为宫殿区、墓葬区、作坊区等。石首走马岭遗址内涵围绕"城"，具体地讲述了如何筑城、城的结构、城内生活三个板块。大冶铜绿山遗址内涵依据青铜冶炼产业链分为"找矿有方""采矿有道""炼铜有术"三个板块，分别展示探矿、采矿、冶矿，板块内部又分别以探矿方式、采矿流程、冶矿流程展开。荆州熊家冢在车马坑空间布局内依据车马类型（用途）展开。

遗址价值。遗址价值是遗址内涵的升华，是遗址博物馆内容阐释的点睛之处。目前，旧石器时代的国家考古遗址公园约 10 处，以古人类化石点居多，内容阐释多体现"百万年人类史"。新石器时代的国家考古遗址公园约 30 处，数量最多，以史前文化中心为主，内容阐释多着力于史前文明的多元一体格局，凸显遗址在华夏文明形成过程中的作用和地位，彰显"一万年文化史""五千多年文明史"。湖北省拟建或者已立项的国家考古遗址公园，有 4 处为史前城址。天门石家河遗址是长江中游文明化进程中的中心聚落。襄阳凤凰咀是长江中游城址群中最北的一座，是长江文明与黄河文明的博弈之地。石首走马岭城址的修筑与长江中游汉东、汉西两大文化体系博弈有关，且发现了我国最早的瓮城。这种时空、结构方面的特征，无不彰显着其在长江中游史前文明中的地位。京山屈家岭遗址价值阐释落脚在"农耕文明的发祥地"，定位为"稻缘·农魂"。对于秦汉以前的国家考古遗址公园，往往需要在阐释过程中，对遗址价值进行概括，寻找其独特性和排他性。秦汉以后的国家考古遗址公园多为都城、郡县治所、王陵、窑址等，价值不言而喻。

值得注意的是，新疆、西藏、云南等边疆地区也陆续有国家考古遗址公园立项，在这些地区进行遗址内涵、遗址价值阐述，要坚持政治站位，切实让历史说话，让文物发声。"正本清源"、铸牢中华民族共同体意识，让文物起到"证史、资政、育人"的作用。

3. 遗址现场阐释手段

遗址现场是国家考古遗址公园的核心展示，观众能跨越时空，近距离感触历史现场。目前遗址现场常见的展示方式有原状展示（露明展示）、模拟展示、标识展示、局部复原展示、复原展示、意向性展示等。遗址现场对遗迹的判断依赖于土质、土色、包含物，在展示过程中，随着土壤水分的流失，种种考古迹象往往难以辨识。"除了参与考古工作的考古学家可以读懂外，普通观众很难看明白。"①

近年，重要遗址发掘之时，会搭建考古方舱(大棚)，后续的展示往往会沿用发掘时期的设施，建设遗址现场展示厅(棚)。早期考古发掘现场，往往也采用这一方式，不同在于保护设施是在发掘完成后建设的，如半坡、铜绿山、兵马俑等。这种展示厅(棚)的内容阐释往往采用"图文展板+遗址现场"的方式。秦始皇陵 K9901 陪葬坑、K0006 陪葬坑等在"图文展板+遗址现场"的基础上，增加了出土文物展示。荆州熊家冢墓地遗址现场展示除了图文展板、展品、遗址现场外，还采用了博物馆常见的多元阐释手段，在未发掘区采用三维数字手段复原车马阵，结合车马模型、车模型等，将考古发掘现场的车马"静态+动态"复原。这种"遗址现场展示方式+博物馆阐释手段"的结合可视作将博物馆内展示遗址现场异地搬迁展示的逆向实践。

目前，遗址现场内容阐释水平多低于遗址博物馆。遗址现场展示与遗址博物馆在内容阐释上有明显的区别。遗址博物馆阐释内容相对多元，展示空间多为新建建筑，展线设计性强；遗址现场展示内容围绕考古发掘的遗迹展开，展示空间多位于遗迹四周，展线相对单一。展示手段上，遗址现场展示可借鉴展览行业常用手段，如模型、沙盘、多媒体等，这就要求在遗址现场保护性设施的建设过程中，建筑、文保、展陈同时推进。

二、体验性阐释

近年来，随着公众对博物馆关注度的日益上升，传统的博物馆参观讲解方式逐渐不能满足公众的需求，以博物馆为主题的各种研学方兴未艾。国家考古遗址公园的研学活动立足遗址的内涵、价值阐述，提供了互动性学习体验。

1. 三星村：以参与性体验为主

三星村考古探索基地位于考古遗址公园外围，获得授权的市场主体建设并运营。研学内容主要有遗址现场、造作工坊、古蜀村落等。遗址现场，侧重体验考古发掘流程和考古发现的乐趣；造作工坊内亲手制作青铜器、玉器等，在制作中了解古蜀文明的工艺技术，并可把作品带回；古蜀村落内参与者着"三星堆"服，体验古蜀人的农耕渔猎、砍柴做饭的日常生活。三星村考古探索中心的研学以实操参与互动课程为主。这种思路对参与者的年龄、人数、参与时长等都有一定的要求。

---

① 孙华：《遗址博物馆的特点与规建》，《东南文化》2022 年第 4 期。

2. 大明宫：以互动性体验为主

大明宫考古探索中心位于考古遗址公园内，由西安曲江大明宫投资(集团)有限公司建设，授权市场主体运营。研学内容包括考古探索中心、文化研学中心、模拟考古区、考古乐园等板块。考古探索中心改造已有建筑，以考古大唐、复原大唐、传承大唐为线索，通过"致敬考古人""考古大明宫""复原大明宫""想象大明宫""回望大明宫"五大板块，以互动探索体验为特色，以大明宫考古发掘为案例，引导观众了解什么是考古，并通过互动体验，加深对大明宫遗址的了解和认识。文化研学中心举办面向社会公众的文化研学教育、培训讲座等。模拟考古区与三星村考古现场类似。

3. 良渚：以综合主题营为主

良渚文明探索营位于考古遗址公园内，由市场主体建设，杭州良渚古城文旅集团有限公司运营。良渚文明探索营以考古学与中华文明、中华传统文化为两大核心课程板块，辅以自然探索、安全教育、生活教育等八大辅助课程板块。除了室内教学活动外，户外还设有各类互动体验——良渚部落角色扮演、文物拓印、玉器模拟考古挖掘、原野射箭开拓体能、极限飞盘合作挑战等。

上述研学活动都是以互动式、沉浸式学习为指导思路，以体验考古过程、古人生活为基本内容。在内容策划方面均采取"考古遗址+遗址博物馆+体验活动"的思路。体验性阐释是在学与玩之间寻找平衡，这就需要有专业人员开发针对不同人群的课程，能将考古过程、遗址内涵、遗址价值以趣味性更强、更大众化的互动形式呈现。

三、结语

目前，大遗址"活起来"的办法不多、活力不够①。作为大遗址最主要甚至唯一的活化方式，增强国家考古遗址公园的活化力度，丰富内容阐释维度，加强内容阐释深度首当其冲。从遗址博物馆阐释角度方面考虑，应以考古学为主，凸显遗址公园的考古属性，避免与其他场馆同质化。从遗址博物馆阐释内容方面出发，应着重从考古过程、遗址内涵、遗址价值三个维度综合展示。遗址现场阐释手段方面，可协同建筑、文保、展陈，借鉴遗址

---

① 《国家文物局关于印发〈大遗址保护利用"十四五"专项规划〉的通知》，中国政府网(https://www.gov.cn/zhengce/zhengceku/2021-11/19/content_5651816.htm)，2021 年 10 月 12 日，检索时间：2023年 8 月 8 日。

博物馆阐释手段，打破"看不懂"的怪象。体验性阐释方面，可借鉴已有遗址公园的建设方式、运行方式，开发个性化体验内容，实现国家考古遗址公园从"展示文物"到"感受文化"的转变。

另外，《大遗址保护利用"十四五"专项规划》中提出的建设考古标本库房。在一些田野考古工作扎实、条件具备的国家考古遗址公园可以作出尝试。考古库房的建设与考古博物馆、考古遗址博物馆有相似之处，又有不同，这为国家考古遗址公园的内容阐释又提供了新的探索机会。

关于考古遗址公园建设"全产业链"的思考

柴文远　孙海霆*

摘　要： 考古遗址公园的建设工作内容庞杂、程序严格、资金量大、周期长。笔者与团队总结近年来深度参与十数家考古遗址公园建设的实践经验，提出了以"考古—规划—设计—施工—运营—传播"为核心的考古遗址公园建设发展"全产业链"工作思路。本文论述了考古遗址公园"全产业链"工作思路的必要性，说明了各环节之间的联系，详解了各环节工作内容和注意事项。希望能够帮助管理者和建设者了解遗址公园建设流程，掌握工作推进方法。

关键词： 考古遗址公园；全产业链；考古；规划；设计

考古遗址公园是指以重要考古遗址及其环境为主体，具有科研、教育、游憩等功能，在考古遗址研究阐释、保护利用和文化传承方面具有示范意义的特定公共文化空间①。考古遗址公园建设可以理解为以遗址本体、遗址环境及考古研究成果为生产资料，通过合理的保护、展示、营建方法形成物质空间，再通过公园管理运营和 IP 传播推广，为全社会提供优质公共文化产品的全过程。"产业链"是产业经济学中的一个概念，是各个产业部门之间基于一定的技术经济关联，并依据特定的逻辑关系和时空布局关系客观形成的链条式关联关系形态②。本文中的"全产业链"指的是考古遗址公园建设中基于专业技术和工作程序所涉及的各个环节的总和。

考古遗址公园的建设是一项复杂程度极高的工作，既包括考古调查、勘探、发掘等研

---

　*　柴文远，北京垣冶建筑规划设计有限公司总经理、副研究馆员、文物保护工程责任设计师、国家一级注册建筑师；孙海霆，北京垣冶建筑规划设计有限公司总工程师、文物保护工程责任设计师、国家一级注册建筑师。

　①　国家文物局：《国家考古遗址公园管理办法》，国家文物局网（http：www.ncha.gov.cn/art/2022/1/art_2318_45461.html），2022 年 4 月 1 日，检索时间：2023 年 11 月 22 日。

　②　龚勤林：《产业链延伸的价格提升与研究》，《价格理论与实践》2003 年第 3 期。

究工作，遗址保护、遗址展示、环境整治、博物馆、游客服务设施等工程建设工作，又包括机构建设、经费筹措、征地拆迁等管理协调工作，以及日常维护、游客服务、活动筹办、品牌建设等运营传播工作。因公园面积较大，工作中还需妥善解决基本农田保护、生态保护、乡村振兴、城市更新等重要国策民生问题。在此过程中，公园建设往往会出现顾此失彼，甚至停滞不前的情况，具体表现形式有考古研究人员参与度低，规划设计纸上谈兵，工程建设低质低效，管理运营难以为继，宣传推广流于形式等。究其原因主要是各工作环节各自为政，缺乏整体观念和实操能力，没有长期系统的工作推进方法，从而造成考古遗址公园"全产业链"不畅甚至断裂。

在既往有关考古遗址公园建设的研究中，大多是从考古遗址公园的性质与定位、大遗址保护展示理念和方法、大遗址保护利用相关政策体系、遗址公园建设与城乡发展的关系、优秀规划建设案例分析等角度进行论述，较少涉及考古遗址公园建设流程与工作规律的研究。面对新时代新要求，考古遗址公园建设既要坚持"一址一策"，突出遗址价值特色，又亟须总结经验教训，掌握考古遗址公园建设的发展规律，摸清适应自身建设发展的工作流程。

笔者与团队总结近年来深度参与十数家考古遗址公园建设的实践经验，提出了"考古—规划—设计—施工—运营—传播"为核心的考古遗址公园建设发展"全产业链"工作思路。希望能够帮助考古遗址公园的管理者和建设者把握公园建设的一般规律，厘清工作流程，掌握工作推进方法，从而推动考古遗址公园高质量建设。

一、考古

"考古"工作是考古遗址公园建设最根本的基础，是全产业链后续五个环节的基本依据和内容源泉。

考古遗址公园的建设缘起于重要的考古发现。考古研究成果也直接影响着遗址公园的规划定位、文物保护工程的立项申请、保护展示措施的制定、管理运营的重心、宣传推广的内容。建设速度快、效果好的遗址公园普遍都会有一支长期稳定、与地方政府配合有序的考古队。而建设缓慢的遗址公园，也往往存在着考古工作停滞、领队频繁更换等问题。从地方政府到设计、施工单位必须充分认识到考古工作的重要性、科学性、持续性，必须要坚持考古研究工作贯穿遗址公园建设始终，必须为考古工作创造有利条件。考古研究者也要具有主人翁意识，在遗址公园建设的各环节中投入更多精力，主动参与各类规划、设计、实施的工作，把考古研究成果更好地展示给公众。

在盘龙城国家考古遗址公园建设中，盘龙城遗址考古队承担和参与的大量工作取得了良好的效果。例如，遗址博物馆的展陈大纲并没有外请专业团队编制，而是由考古队与盘龙城博物院的同事们一起协作完成，展览内容生动有趣、引人入胜，取得了极佳的展览效果，并获得了"全国博物馆十大陈列展览推介活动"精品奖。盘龙城的多项文物保护工程，考古队也积极推动和参与，分享研究心得并提出设计建议。盘龙城能够成为近年来全国考古遗址公园建设的标杆，与考古团队的深度参与密不可分。

二、规划

"规划"是指导考古遗址公园建设的顶层设计，是考古遗址公园建设初期统筹安排后续一系列工作的重要环节。

笔者认为此处的"规划"主要包括三个类型，一是文物保护规划，解决遗址保护管理工作的法定依据问题；二是遗址公园规划，解决遗址公园要建什么的问题；三是工作规划，解决遗址公园建设中机构、资金、程序、人员、时序等怎么建的问题。

文物保护规划是管理型规划，是对该处文保单位文物保护利用管理工作的统筹安排。对于大部分重要遗址来说，文物保护规划多年前已完成并公布实施，是后续遗址公园建设最重要的上位规划。一般情况下所有建设项目要遵循文物保护规划的相关管理要求，如有重大考古发现或社会经济环境有较大变化，也应鼓励大遗址保护规划结合市、县国土空间规划进行修编。在新编或修编保护规划过程中，除了要遵循最新考古研究成果和满足文物保护管理要求外，还应特别注意对考古遗址公园建设内容及周边城市功能配套预留接口，如遗址博物馆、游客服务中心、考古工作站的选址及规模，主要交通、服务、基础设施的布置等。如有可能，保护规划的修编或新编最好与考古遗址公园规划编制工作同步进行。

考古遗址公园规划是建设型规划，是遗址公园建设的蓝图。其主要工作重点包括两方面，一是确定遗址价值阐释体系，也就是完整讲述遗址故事的剧本。二是确定具体建设内容，也就是根据"故事剧本"安排公园的具体建设项目的选址、内容、规模，并明确游览线路、管理分区、投资估算等。价值阐释体系的制定绝不是照搬保护规划中的常见的历史价值、科学价值、艺术价值、社会价值，而是从公众和专业双重视角梳理遗址价值的主干和支脉，制订方便公众理解的叙述逻辑，同时明确适合不同价值主题的阐释方式。在这过程中必须与考古队和相关领域的专家咨询合作，以求对遗址价值的准确传达。在确定建设内容方面，公园规划必须审慎做好现状评估，特别是大遗址普遍涉及的基本农田、生态红线、土地权属等内容，确保建设项目可以落地实施，并将用地性质的调整情况及时与自然资源和规划部门沟通协商。除此之外，公园规划绝不能仅仅从文物保护展示角度思考问题，也要跳出保护区划的局限，从一个重要城市功能区的角度思考问题。要从规划端积极介入地方乡村振兴、城市更新、产业转型等问题的研究，使考古遗址公园建设充分融入地方社会经济发展，普遍惠及相关利益者，才有可能实现《大遗址保护利用"十四五"专项规划》中提出的让大遗址融入当代生活的目标，这也是部分遗址公园建设不能受到地方政府真正重视的症结所在。

工作规划是遗址公园建设蓝图指导下的具体工作推进路线图，其横向主要包括管理工作、考古研究、工程建设、宣传推广四部分，纵向包括任务清单、负责单位、资金估算、时间计划等内容。一般情况下根据国家考古遗址公园评定的时间和遗址公园规划近期建设安排，以及博物馆建设和文保工程的实施经验，工作规划周期以4~5年为宜。管理工作中最重要的是成立县市主要领导牵头能够协调各职能部门的管委会或领导小组，作为遗址公园建设的决策机构，统筹协调资金、土地、交通等复杂问题。另外遗址公园必须成立管理处或保护中心等专管机构负责项目具体实施。考古研究方面主要是明确配合遗址公园近期建设内容相关的发掘项目和考古勘探范围。工程建设方面主要是根据遗址公园规划明确各文保工程、博物馆建设、配套设施建设的具体项目内容。在确定各方面的具体工作清单后，要落实到负责单位负责人，确定投资估算，并根据考古工作计划、资金申请和安排情况、征地拆迁计划、专业工作技术流程，在工作规划周期内以季度为单位妥善进行时间筹划。对于文保工程项目来说，可按照立项—设计—申请经费—施工—验收—维保的工作步骤进行安排，一般第一年六月前后申请立项，十月前后获得批复意见并启动设计工作，第二年二季度前完成设计方案报批，三季度申请经费，第三年一季度经费下达后工程招标，年内完成施工并开展后续验收工作。

遗址公园建设往往涉及多个工程，一般至少包括一个遗址博物馆、一个考古工作站、二至三个本体保护展示工程、一至两期的环境整治工程等。因此，务必根据地方的实际场地条件和考古工作进展提前谋划项目立项和实施先后顺序，以及资金申请和使用安排，才有可能顺利推进相关项目。例如在屈家岭国家考古遗址公园建设之初，几处核心遗址点的考古工作还未完成，核心区杂草丛生、道路不通、水电缺失，单点保护工程开展难度较大。屈家岭管理区前身为国营五三农场，农田皆为国有，且遗址核心区搬迁量较小，征地搬迁的难度相对较低。遗址管理方根据屈家岭实际地情，确定了"先面后点，先外后内"的工作策略，并制定了较为详细的五年工作计划。从环境整治工程入手，首先完成征地拆迁、植被清理、道路系统建设、水电系统建设等基础工作。通过三年两期的环境整治工程，基本完成了考古遗址公园基础设施和景观环境的建设，为考古工作提供了良好的基础环境，为后续的工程建设创造了条件。在此过程中考古队配合遗址公园建设加速推进了2016年度主发掘区和北部墓葬区两处重要遗迹的考古发掘工作，一个是建筑遗址的核心展示点，一个是墓葬遗址的核心展示点。通过持续立项申请，该两处文保工程相继获得国家文物局支持批准，并顺利落地实施。在主要工程建设定形后，又进行了标识系统建设工作，完善遗址解说、游客导览、警示管理等标识牌，补充景观小品、座椅、垃圾桶等服务设施。五年来虽然也遇到各种突发情况，但整体工作推进的大节奏没有受到影响，较好地完成了工作规划。

三、设计

"设计"是衔接规划蓝图和施工落地的纽带，是集中梳理解决各类技术和管理问题的重要环节。

此处"设计"主要包括文保工程设计、展示设施设计、服务设施设计三类。文保工程设计特别需要注意做到三个衔接。一是与考古工作的衔接。大遗址的考古工作具有长期性和动态性，在设计中必须随时跟进最新的考古工作情况，及时调整优化设计方案。了解考古工作的近中远期规划，为考古工作的持续开展留有余地。也要做到及时向考古队反馈设计成果，协商开展配合工程必要的考古清理和进一步发掘工作。二是与"三个规划"的衔接。文保工程设计的措施和规模要符合文物保护规划的相关要求，如有不同则需要做出明确说明。工程设计要明确该工程在遗址公园规划"故事剧本"中的定位，突出核心展示的价值内容，弱化其他无关信息。文保工程设计的时间安排还要与整体工作规划做好衔接，特别是注意每年文物保护专项经费的申请节点，在此之前要完成设计方案的报批工作，否则整体项目推进时间就可能需要延迟一年。三是与相关利益者的衔接。环境整治类工程经常涉及农田保护、征地拆迁等工作。在设计阶段应充分与县、镇、村各级相关负责人，以及涉及征地搬迁的居民做好沟通协调工作，确保项目落地的可实施性。如暂不具备条件，可放到后续工程设计中陆续解决，切不可贪大求多，造成工程落地困难以及地方群众的利益受损。

展示类设施主要包括遗址博物馆、考古工作站、游客服务中心等。遗址博物馆的设计工作主要包括三个部分，即博物馆建筑设计、展陈大纲编制、展陈形式设计。博物馆建设目前普遍存在的问题是建筑设计最早开始，展陈大纲和形式设计滞后。这对于几年更新一次陈列展览的综合性博物馆无妨，但对于遗址博物馆这类典型专题博物馆，会造成建筑空间和陈列布展"两张皮"的情况，不利于塑造博物馆空间的独特性，也会因展览空间二次改造形成不必要的浪费。最佳的操作方式是博物馆的建筑设计和展陈大纲编制工作同步进行，在建筑设计中对未来陈列展览的各部分核心主题进行考虑，对展厅数量、游览动线、空间效果进行初步的匹配。在建筑深化设计中同步进行展陈形式设计，对展览空间进行详细对接，优化自然光线的引入和限制，明确机电设备的布点和走线，为后续施工打好基础。在考古工作站和游客服务中心的设计过程中，需要做好与建筑使用者的沟通，保证考古队和运营团队对建筑功能和面积的不同要求。

服务设施设计主要包括标识导视系统、卫生间、售卖亭、座椅、垃圾桶等内容。此类工程因体量较小，经费较少，经常会包含在其他工程中一起设计，往往不受重视。但这些都是游客会经常使用的设施，对遗址公园能够起到画龙点睛的作用。建议将服务设施的设计工作安排在大部分工程建设完成后，作为一项独立设计工作，或放在最后一期环境整治工程设计中一同进行。一方面可以避免不同项目单独设计所造成的形式材料不统一的情况，另一方面也可避免因过早设计实施造成的数量不足或位置不准确的情况。除此之外，服务设施的设计要注意对标 A 级景区评价标准的相关要求，如标识牌的外文语言种类，避免二次返工。

需要补充的是，考古遗址公园的 VI 系统设计非常重要，很多公园缺乏相关意识。VI 系统指的是视觉识别系统，其设计工作主要包括标志、标准字、标准色等为核心的形式设计和各类标准使用规范制定。建议在公园建设初期应优先完成 VI 系统设计，塑造遗址公园独具特色的符号系统。这对后续各类建设工程、文创研发、宣传活动使用统一的视觉识别成果，传达遗址价值内涵，塑造高品质公园形象大有裨益。

四、施工

"施工"是遗址公园建设落地的重要环节，是检验前序工作水平的试金石，也是技术问题、质量问题、管理问题的放大器。

此节重点讨论遗址公园建设中文保工程的注意事项，对于博物馆等新建建筑工程的施工，因建筑行业流程、规范、标准已经比较成熟，在此不作过多讨论。施工与前序各工作环节关联度最高的是考古工作、征地拆迁和工程设计。施工前务必与考古队进行详细沟通，本体保护展示项目要确认发掘工作与施工工作衔接面。环境整治工程中硬化道路、广场及相关设施位置要提前做好考古勘探，确保与后续考古工作不冲突。征地拆迁主要包含民居厂房的拆迁、农田林地的征收，必要时还要提前完成土地性质调整。建议在没有解决征地拆迁问题前不要盲目开工建设，这也是大部分文保工程拖延、甚至停工的主要原因。施工图是工程设计与施工两个环节对接的主要技术文件。在文物保护工程管理流程中，当设计方案核准通过后，不会再进行施工图设计审查。遗址保护工程设计方案的审核以文物考古专家为主，重点关注的是价值认知、保护措施、展示手段等文保领域专业问题，对结构、建筑、水电等专业规范考察较弱。因此通过审批的设计方案不能完全保证在结构和人身安全方面考虑周全。那么在施工之前必须要求施工单位详细查验施工图纸，高度重视图纸会审工作，发现问题必须在施工之前进行设计洽商或变更。如发现图纸问题较多，应督促设计单位按照相关设计规范重新校审图纸，有必要的情况下可以请第三方审图机构进行审核。

在施工过程中主要会碰到两方面的问题，一是施工技术问题。我们要清醒认识到文保行业发展尚不成熟，大部分具有古遗址古墓葬从业范围的文保施工一级企业是从古建筑行业或其他建设行业拓展经营业务参与遗址保护施工的。而遗址保护工程本身又包括大量特殊工艺，如遗址本体修缮、遗址模拟展示、出土文物复制展示等，大部分施工企业都不具备特殊工艺自行生产施工的技术能力。因此，一方面要充分进行同类型工程的学习考察，了解各类工艺的优缺点，选择技术过硬经验丰富的专业分包团队。另一方面，文物保护工程本身就是一项研究活动。施工企业必须具有一定研究精神，碰到不好解决又无处可学的工程内容时，舍得在材料、工艺研究上的投入。管理单位也要从经费、时间上予以尽可能的支持。在盘龙城宫殿遗址保护展示工程中，因既定采用的夯土墙模拟措施经受不住武汉频繁大雨的考验，施工团队经过长时间的研究对比和材料试验，最终研发了"改性土"作为施工材料，又与雕塑专家合作，圆满地完成了宫殿建筑遗址模拟展示任务，并申请了发明专利，获得了行业领导和专家的广泛好评。

二是施工管理问题，主要包括施工准备、项目实施、验收维保三个阶段。施工准备阶段主要包括施工招标、图纸会审、施工技术设计、现场布置、项目部组建、人员培训、采购工作。除了前文已经提到的图纸会审和施工技术设计外，要特别注意加强施工前人员培训工作，提高对遗址重大价值的认识，了解文保施工特点，明确具体操作流程。核心工程内容的采购工作要提前准备，材料、设备、专业分包的采购项目要提前明确技术对接要求，避免现场不必要的二次加工。采购产品进场前务必做好材料检查报验和样板工艺确认工作。项目实施阶段要做好质量管理、变更洽商、安全管理、进度管理、资源管理、造价管理、资料管理等方面工作。特别应注意遗址回填保护前后隐蔽工程的施工过程资料留存和分部分项验收，对遗址病害修缮情况，回填的手段和材料进行详细记录和质量检查。在工程建设过程中，要积极配合上级文物行政主管部门进行中期检查，及时发现问题解决问题。另外，因考古工作的持续性和长期性，在文保工程实施过程中有时会遇到工程范围内有新的考古新发现或新认识，可能直接影响主要保护措施和展示内容。此类工程内容变化务必进行设计方案调整，形成修改文本，报请原方案审批机关进行方案变更，不可擅自确定修改规模和措施。验收维保阶段指的是从工程主体完工到交付给业主单位之前的阶段，也是施工与运营两个环节衔接的重要时期。一般情况下，在工程竣工后先进行四方验评和初验,竣工一年后三个月之内进行终验①。遗址本体保护展示工程、保护性设施工程自竣工验收之日起保修期限不少于五年,其他类型文保工程没有明文要求,一般保修期为两年。较长的终验等待期和保修期是由文保工程特殊性和复杂性决定的,能够在工程验收维保期解决的问题不要拖到运营阶段再去解决。其中应特别关注修缮后的遗址本体有无产生新的病害,遗址模拟展示材料耐久性是否良好,标识展示中植物存活率是否达到要求,说明牌文字图案是否脱落褪色等各类问题。

五、运营

"运营"是考古遗址公园真正向社会开放的阶段,也是考验政府对重大文化资源综合管理能力的环节。

考古遗址公园的运营工作涉及面广,在此重点谈一谈有关遗址公园运营理念的思考。在宏观层面,我们应该清醒地意识到,考古遗址公园与普通的城市公园最大的区别在于其区域重大文化资源的属性,而大遗址本身的特殊性和敏感性也决定了考古遗址公园运营必须在政府的指导下进行。因此,考古遗址公园的运营绝不仅仅是围栏以内的"闭门造车"的工作,而是要地方政府站在整个市域或县域层面思考如何通过遗址公园的建设运营增强文化IP,如何通过文化IP带动区域相关产业转型升级,如何通过产业升级促进区域经济发展,如何通过区域经济发展反哺文物保护利用,最终形成良性循环的统筹协调问题。

在中观层面,遗址公园的运营要与周边区域紧密联动,一方面文化IP赋能周边优势产业,带动乡村振兴与城市更新。另一方面城市配套补充公园功能,解决吃住行游购娱等旅游服务问题。类似"荷包蛋"一样,蛋黄是遗址公园,蛋白是周边产业与配套,形成统一协作、相互支撑的城市片区。因此运营筹划要从规划环节就开始入手,安排好公园外围的产业配套功能,打通游线交通,做好后期管理运营的各方面谋划工作。

在微观层面,遗址公园要直面长久以来存在的专业性强、公众看不懂的问题。一方面要丰富遗址展示和博物馆展览的手段,增强展示内容的可读性和体验性,另一方面也可积极探索与遗址价值有关且符合文物保护理念的其他经营业态,在遗址保护展示为核心的基础上,更好满足不同年龄不同人群的需求。如良渚国家考古遗址公园以钟家港区域出土的大量鹿科动物骨骼为依据设立的鹿园就广受青少年喜爱。

① 《关于印发〈全国重点文物保护单位文物保护工程竣工验收管理暂行办法〉的通知》,国家文物局网(http://www.ncha.gov.cn/art/2020/9/15/art_2407_131.html),2020 年 9 月 15 日,检索时间:2023 年8 月 8 日。

六、传播

"传播"是遗址公园融入社会的最终环节，是实现让文物活起来的最有力手段。

在这里讨论的"传播"主要指的是在社会面利用、推广、活化遗址价值，最终品牌化、IP 化的过程。考古遗址公园是区域性甚至国家性的文化地标，本身就具备极强的 IP 属性和品牌价值。金沙、良渚、三星堆等著名遗址公园通过多层次的"传播"工作，其文化 IP 已经广泛深入人心，形成了极高的品牌价值。而大部分考古遗址公园目前还未实现有效"传播"，主要原因有三。一是我国土遗址的特性所决定的大部分遗迹现象可看性不强，类似金沙"太阳神鸟"、三星堆"青铜面具"等特征突出的出土文物又可遇而不可求，普通公众难以获得直接感官刺激。二是高品质的"传播"内容稀缺，专业性过强的内容不被公众理解，贴标签式的活动又无法实现遗址价值有效活化。三是遗址管理机构动力不足，体制机制局限难以调动专业人员积极性，大量具有传播价值的文物或研究成果藏于深闺。

相应的提升建议也有三方面，一是开展遗址复原研究，建立科学数字模型。将线下残状静态的不可移动文物，变为线上完整动态的可编辑数字模型。数字复原成果既是考古研究成果的有效应用，又是公众展示、价值传播的极佳素材。例如大明宫国家遗址公园在多年考古工作和文献资料整理基础上，开展了数字复原工作。通过复原研究厘清了大明宫全盛时期的平面规模、规划方式、地形水系、功能分区、交通组织，并对丹凤门等考古资料详实的建筑进行了重点复原，对蓬莱殿等资料有限的建筑进行了示意性复原，最终形成了一套科学、完整的数字模型，并以数字技术重现了千宫之宫的绚丽景象，也为大明宫未来的展示、传播以及智慧大明宫建设打下坚实基础①。

二是挖掘文物故事，创新传播方式，拓展传播渠道，提高传播内容品质。要充分深挖遗址本身、考古科研工作者、遗址公园建设者背后的故事，从受众视角出发，讲好遗址的故事，讲好人的故事。要充分利用互联网传播优势，积极探索直播、短视频、综艺节目等传播方式，发挥全媒体传播力量，统筹用好传统媒体、公众号、微博、视频平台的渠道优势，扩大传播影响力。"我在故宫修文物""如果国宝会说话""国家宝藏"等影视作品，以及"三星堆"考古发掘全媒体直播都生动地体现了文物及文物工作的魅力，成为"网红"事例。

三是创新体制机制，调动文博单位的积极性，加强社会力量参与度。文博单位是文物资源的储备库，也是文物活起来的发动机。2021 年由八部委联合发布的《关于进一步推动

---

① "垣冶"公众号：大明宫数字化复原成果首次亮相 2022 云栖大会。

文化文物单位文化创意产品开发的若干措施》在落实试点政策、创新开发方式、收入分配机制、知识产权管理等方面都做出了制度安排，许多地区都出台了鼓励文博单位参与文创开发的详细措施。各遗址公园要积极培养专业人才，利用好最新政策，发挥储备库的优势，做好文物活起来的发动机，为文物展示传播提供源源不断的动力。除此之外，文博单位毕竟自身能力、渠道有限，要积极与社会力量合作，面向社会提供更多的开源素材和数据，发挥各行各业专业优势，共同参与遗址公园的内容创作和文化传播。屈家岭考古遗址公园在建设过程中同步启动了屈家岭文化 IP 全球征集大赛，来自美国、法国、意大利、匈牙利、马来西亚等国家，全国 28 个省市自治区以及港澳台地区的无数学者和青年学生广泛参与，共收到国内外参赛作品共计 2476 件/套，让全球的目光聚焦拥有五千年历史的屈家岭文化①。

七、结语

考古遗址公园是区域乃至国家的重大文化资源，是新时代文物工作方针"保护第一、加强管理、挖掘价值、有效利用、让文物活起来"指引下，大遗址保护利用工作的主战场。考古遗址公园的重要性和特殊性决定了其建设工作内容庞杂、工作程序严格、资金体量较大、建设周期较长。不同工作相互衔接和交织，往往牵一发而动全身。公园建设的管理者和建设者亟须加强对考古遗址公园建设"全产业链"的整体认知，清楚"考古"贯穿建设全过程的重要意义、"规划"顶层设计的指导作用、"设计"环节需要解决的具体问题、"施工"过程中要注意的各类要点、"运营"阶段资源整合的必要性，以及"传播"的新思路新手段，摸清公园建设规律，掌握工作推进方法，从而实现考古遗址公园科学、高效、可持续的高质量建设发展。

---

① 《2021 中国农谷·屈家岭文化 IP 全球征集终评结果公布》，荆门市屈家岭管理区网（http：//qjl. gov. cn/art/2021/11/29/art_10310_838652. html），2021 年 11 月 29 日，检索时间：2023 年 8 月 8 日。

可持续运营视角下的遗址公园策略研究

陈维亮*

摘　要： 遗址公园的发展经过零星尝试和集中实践已经有显著成果，但在持续健康运营方面却仍有待提高。本文拟分析汇总部分遗址运营中存在的问题，从可持续运营角度，结合部分遗址公园运营工作的探索经验和文旅市场的相关概念，从总体定位、价值深化转化、社会力量介入、运营思维前置、在地协调融合等方面对遗址公园策略进行探讨。

关键词： 遗址公园；可持续运营；策略提升

一、概况综述

1. 发展方向

经过 20 世纪 50 年代至 21 世纪初对"遗址+公园"形式的零星尝试、21 世纪前十年的集中探索和实践，考古遗址公园的目标和理念已经有了长足的发展和进步。2022 年 4 月发布的《国家考古遗址公园管理办法》中定义，"考古遗址公园"主要是以考古遗址及其环境为主体，具有科研、教育、游憩等功能，是考古遗址研究阐释、保护利用和文化传承方面的特定公共文化空间①。2016 年，习近平总书记对文物工作作出重要指示，强调要切实加大文物保护力度，推进文物合理适度利用，努力走出一条符合国情的文物保护利用之路。国务院发布了《关于进一步加强文物工作的指导意见》，国家文物局印发了《关于促进文物合理利用的若干意见》。2022 年全国文物工作会议提出新时代文物工作的"保护第一、加强管理、挖掘价值、有效利用、让文物活起来"的 22 字方针，这些都为下一阶段文化遗产

＊ 陈维亮，浙江省古建筑设计研究院有限公司建筑遗产五室副主任、高级工程师。

① 国家文物局：《国家考古遗址公园管理办法》，国家文物局网（http：www.ncha.gov.cn/art/2022/1/art_2318_45461.html），2022 年 4 月 1 日，检索时间：2023 年 11 月 22 日。

传承、文物保护利用水平的全面提升和文旅融合事业的高质量发展给出了方向和明确了目标。

2. 问题困境

聚焦遗址公园的保护及综合功能发挥，持续健康的运营体系是其重要保障。但目前已经运行的遗址公园普遍存在长期收支失衡的情况。这些公园在开园之初的热度之后，往往没有实现良性可持续发展，因此对地方经济社会贡献有限甚至成为负担、包袱。这种情况反过来挫伤了当地政府和群众的积极性。此外，之前建设中存在的政府—文保、公园—镇村等的关系矛盾也容易激化，进而影响遗址公园的持续健康发展。因此，需要加强对遗址公园的运营管理，以期实现其可持续发展。

3. 原因分析

实际上，上述情况不仅出现在遗址公园建设发展中，在国内项目建设的大环境下，多数文旅项目，乃至部分商业项目着重快速推进和显性成果，而对于可持续运营的问题则容易忽视。在信用收缩阶段，问题容易显现。对于遗址公园，这方面情况表现为：

首先，在收入方面，遗址公园通常采用单一的门票收入模式，展示内容较为单一，内容更新不足，园区基础设施和配套设施不足或缺乏，无法跟上消费方式的转变和升级，导致吸引力持续下降、入园人数减少，从而出现收入减少的情况。

其次，在支出方面，遗址公园对后续运维成本的估计不足，比如建筑、绿化的使用维护成本、人员成本高昂，无力再进行更新建设。这些因素导致遗址公园在运营过程中难以实现盈利，从而难以保证其可持续发展。

再次，在遗址公园之外，还存在与所在地区全域旅游体系关联缺失、与周边区域社会经济联系较弱的问题，并常常受到土地、审批、管理体制等限制的影响。

这些劣势在整个文旅市场不断迅速革新变化的背景下就显得更为突出。因此，需要从整体上加强对文旅项目的可持续发展和运营管理的关注和研究，寻找更加科学和有效的运营模式和管理机制，确保其长期稳定、可持续发展。

二、策略研究

正如文物建筑的保护和延续实际上离不开对其合理有效利用的深入认识一样，当制订遗址公园的规划策略时，也应注意到持续运营是其保护、展示和健康发展的重要因素。未来遗址公园的规划策略，应借鉴过去对遗址公园运营问题的探索，并结合当前文旅市场的变化趋势，如人们对身边美好生活的关注、对文化消费内容认同感、趣味可玩性和互动体验感的不断升级等进行调整。

1. 差异总体定位

遗址作为不移动文物，其原初选址有历史、自然、经济、政治等多方面原因，逻辑和空间分布与现今城镇并不完全相同。这意味着不同遗址的宏观情况有很大差异，有些遗址周边城市人口密集、交通方便，具备自身收支平衡的基础，而有些则不然。因此，在制订遗址公园规划策略时，需要充分考虑遗址的价值高低和与城镇空间关系远近，以制订差异化的总体策略。

例如，对中华民族、或对省级文化源流具有重要标识的重要遗址，在其他条件不理想的情况下，不应将是否自身可以到达收支平衡作为评判标准，应考虑延续现有补助政策或将新建遗址公园的大部分支出纳入公共文化服务补助经费中予以支持，考虑确定合理的运营收入的区间，以凸显其公益性，尽可能发挥其文化教育作用。而对于价值稍低的遗址，应根据区位、经济发展情况、政策支持等整体情况制订总体策略，例如偏远地区的大面积遗址，预计按照遗址情况全面展示、但经评估日后维护经费缺口较大的，则结合价值内容，慎重论证评估、论证遗址公园确需展示的内容和方式，其中可能涉及搬迁、恢复环境的应考虑其必要性、替代方法和分期建设等的可能性，以在综合条件成熟后再行逐步实施。而距城镇较近、其他各项资源较为成熟且具有一定潜力的遗址，则应适时考虑逐步提高运营收入的指标，设法将其融入当地的全域旅游体系，使之发挥应有的效益。

2. 价值深化转化

按照资源特征，遗址公园区别于自然景区和部分文化景区的最主要特征就是遗址本身。遗址部分其往往见证了一个地区的某个历史阶段或整个历史阶段的某个部分，可以说是这个地区物质文化历史和文明发展的基因库。对遗址的深入研究或说解码需要发掘的持续深入、科研院校研究辅助等来逐渐揭示，但在遗址公园发展的任何阶段强调价值深化研究都不为过。

如何深化遗址的研究问题已经在近年来得到越来越多的关注。考虑到考古学的专业性较强，公众对此了解有限或存在误解，因此深化研究的首要目的即是需要以通俗易懂且直接的方式介绍考古工作的目的和方法等基础知识。而在这之外，对遗址的研究需要结合遗址对象本身，围绕遗址目前研究有待深入的内容，结合不同专业知识，实验性探讨假想复原未知内容，通过以构建遗址的主要价值全貌的方向来拓展遗址内涵。最终将所包含信息以易于理解且有趣的方式表达出来，以达到科研和教育的基础功能目标①。

在对遗址价值的深化发掘研究之后，还需要解决转化问题。尽管遗址公园与纯粹市场导向的旅游开发不同，但其中的客群是遗址资源的主要受众，也是维持保护、展示以及日常运行的重要收入来源。因此，在运营思维导向下，转化意味着将遗址价值与面向主要客群、可持续的运营活动结合起来，将其转变为支撑运营的产品或活动。除了门票收入外，还可围绕公共教育、文创产业、体验项目等新的运营形式实现遗址价值的活化。这些可供运营的产品或活动类型可以包括一些"泛"考古的项目，如器物恢复、陶器彩绘、印刷、编织、考古寻宝等，旨在提升低年级学生的兴趣和参与感。对高年级学生或成人，可开发更为专业的活动或产品，如工艺品的评鉴、古代服饰体验、传统乐器演奏等，使游客在体验中深入了解遗址背后的文化内涵。此外，还可以考虑开发与遗址及其所在地关系更密切的产品，如具有文化代表或地理标志的文创产品或农产品，通过这些产品和活动，让游客更好地了解遗址和当地文化，提高游客对遗址的关注度和吸引力，增加游客的参与感和满足感。

3. 社会力量引入

社会力量引入确实引发一些担忧，曾经也的确发生过由于保护意识缺乏和管理职责缺位而造成的破坏事件和旅游产品与遗产价值不相符的情况。然而，这并不意味着企业以利润为主要目标与保护管理目标不可调和。这些问题需要从制度建设方面解决，例如设立专门的管理机构、提高对遗产价值的认识、提升运营能力和水平等进行合理引导和管理，并需要对企业或个人进行评估选择，等等。

回到遗址公园开发和运营的困境，遗址公园的开发和运营面临着困境，单纯依靠文物部门和当地政府，其力量是非常有限的。这往往难以同时推动保护和展示工作以及整体运营的提升，原因既包括资金缺乏，也包括专业知识的缺失。以殷墟国家考古遗址公园为例，虽然可以申请到国家文物保护专项资金达到1000万元，但由于资金主要用于保护和展示工作，其他相关工程需要地方政府提供数倍或数十倍的配套资金，包括土地补偿、居民搬迁、基础设施和环境建设等，考虑回报速度，资金缺口较大②。据了解，其他遗址公园也面临类似情况③。在遗址公园运营进入平稳期后，如何定期联系社会客群、分析经营数据、了解市场趋势变化，以及不断更新和提升产品内容，这些都不是一般意义上的遗址

① 黄可佳、韩建业：《考古遗址的活态展示与公众参与——以德国杜佩遗址公园的展示和运营为例》，《遗产保护理论》2013年第3期。
② 李文静：《殷墟国家考古遗址公园建设与运营管理研究》，《殷都学刊》2016年第2期。
③ 郭薛：《考古遗址公园规划的反思与建议》，《建筑创作》2018年第3期。

公园管理部门可以胜任的。

引入社会市场力量，未来通过特许经营等措施的平衡，首先可缓解政府文物保护的资金负担，使遗址公园在保护展示工作的同时具备运营的可能和便利。其次，引入社会力量经营，特别是具备市场竞争能力的旅游运营公司，可依托其在市场上积累的经验和成熟市场的客群资源，促进平稳运营。最后，相对引入具有市场化背景的管理人才，在竞争机制和经营压力驱动下深化文物资源的活化利用程度，催生可持续的旅游产品。

4. 运营思维前置

目前，通常是在项目建设的后半段或项目完成之后才会开始介入运营。这种模式虽然能在投资高速增长、快速发展时期或卖方市场为主时期持续，但在消费增速遇冷停滞时期或文旅市场平稳发展时期，策划与运营分离将不可避免地存在资源错配和粗放浪费情况，甚至会引发投资盲目、运营缺失和供给无效等问题。这些问题的产生原因比较复杂，但在一定程度上也与运营的后置不无关联，持续运营的要求需要运营策划适当前置。

回到遗址公园的整体策略，运营前置并不是等遗址公园规划完成、乃至实施完成后再行介入运营事项，在规划编制的早期就可引入具有一定经验的企业或团队，提出相关意见建议并逐步完善；通过综合资源的梳理分析、盈利模式的研究和分析，以及财务数据的测算，论证总体目标和各阶段的开发目标及运营目标的合理性，明确项目的规模、定位、布局和风格等其他内容；暂时舍弃一些必要性不强、性价比较低或吸引力较弱的项目，或者采用更经济的方式达成；最后通过计划管理等措施使项目和运营顺利落地，并根据发展趋势和运营反馈情况不断更新调整。

需要意识到，在没有理清外来资本权责边界之前，运营前置的沟通协调联动机制、介入阶段和效果等仍需探索，团队经验和配置也需要进一步完善。但是，运营前置思维并不是一个新概念，它有助于促进社会力量的参与，最终也有利于遗址公园的持续运营。

5. 在地链接融合

考虑到遗址保护区划范围内经济发展基础和潜力相对较弱，同时也存在对当地原有镇村权益的影响①，遗址公园的规划应该综合考虑保护和发展的关系。一方面，要积极保护文物本体及环境，防止破坏和污染，并制定严格的规范。另一方面，要积极探索可行的开

---

① 刘一思：《大明宫遗址公园建设过程中的相关经济问题探讨》，西北大学硕士学位论文，2013年，第18~27、30~37页。

发利用方式，提升遗址公园的吸引力和经济效益，以带动当地经济发展和提高村民收入。例如，可以通过开展文化旅游、科普教育、文创产品等多元化的活动和产品，提高遗址公园的知名度和吸引力，同时为当地创造更多的就业机会。此外，还可以探索建立合理的补偿机制，使遗址公园的建设和运营不仅不损害当地镇村的利益，反而带来更多的实惠和收益。

另从全域旅游资源角度来讲，遗址公园虽然具有科研、教育、游憩等综合功能属性，但只是综合文化消费旅游产品类型的组成部分之一，无法全部承载人们对于文化创意产品和服务不断扩大的需求。

所以遗址公园在地的链接融合就有两个方面的意义。

一是成本下降、利益共享。可以将遗址公园的规划建设、服务需求和村庄资源相结合，适当搁置历史问题，将遗址公园内或周边的闲置用房、农地、荒地改造为遗址公园所需的服务配套或展示设施，降低公园的建设和运营成本。此外，还可以通过劳务派遣等方式聘用村民从事旅游服务和后勤工作，带动当地就业，为在地村民和集体提供稳定的收入来源，以换取对现在及未来保护工作的支持①。

二是产业融合，互助互补。在更大空间范围中，遗址公园在地保存较好的山水田园、乡土文化、农耕体验以及现有特色产业等可以结合乡村振兴，一并考虑作为遗址公园的配套内容进行系统开发②。在此过程中逐步引导在地居民的主动性，积极进行原有产业转型。通过盘活闲置资产，以房屋、农林用地等作为资源，以让利合作或资产入股方式等方式吸引与遗址公园保护管理不冲突的优质项目落地，有规划地开发休闲农庄、乡村酒店、特色民宿、房车营地、户外运动等休闲度假产品。

三、结语

以上对于遗址公园持续运营的策略提升研究，不仅旨在尝试回应现有遗址公园在运营过程中遇到的问题，也是想通过加强遗址公园自身的资源强度及与社会力量和在地资源的链接，以较为市场化的思维强化融合意识，加强遗址公园的综合运营能力，实现经济效益和社会效益的最大化和平衡。诚然在遗址公园的发展过程中，其在与国土空间规

---

① 颜麟、胡运宏、葛诗唯：《文旅融合视角下江苏考古遗址公园发展策略研究》，《文化产业》2022年第32期。

② 张士轩：《让绿水青山间的文化遗产活起来——安吉古城国家考古遗址公园探索纪实》，《文化月刊》2020年第10期。

划的衔接①、外来资本的权责边界、在地融合的推进实践上都还处于探索阶段，其后续的规划、设计、建设、落地、运营也还需要观念的转变和磨合，但其作为传承历史文化、促进地方经济发展、提升城市品质的重要载体，已经受到越来越多的关注和重视。未来，需要进一步加强遗址公园的综合运营能力，提高经济效益和社会效益的平衡度，让其更好地服务于社会和人民的文化需求，从而推动全国遗址公园建设的健康发展。

---

① 吴修民、王微恒、雷鸿鹭：《上山文化遗址群保护管理实践初探——以浙江省国土空间规划文物保护专项为背景》，《自然与文化遗产研究》2022 年第 6 期。

中意考古遗址公园创建运营的对比与启示

彭　婷*

摘　要：考古遗址公园作为考古遗址保护利用的方式之一，为充分发挥文化遗产的社会功能提供了新思路，为文物保护、文化传承与地方经济社会发展带来了新的机遇。中意两国分别在《国家考古遗址公园创建及运行管理指南(试行)》和《考古遗址公园建设与活化利用指南》中对考古遗址公园的创建、运行管理等做了系统性的阐述。本文主要基于这两个"指南"，从定义与分类、创建程序、管理运营三个方面进行对比，得出考古遗址公园创建与运营过程中考古工作、公园类型定位、可持续运营与公众参与的重要性，以期为我国考古遗址公园建设提供借鉴。

关键词：考古遗址公园；中国；意大利；创建与运营；对比

一、中意考古遗址公园概况

1. 中国考古遗址公园概况

2009 年，在大遗址保护利用工作取得初步成果的基础上，我国发布《国家考古遗址公园管理办法(试行)》，该办法对"国家考古遗址公园"概念进行了明确定义：以重要考古遗址及其背景环境为主体，具有科研、教育、游憩等功能，在考古遗址保护和展示方面具有全国性示范意义的特定公共空间。最新公布的《国家考古遗址公园管理办法》(2022)基本沿用了此定义。目前，我国共公布了四批国家考古遗址公园，其中授牌 55 个，立项 99 个。国家考古遗址公园这一保护利用模式展现出其充沛的活力，该模式兼顾了文物安全与人民群众日益增长的公共文化服务需求，将大型古遗址的保护利用融入其所在区域社会经

---

* 彭婷，湖南省文物考古研究院(湖南省文物保护利用中心)责任设计师、高级工程师。

济发展中，实现了多方利益的平衡。自 2010 年国家考古遗址公园申请和创建以来，我国逐步形成了完善的创建体系和评定评估标准。2017 年，国家文物局发布了《国家考古遗址公园创建及运行管理指南(试行)》(简称《中国指南》)，为国家考古遗址公园的建设和运行提供了重要依据，为政府提供了有效的指导和监督依据。

2. 意大利考古遗址公园概况

意大利同为文化遗产大国，拥有数量不菲的考古遗址。2004 年，意大利《文化和景观遗产法典》(简称意大利《法典》)将考古遗址公园定义为：一片具备重要考古学见证和历史、景观及环境价值的区域，根据专门规范可设立为露天博物馆。2012 年，意大利《考古遗址公园建设与活化利用指南》(简称《意大利指南》)对考古遗址公园的定义进行了更新：考古遗址公园是以重要的考古学证明为特征的区域，包含历史、文化、景观、环境价值，根据意大利《法典》第 6 条和第 11 条，建立在科学规划与管理方案上的活化利用对象①。根据意大利国家统计局(ISTAT)数据，截至 2015 年其境内共有 282 处对公众开放的考古遗址公园。《意大利指南》是迄今为止意大利对考古遗址公园阐述最完整的一份官方文件。主要分为三个部分：第一部分对古遗址公园的法律属性进行归纳说明，包括现行的国家规定和定义、现有的保护机制、不同层次的规定；第二部分阐述了考古遗址公园的定义、规划、保护与利用以及管理计划等方面的内容；第三部分主要包括考古遗址公园的认定目的、认定程序及相应的申报文书要求、认定标准和认定程序。

二、中意考古遗址公园创建与运营对比

1. 考古遗址公园的定义与分类对比

我国与意大利最早分别于 2009 年和 2004 年通过相关指南对考古遗址公园进行了明确的定义，之后分别在《国家考古遗址公园管理办法》(2022)和《考古遗址公园建设与活化利用指南》(2012)中对公园的创建、运营等相关程序与内容进行了明确。从定义上理解，我国对考古遗址公园定义的角度是"评定"，将具备价值示范意义且满足功能需求的特定公共空间评定为"国家考古遗址公园"，注重综合功能，重点在"公园"。意大利对其定义的角度是"创建"或"利用"，以考古学证明为重要基础，建立在科学规划与管理上，是依据法典规定进行活化利用的对象，注重的是活化利用，重点在"考古遗址"。基于定义上的差

---

① 杜骞、曹永康：《意大利〈考古遗址公园建设与活化利用指南〉导读》，《建筑师》2019 年第 3 期。

异，两国在考古遗址公园的分类上也有所不同，中国是按照"国家考古遗址公园"和"省级考古遗址公园"这两个等级来划分，"省级考古遗址公园"只是在个别省份试行；意大利则是将公园分为"边界连贯的公园"和"线性公园"，更多的是从空间界定分类，考虑到不同地形要素所体现的联系，如自然、地质、类型学和遗迹现状等。参见表1。

表1 中意考古遗址公园定义与分类对比表

类别	中国	意大利
法规依据	《国家考古遗址公园管理办法（试行）》（2009） 《国家考古遗址公园管理办法》（2022） 《国家考古遗址公园创建及运行管理指南（试行）》（2017）	《文化和景观遗产法典》（2004） 《考古遗址公园建设与活化利用指南》（2012）
定义	以重要考古遗址及其背景环境为主体，具有科研、教育、游憩等功能，在考古遗址保护和展示方面具有全国性示范意义的特定公共空间	考古遗址公园是以重要的考古学证明为特征的区域，包含历史、文化、景观、环境价值，根据意大利《法典》第6条和第11条，建立在科学规划与管理方案上的活化利用对象
类型	"国家级考古遗址公园"和"省级考古遗址公园"（部分省份）	"边界连贯的公园"和"线性公园"

2. 关于考古遗址公园的创建程序对比

根据《中国指南》，我国的考古遗址公园创建主要程序为"前期准备—立项申报—项目实施—评定申报"。前期准备包括可行性研究和考古遗址公园规划的编制，公布全国重点文物保护单位、编制保护规划、成立专门管理机构是计划创建国家考古遗址公园的基础性要求。立项申请是指由考古遗址所在地县级以上人民政府提出国家考古遗址公园的立项申请，报国家文物局之前，经省级文物行政部门初审同意，然后由省级文物行政部门向国家文物局正式提交申报相关材料①。项目实施是旨在通过一系列保护、展示、环境整治以及配套服务设施、基础设施建设等项目的实施，使遗址本体及其环境得到有效保护，病害风险得到有效控制，保护压力得到一定程度缓解，并使国家考古遗址公园具备对外开放条

---

① 国家文物局：《关于开展国家考古遗址公园评定工作的通知》（文物保函〔2010〕第535号），国家文物局网（http：www.ncha.gov.cn/art/2010/6/23/art_2237_23472.html），2010年6月23日，检索时间：2023年11月23日。

件。评定申报是指针对批准立项的国家考古遗址公园，达到规定条件后，由考古遗址所在地县级以上人民政府提出评定申请，由省级文物行政部门正式提交国家文物局，国家文物局按照《国家考古遗址公园评定细则》开展评定工作。

根据《意大利指南》，意大利考古遗址公园的创建主要程序为："调查阶段—执行阶段—认证阶段"。调查阶段是指公园建设之前，先进行必要的评估与核查，以确保公园建造的可行性与真实性，为遗址公园建设实施的"有效投资"提供保障，评估内容包括"遗址价值评估"与"区位潜力评估"两个部分。另外，在参与建设的各部门之间寻求共识，从而确立共同的开发目标，再进行遗址公园的设计工作。执行阶段是指遗址公园项目经评估后进入建设实施，内容包括工程实施、法制建设、经济金融三个板块，法制建设、经济金融为项目实施提供保障。认证阶段是指遗址公园建设完成后，依据文化机构认证制度对公园进行认证，首先由文化遗产保护区域委员会对遗址公园提交文件的真实性进行审核，此后提交给国家文化遗产保护委员会，对公园的认证进行评估和核实，并定期检查遗址公园的发展情况①。

通过以上对比，可见两国在整体流程方面大体相同（参见表2），但是各阶段的具体内容、重点与细节却有不同。中国的考古遗址公园是先立项后评定，前期准备是为了进入立项，公园的保护、展示、环境整治等项目的实施可以同步进行，最后符合评定要求的可公布为国家考古遗址公园。意大利的调查阶段是决定公园建设与否的先决条件，相较于中国，并没有立项这个阶段，评估核查通过后，直接进行公园的建设，最后进行认证。这一区别在考古遗址公园规划上就有所体现，虽然规划都是两国建设公园时的依据，但中国把该规划归类到前期准备阶段，且是公园立项的依据，而意大利的公园规划被归类到执行阶段，在评估与核查通过后，直接通过规划的编制指导公园建设的实施。参见表3。

表2 中意考古遗址公园创建过程对比表

	中国		意大利
前期准备	可行性研究、考古遗址公园规划的编制	/	/
立项申报	符合申请条件后提交申请资料	调查阶段	评估与核查

---

① 沈佳成：《中意比较视野下遗址公园设计方法研究——以西安地区为中心》，西安建筑科技大学硕士学位论文，2019年。

中国		意大利	
项目实施	保护、展示、环境整治以及基础设施建设等项目的实施	执行阶段	工程实施、法制建设、经济金融
评定申报	按照《国家考古遗址公园评定细则》开展评定	认证阶段	核查与检测、评估、认证核查

表3 中意考古遗址公园立项申报与评定区别表

中国		意大利	
立项申报	①已公布为全国重点文物保护单位 ②文物保护规划已由省级人民政府公布实施 ③具备考古和研究工作计划 ④具备符合文物保护规划的考古遗址公园规划 ⑤具备独立法人资格的专门管理机构 ⑥国家考古遗址公园建设可行性研究报告 国家文物局同意后进入立项名单	无立项申报阶段 在调查阶段进行评估核查，参与建设的各部门之间达成共识后，确立共同的开发目标	
评定申报	申请评定条件：①所有自然或人为因素造成的考古遗址损害或破坏行为已得到控制或纠正 ②各建设项目的审批手续齐全 ③所有建设项目均符合考古遗址公园规划 ④考古和研究工作计划有序实施，出版考古报告等研究成果 ⑤已向公众开放，或已具备开放条件 无重大安全隐患	认证阶段：核查与检测	①确定遗址公园的质量标准及其所能满足的服务要求 ②是否与整体设计相符合 ③建立调查问卷检测系统
		评估	①遗址公园体系进行评估 ②分析缺陷并判断所需要的协助和支持
	评定：按照《国家考古遗址公园评定细则》中国家考古遗址公园评定计分框架进行评估，包括必要指标和附加指标。必要指标得分为600分以上，且单项得分不低于总分值的80%，附加指标总得分50分以上可评定为国家考古遗址公园	认证核查	独立专家以及认证机构（公共机构或行业协会）代表组成的特别认证。小组定期核查遗址公园是否能够维持服务要求并实现预期目标
	国家文物局同意后公布名单	获得认可标志	

3. 关于考古遗址公园的管理运营对比

中国考古遗址公园管理运营在对外开放期间，日常运行与管理由专门的管理机构具体负责，并充分考虑遗址安全维护和公众服务两大基本任务。从考古与研究、日常维护与监测、遗址展示与阐释、遗址保护与环境整治、文化传播与公众服务、体制机制建设、资金管理、安全防范等方面切实履职。管理运行的资金是保障日常开放和正常运行的重要因素，目前，资金主要来源于地方政府的预算，同时也有一些自营收入。为了更好地保护遗址，也鼓励管理机构通过多种途径获得政府补贴、社会资本和社会捐赠，以扩大资金来源，但是，从现状来看，通过这些途径获取资金非常困难。

意大利考古遗址公园的管理运营较为完整与详细，包括组织架构、金融经济和法律法规三个方面的管理。组织架构包含了组织的架构设定，例如遗址公园的行政管理、科技、功能服务等，组织方必须先在直接管理与间接管理(鉴于组织的复杂性，间接管理的基金会等组织较为常见)之间做出决策。金融经济管理方面包含经济和财务规划，具体包括运营成本和公共资金，固定时间段内的人员、服务、普通维护、直接收入、私人捐赠和其他可用资源。在法规管理上，遗址公园的管理规定需要由公园管理部门结合当地的法律、规划协议和国际公约的要求来制定。另外，意大利对遗址公园的宣传管理包括对公园的宣传和遗址所代表的历史文化的宣传。公园的宣传包括对公园所在区域旅游价值(周边环境、交通类型、宾馆的接受程度等)的详细说明，其中公园所处的历史区域、公园的区域现状和公园主题类型等内容，都要求必须清晰地展现出来①。

中意在考古遗址公园的管理运营方面的区别很大程度受国家制度差异性的影响。两个国家在公园管理和运营方面，都会涉及运营管理和宣传管理，但它们的方式、内容和重点存在差异。首先，在组织结构方面，中国是水平职能制结构的多头管理，意大利则是垂直管理，统一领导。中国的公园由国家授权的管理机构负责运营，实行财政独立运作，实现政府与企业的协同发展。而意大利遗产管理模式的核心是"私有化"，主要是决策权和财权的私有化。其次，在经费筹集方面，我国是多渠道筹集资金，一般不包括私人资本，而意大利是政府的财政支持以及"私有化"后的遗产经营。此外，意大利遗址公园在宣传管理上，除了注重对遗址本身的宣传，以及其所代表的历史、文化等方面的宣传外，还注重吸引市民广泛参与，为增加目标用户主动对外联络。对于公园展示内容的说明，两国的方式相似，从纸质印刷品到多媒体，从网站到手机软件，从文字图片到影音等方式。选择媒介

① 沈佳成：《中意比较视野下遗址公园设计方法研究——以西安地区为中心》，西安建筑科技大学硕士学位论文，2019年。

工具多样，选择的标准都是旨在丰富遗址公园的历史文化气息。

三、启示

以考古遗址公园的形式作为对考古遗址进行研究、保护、展示、教育的有效方式得到广泛推广，并在全球范围内不断发展壮大。经过简单的梳理与对比，结合我国考古遗址公园现状，有以下几点值得我们重点关注和借鉴：

1. 将考古理念贯穿公园的创建和运营全过程

从《意大利指南》中我们可以看到考古在公园建设中所发挥的重要作用。在定义中对考古的侧重，在前期调查阶段对遗址价值进行评价，在执行阶段尊重考古发现和考古研究，在管理章节中注重考古科研工作的相关管理，再到鉴证章节中记录整理考古工作的内容，等等。遗址只有经过科学合理的阐释才能够最终被公众接受，而这一过程则是建立在田野考古和考古研究工作的良好基础之上。相对于我国的遗址公园，意大利的遗址公园更强调对考古的尊重和依赖，是值得我国借鉴的地方。

2. 结合考古遗址特点细化公园分类和类型定位

我国的国家考古遗址公园在评定时，首先要求它应是全国重点文物保护单位，而作为一个公园，其创建与运营必须充分考虑功能配套的完整性以及设计的丰富性以满足公众的需求，而这样往往在保护与功能满足之间出现难以平衡的问题，甚至矛盾，从而提高考古遗址公园的创建难度。另外，考古遗址的区位条件(市区、市郊、乡村)和地方财力存在显著差异，各公园面临的需求和问题都不同，但目前基本都是统一按照"国家考古遗址公园"一个类型进行申报，各地往往把目标着眼在"国家"这个等级，而忽略了考古遗址本身价值、保存状况、可展示利用的潜力，也许一个小而精的公园远远比一个大而空的公园更有吸引力。而意大利考古遗址公园，则是在空间形态上进行分类，考虑自然、地质、类型学和遗迹现状等，包括"边界连贯的公园"和"线性公园"。所以我国在考古遗址公园申报与评定方面，可借鉴意大利考古遗址公园的分类方式，即充分立足于遗址本身、周边环境、区位条件和需求进行公园分类和类型定位，当然，也可根据考古遗址价值、规模和公园条件进行等级划分。

3. 重点考虑运营管理的持续性和创新性

对考古遗址公园来说，公园建成后的运营管理是一项长期的工作。我国 2010 年启动第一批国家考古遗址公园申报以来，各地申报成功的遗址公园已出现后续管理运营等方面的问题，这些问题主要包括日常运营经费、日常维护、公园吸引力，等等。公园所在地重视申报工作，却在创建过程中可能忽略遗址本体，导致创建后考古遗址公园运营难度大，甚至逐渐没落，这其实就是没有考虑到管理运营的可持续性问题。而意大利考古遗址公园在考虑到公园属性的同时，也顾及对遗址的可持续性科研和考古方面的需求，意识到遗址文化与遗址本体对于遗址的可持续发展同等重要，在遗址本体的保护和展示中体现遗址文化，在遗址文化的传达中使两个方面相互促进，扩大遗址公园的影响力，实现可持续发展。此外，意大利的遗址公园资金来源渠道多样，公园经费既包括国家公共财政的支持与税赋优惠，还包括来自私人、基金会、企业、家庭或个人的支持、赞助和捐款，这些资金都为公园的长期可持续开发创造了基本条件。所以，我国考古遗址公园的管理运营，不管是制度还是遗址文化传达与资金支持方面都应有所加强，且应作为考古遗址公园评定的重要组成部分，充分考虑其可持续性和创新性。

4. 重视公众服务、公众利益和公众需求

意大利考古遗址公园在创建和运营过程中强调公众参与，善于调动民间参与文化遗产管理的积极性，将公共利益、公共服务和公众需求置于公园管理工作的关键地位，这也是意大利文化遗产管理的一个重要特点①。要形成真正健全的遗址公园制度，需要健全和完善遗产保护意识，需要依靠公众对遗产进行监督。公众的积极参与，一方面可以使考古遗址文化得到普及和传达，另一方面也是遗址保护、公园创建和运行所需经费和人才来源的渠道。而我国，在经费支持、遗址文化传达方面的问题，可从完善公众服务、权衡公众利益与明确公众需求三个角度借鉴意大利的做法，加强对公众的重视，调动公众参与的积极性，以此来支撑公园的可持续发展。

---

① 张组群、杨美伊：《中国与欧洲文化遗产管理制度对比分析》，《2012 北京文化论坛——首都非物质文化遗产保护文集》，首都师范大学出版社 2013 年版。

大遗址博物馆：发展历程、时代价值与前景展望

王诗怡 *

摘　要： 大遗址博物馆依托大遗址而设，用以保护或展示遗址地发掘的成果，并向公众介绍该时期的历史文化。其工作核心在于结合大遗址所特有的沉浸式场景，为遗址地及其出土的文物提供保护与利用的价值意义，推动大遗址的活态传承。以全景化视角分析大遗址与博物馆的渊源，描绘大遗址博物馆的存续现状，勾勒遗址传承的意义图示，可以为大遗址"活起来""传下去"提供参考思路。

关键词： 大遗址；博物馆；发展历程；前景展望

大遗址作为华夏文明的璀璨明珠，其保护与利用既是浩大的历史工程，也是厚重的文化项目。当前我国初步形成了以"六片、四线、一圈"为核心、以150处大遗址为支撑的大遗址保护格局，并公布了已建成的55处，及立项99处国家考古遗址公园[1]，其中，大运河、丝绸之路、良渚、殷墟、老司城、元上都等7处大遗址被列入世界遗产名录[2]。近年来大遗址保护利用的理念逐渐深入人心，成为传承中华民族优秀传统文化的重要抓手。同时，我国大遗址保护利用仍然存在一些深层次问题，特别是大遗址进一步走进公众视野的路径不宽，大遗址"活起来"的办法不多，大遗址保护利用与地方经济社会发展的关系难以权衡。而大遗址博物馆的建设是一种有益的探索，它有利于激活公共文化服务的新形态，创新全民历史文化教育的新模式。

一、渊源与现状

大遗址博物馆是指用以保护和研究人类历史遗留的不可移动文化遗产、自然界遗迹遗

---

* 王诗怡，武汉大学国家文化发展研究院硕士研究生。

[1] 中华人民共和国中央人民政府：《第四批国家考古遗址公园名单发布》，《人民日报》（海外版），2022年12月30日。

[2] 薛帅：《推进"十四五"时期大遗址保护利用高质量发展》，《中国文化报》，2021年11月30日。

址的考古发现与出土文物的机构①。其设立初衷是集中展示在大遗址发现的可移动文物，向参观者介绍大遗址地的历史背景与文化渊源，进而提升全民文化认同感与文化自信。大遗址博物馆既是连接可移动文物与不可移动文物的关键节点，又是沟通遗址文化与现代生活的重要渠道。从国际视野、发展历程、分布态势三个维度出发，厘清大遗址博物馆的演进路径，可以为后续的场馆发展建设提供参考佐证。

（一）国际视野下的遗址博物馆

遗址博物馆的概念最早可追溯至联合国教科文组织 1956 年 11 月在新德里召开的第九届大会，会议通过了《关于适用于考古发掘的国际原则的建议》，其中提及："在重要的考古遗址上，应建立具有教育性质的小型展览（可能的话建立博物馆）以向参观者宣传考古遗存的意义。"②1962 年 12 月 11 日，联合国教科文组织在巴黎召开了第十二届大会，会议通过了《关于保护景观和遗址的风貌与特性的建议》，其中提及应对景观和遗址建立专门博物馆③。随后，在历史学、考古学、博物馆学等多学科的合力推动下，在公众考古视角的拉动下，遗址博物馆的概念日渐明晰，对遗址博物馆的研究也渐次深入。

大遗址作为人类文明的重要见证，是各地域文化与民族文化的集中表达，各国纷纷展开了与当地文化传统及基本国情相符的保护利用机制。欧美国家作为现代考古学的发祥地，对大遗址的关注走在国际前沿，提出将大遗址的保护利用与美化城市相结合；日韩等国强调保存历史遗迹原貌、合理开发周边环境建立保护公园的措施④。对大遗址展开的整体研究，既有利于统筹遗址生态与文化环境，又有利于遗址周边的旅游资源挖掘。以 20 世纪 60 年代为界，欧美地区（国家）在遗址博物馆研究领域，于理论与实践两个维度均取得了一定成效，但仍存在进一步研探的空间：在理论层面，欧美国家遗址博物馆暂缺单独的法律规章，多以遗址保护法律为依凭，同时借用博物馆的研究成果，最终诞生遗址博物馆的概念并确立其合法性，其内涵仍有待阐释；在实践层面，欧美国家的大遗址多以石质材料为主，兼具规模宏大与更易承受自然影响两大特点，且长期受遗址保护原真性思潮的影响，改造遗址地及新建遗址博物馆的进程直至 20 世纪 60 年代起才逐步启动，理念一经提出，便陆续出现了诸如希腊奥林匹亚遗址博物馆、雅典卫城博物馆、英国维多利亚和阿尔伯特博物馆等经典案例。

---

① 孙霄：《试论遗址博物馆的个性特征》，《中国博物馆》1989 年第 4 期。

② 联合国教育、科学及文化组织：《关于适用于考古发掘的国际原则的建议》，《中国长城博物馆》2013 年第 2 期。

③ 联合国教育、科学及文化组织：《关于保护景观和遗址的风貌与特性的建议》，《中国长城博物馆》2013 年第 2 期。

④ 李海燕、权东计：《国内外大遗址保护与利用研究综述》，《西北工业大学学报》（社会科学版）2007 年第 3 期。

（二）遗址博物馆的来源及发展

"大遗址"一词伊始于 20 世纪 60 年代①，于 20 世纪 90 年代从遗产保护和管理工作角度正式被提出并使用，是我国文物保护领域的一个重要概念②，专指规模宏大、价值重大、影响深远的大型聚落、古代城址、宫室、陵寝墓葬等遗址或遗址群，是中国古代文明的结晶和历史文化的见证③。联合国教科文组织将其定义为：从历史、审美、人类学角度看具有突出普遍价值的人类工程或自然与人联合工程及考古地址。大遗址博物馆是以大遗址为依托，用于展示、陈列、研究大遗址出土文物及保护大遗址整体环境的机构。作为历史博物馆的分支，它延续了博物馆的主要功能与职责使命。我国大遗址博物馆的主要发展节点如图 1 所示。

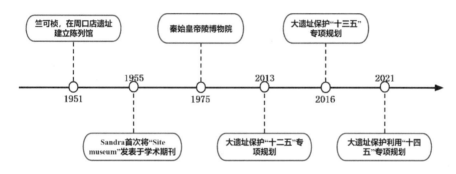

图 1　大遗址博物馆的来由及关键时间节点

大遗址作为文化资源的一种，在文物保护工作中的地位举足轻重。1951 年，时任中国科学院副院长的竺可桢先生开创性地提出，要在周口店遗址建立正式的陈列馆，用于展示周口店遗址的出土文物与研究成果，以集中体现人类文明的源流并向群众普及有关知识④。1955 年"遗址博物馆"（Site museum）一词由 Sandra《博物馆管理和策展》（*Museum Management and Curatorship*）杂志正式提出⑤，由此"遗址博物馆"的理念进入学界与公众的视野。1975 年，陕西省政府整合秦始皇陵园和兵马俑博物馆，设立统一的机构对二者进行

---

① 王巍主编：《中国考古学大辞典》，上海辞书出版社 2014 年版，第 655 页。

② 朱光亚：《建筑遗产保护学》，东南大学出版社 2019 年版，第 286 页。

③ 李向明、吴峰、李文明：《基于原真性原则与文化空间视角的海昏侯国大遗址保护路径研究》，《南昌大学学报》（人文社会科学版）2020 年第 4 期。

④ 杨颖、高蒙河：《中国公众考古展示的实践历程》，《南方文物》2021 年第 2 期。

⑤ 转引自 M. S. Sandra, On-Site Museums, Open-Air Museums, Museum Villages and Living History Museums：Reconstructions and period Rooms in the United States and the United Kingdom, *Museum Management and Curatorship*, 1993, 12(1).

保护与管理①，旋即诞生了当时国内最大的遗址类专题博物馆：秦始皇帝陵博物院。随后，大遗址博物馆在神州大地上陆续设立。

步入 21 世纪，我国大遗址保护工作如火如荼。国家文物局连续制定了多项大遗址保护的专项规划。2021 年 10 月出台的《大遗址保护利用"十四五"专项规划》（简称《规划》）中，明确提出："充分发挥遗址博物馆在国家考古遗址公园展示服务体系中的核心作用，支持建设殷墟、三星堆、汉长安城等 10—15 处高水平遗址博物馆。积极探索'博物馆+考古'、'博物馆+遗址管理'等模式，促进博物馆与教育、科技、旅游等的跨界融合。"②《规划》不仅对遗址博物馆的建设与运营提供了政策支持，更将博物馆与教育合作放到了重要位置加以强调。

（三）大遗址博物馆的分布态势

根据《规划》给定的 150 处大遗址（含 5 处跨省、市、自治区大遗址），本文以国家文物局、各地方文物保护单位的官方网站及新闻报道为主要依据，对当前国内建成的大遗址博物馆进行统计调查，截至本文写作时，国内已建成并对外开放的大遗址博物馆共 113 家，占全部大遗址数量的 75.33%。以河南省（16 处）与陕西省（13 处）为第一梯队，山东省（7 处）、河北省（6 处）、江苏省（6 处）、浙江省（6 处）为第二梯队。另有 16 处大遗址博物馆正在建设中，其中安徽省有凌家滩遗址博物馆、双墩遗址博物馆、禹会村遗址博物馆、明中都遗址博物馆等 4 家大遗址博物馆即将建成。

综上可知，目前，我国大遗址博物馆已形成了以中原地区为核心，向四周辐射扩散的分布态势，其主要分布位置集中于我国中部地区与东部地区，西部地区则以陕西省与四川省为主。整体表现为中部、东部较为集中，西部零星分布的特征。

二、模式与价值

大遗址博物馆作为大遗址的重要补充材料，其在博物馆功能运作上有极具特色的发展模式。在大遗址博物馆的发展过程中，大遗址的独特价值持续彰显，主要体现在传承华夏文明基因与激发民族文化自信两大方面。建设大遗址博物馆有利于提高大遗址的传承活

---

① 吴健、李岗：《依托考古成果，展示中华文明——考古百年背景下的中国考古遗址博物馆》，《中国博物馆》2021 年第 4 期。

② 《国家文物局关于印发〈大遗址保护利用"十四五"专项规划〉的通知》，中国政府网（https://www.gov.cn/zhengce/zhengceku/2021-11/19/content_5651816.htm），2021 年 10 月 12 日，检索时间：2023 年 8 月 8 日。

力，促进大遗址"面向公众"的服务转型。

（一）主要特征及运转模式

大遗址博物馆通常设立在遗址或其周边，一般遵循三大原则：一是以遗址保护为第一要义，二是将遗址考古信息与博物馆建筑相结合，三是将空间设计、组织活动与遗址环境相结合[①]。在实践中，大遗址博物馆具有两大特性，一是以场馆境脉模型为框架，调动观众的感知力；二是以公众考古为呼吁，激活公众的认同感。

1. 场馆境脉调动观众情景导向

大遗址博物馆依托于大遗址而存在，提供场景浸染与情景导向成为其最主要的特征。博物馆具有历史考古与文化传承的双重意义，同时作为公共文化服务机构，承载了独特的教育资源。大遗址博物馆因其区位优势，搭建了独特的场馆境脉学习模型[②]，其作为一个特定的公共服务场所，具有个人境脉（Personal Context）、文化境脉（Cultural Context）与物理境脉（Physical Context）三大作用方式。其中，个人境脉包括了心理诉求、认知水平、行为习惯等，公众在参观大遗址博物馆的时候，会因为不同的先验内容而产生不同的理解与认知，对大遗址及其出土的文物展开不同层面的解读；文化境脉涵盖了教育水平、文化背景、价值观念等，公众的文化积淀形成了对参观场所的理解支撑，同样，大遗址的文化内涵又与公众的文化积累相呼应，形成了特有的文化语境；物理境脉蕴含了外部环境、情景联动、场景唤醒等，遗址环境的浸染帮助历史文化的传承，而博物馆也成为公众接触大遗址、理解大遗址的绝佳窗口。

2. 公众考古唤醒民众情感认同

大遗址博物馆因其精心编排的文物展陈，吸引大批国内外来访者主动学习历史知识，场馆设计的匠心独具唤醒了来访者内在的情感认同，馆藏文物造型的"破圈"行为诱发"公众考古"活动，形成了公众接触大遗址的文化氛围，同时缔造了公众层面的文化资本编码过程。各博物馆持续挖掘大遗址的文化价值，打造一系列的 IP 形式，使得大遗址真正走入公众的生活。如 2022 年暑期上映的儿童动画电影《疯了！桂宝之三星堆夺宝》，于 7 月底收获票房 1256.7 万元，借助三星堆元素展现了灿烂的华夏文明，更为大遗址的传承与

---

① 吴健、李岗：《依托考古成果，展示中华文明——考古百年背景下的中国考古遗址博物馆》，《中国博物馆》2021 年第 4 期。

② H. F. John, D. D. Lynn, *Learning from Museums-Visitor Experiences and the Making of Meaning*, Lanham, ND：Altamira Press, 2000, pp. 135-148.

延续培育了潜在的新生力量。与此同时，"艺术+文创"的形式渐入人心，大遗址博物馆纷纷推出独具特色的文创产品与艺术纪念品，将文物资源转化为客观存在的文化资本，构成大遗址活态传承的重要手段之一。

(二)价值表达及意义表述

大遗址博物馆不仅是遗址的注解，更是研究者、观众与遗址三者对话的重要通道；遗址地不仅是出土文物的原生场所，其本身也是一件重要的藏品，并构成遗址博物馆赖以存在的基础条件。

1. 可移动文物与不可移动文物的交叉点

作为可移动文物与不可移动文物的交叉点，大遗址博物馆既能提供独特的现场感与沉浸感，又能表达文物的真实性与丰富性。博物馆与遗址环境的缔结，一方面为文物提供了贴近生态的保存空间，另一方面以情景为导向提供了连接古今的桥梁。大遗址作为我国文化遗产的重要组成部分，不仅是讲述神州大陆千古文明的重要史料，更是连接古今时空社会生活的关键纽带。大遗址博物馆的建设，既有利于观众获取原真性遗址知识，又有利于帮助出土文物回归原生环境①，实现历史脉动与文明传承的沟通，增进公众对大遗址的了解与认同。

2. 公众参与大遗址活态传承的关键场所

大遗址是先祖以大量人力营造、并长期从事各种活动的遗存，体现了古代先民杰出的创造力，生动地展现了中华文明的起源与发展历程，大遗址的建立与人类活动的环境脉脉相通。当代大遗址的"活化"，需依托居民的文化活动，协同构建满足居民多样文化需求的公共文化服务体系，建设集保护、研究、教育、娱乐、经济等多功能于一体的文化空间。各级政府和文化文物部门为大遗址博物馆提供了大量的经费保障与政策支持，为大遗址走进公众生活提供了有效衔接。大遗址博物馆的设立，既有利于实现大遗址的有效保护与传承，又有利于提升中华民族的文化自信，使大遗址在原有历史底蕴的基础上，新增公众参与及文化聚焦，成为大遗址存续保护与活态传承的关键场所。

3. 乡村振兴与文化强国战略的重要抓手

根据大遗址的分布情况和考古发掘进程，大遗址考古的地理范围广泛覆盖了城市、城

---

① 单霁翔：《论中国大型古代城市遗址的整体保护》，《东南文化》2009 年第 2 期。

郊及乡村地带，以保护展示、文创产品、研学旅游等生动活泼的表现形式，带动了城乡交流融合与互济互促的向好局面。不同地理区位的大遗址博物馆成为城乡融合的桥梁，一方面为城市居民提供了乡村旅游与研学活动的窗口，另一方面为乡村居民开通了乡村产业与经济活动的通道。而且，大遗址博物馆作为公共文化服务机构，可以为公众提供学习历史文化知识与积累文化资本的重要窗口，于地区文化建设而言，更起到了提高区域文化氛围、打造地域文化品牌的关键作用。

三、前景与展望

我国的大遗址博物馆融合了建筑馆体与遗址本身，当前的保护模式主要有四种：在遗址地建立遗址公园、遗址与景区相结合、遗址所在地整体建为森林公园、建立历史文化农业园区等①。大遗址博物馆因其独特的区位优势与文化价值，具有相当可观的发展前景与研究价值，具体可以论及保护与利用的辩证关系、上位政策的指引推动，以及城乡融合发展等三个方面。

1. 正确处理遗址保护与利用的关系

应将大遗址保护与宣传教育工作予以整体性考虑②，进而帮助大遗址融入当代群众文化生活与城乡建设过程。在一定程度上，大遗址是物质文明和精神文明深度交融的"关键之钥"。在大遗址建设博物馆，一方面能促进公众对历史的了解，增强民族认同与文化自信；另一方面能帮助大遗址所在地构建良好的文化旅游生态，形成可持续的城乡融合发展风貌。充分发挥大遗址博物馆的教育功能，使其融入当代民众的社会文化生活中，有利于改善大遗址保护利用工作"活力较低"的现状。优化大遗址博物馆的学习与旅游体验，创新配套支持服务，成为大遗址保护领域中值得深入研究的重要课题。

2. 上位政策指引拉动遗址保护传承

《规划》指出大遗址保护利用工作需不断革新，更好统筹保护与利用、保护与发展的时代需求；提出实施大遗址展示提升工程和大遗址研学精品工程，要围绕大遗址考古和价值

① 李海燕、权东计：《国内外大遗址保护与利用研究综述》，《西北工业大学学报》（社会科学版）2007 年第 3 期。

② 孟宪民：《梦想辉煌：建设我们的大遗址保护展示体系和园区——关于我国大遗址保护思路的探讨》，《东南文化》2001 年第 1 期。

内涵建立高质量发展模式，将遗址博物馆纳入重点任务之一①。2022 年 2 月中宣部等三部门印发《关于学习贯彻习近平总书记重要讲话精神 全面加强历史文化遗产保护的通知》②，要求有效推动考古发掘、遗址保护等工作融入经济社会发展大局，切实推进历史文化遗产保护利用融入人民群众生产生活。

3. 遗址保护利用沟通城乡融合发展

随着大遗址保护工作的推进与城乡融合发展理念的深入，社会各界对大遗址本体及周边环境的综合需求日益提升。大遗址为文明勘探提供了宝贵线索与真实场景，又与现代城乡生活紧密伴生。通过大遗址博物馆，发展大遗址文化创意路线和产品为关键渠道，全方位开发大遗址的多元价值，让大遗址成为社会共享的文明课堂，既是大遗址保护利用的重要目标，又是各级文物部门积极调动系统内资源、充分发挥遗产保护引领作用的重要体现。

四、结语

大遗址是先祖留存的重要宝库，蕴含了大量的文化财富与物质遗存，集中表达了祖辈的创造力与凝聚力，生动展示了时光长河另一端的生活场景，细致讲述了文明的渊远及深意。新时代，大遗址需被赋予全新的生命力，以当代居民的文化活动为框架，搭建大遗址保护利用一体化的空间构型，成为大遗址实现活态传承的必由之路。博物馆作为展示大遗址的重要窗口，沟通了古今岁月，连接了城乡关系，提供了文化服务，成为大遗址保护与利用工作中十分重要的部分。巧妙结合遗址地的场景优势与文化价值，构建大遗址传承的良好氛围，不仅是公众寻求历史根脉与精神文明的要求，而且是大遗址展开活态传承工作的要求。提升大遗址博物馆的工作能力，挖掘大遗址博物馆的独特价值，可以成为大遗址良性发展的重要依凭，助力我国文物保护事业的蓬勃发展。

---

① 《国家文物局关于印发〈大遗址保护利用"十四五"专项规划〉的通知》，中国政府网（https：//www.gov.cn/zhengce/zhengceku/2021-11/19/content_5651816. htm），2021 年 10 月 12 日，检索时间：2023 年 8 月 8 日。

② 转引自李瑞：《全面加强历史文化遗产保护 书写宁夏文物保护利用新篇章》，《中国文物报》，2022 年 6 月 21 日。

把文化(遗址)公园建设为新时代文化
传承发展的基地

鲍明长 *

摘 要: 文化(遗址)公园是一个地区的重要文化标志和载体。本文对推进文化(遗址)公园建设过程中存在的共性问题进行分析,认为应加强顶层设计、科学管理、持之以恒推进、拓展发展空间,使文化遗产活起来,把文化(遗址)公园建设成为新时代文化永续传承发展的基地。

关键词: 新时代;文化;传承发展

党的二十大报告提出,"加大文物和文化遗产保护力度,加强城乡建设中历史文化保护传承,建好用好国家文化公园"。

要"建好用好国家文化公园",就要在推进文化遗产的保护利用过程中面向广大人民群众,在保护好文化遗产的前提下,充分挖掘和利用文化遗产特有的社会、经济、文化、科学、艺术价值,做到与时俱进,为人民服务,为社会经济发展服务,把文化(遗址)公园建设成为新时代文化传承发展的基地。

当前,文化遗产的保护管理方式和利用上不平衡,存在南北、东西地区差异。特别是现阶段我国已进入社会主义新时代,在推进文化(遗址)公园建设过程中,要使文化遗产的传承发展不断为新时代特色社会主义服务,满足人民群众对精神文化日益增长的需求,还有许多问题迫切需要解决。

一、新时代条件下我国文化(遗址)公园保护利用工作的现状与问题

一是文化遗产空间保护与当地群众生产生活发展之间存在矛盾,没能有效化解。一般

---

* 鲍明长,枣阳市雕龙碑文物保护中心主任。

文化遗产地周边基本都是集中连片的农田(或村庄、集镇),保护范围与建控地带的划定,对当地社会经济发展限制较多,虽在一定程度上让文化遗产得到了保护,但受多种因素影响,文化遗产保护利用没能很好地发挥其应有的社会和经济价值,不能对当地受限于保护带来社会经济发展的损失进行有效补偿,没有解决好文物保护与社会经济融合发展的关系。

特别是一些重要的大型文化遗产地,保护范围与建控地带少则几平方千米,多则几十平方千米,涵盖多个行政区划,包括县(市、区)、镇,在行政区域间存在保护利用的主次及利益之争,协调推进难度大,尤其对居于次要位置行政区的经济发展造成的制约因素更大,矛盾更突出,这样既不能促进当地社会经济发展,给政府和群众带来利益,又不利于文物保护和利用工作,一些地方政府为急于发展经济而破坏文化遗产的违法案件时有发生。

二是推进文化(遗址)公园建设的制约因素过多,建设难度大,推进缓慢。比如有的文化遗址价值重大,但位于中西部欠发达地区,或偏远地区,受经济、交通条件制约,保护利用难度较大,使得当地的推进工作心有余而力不足,"养在深闺"无人问;还有的文化遗址因所在建设用地性质不能进行变更调整,或跨行政区划管理的权属等矛盾得不到解决,致使文化遗址保护展示利用规划束之高阁,实施不了,只能望宝兴叹;甚而有的地方领导对于文化遗产的价值和重要性认识不足,觉得前期投入大,产出收益的周期过长,产生不了政绩,或创造不了大的经济效益不愿推进等,问题不一而足。

三是建成后资源整合度不高,没有形成有效的社会经济效应。一些文化(遗址)公园建成后,展示手段过于单一和保守,没有把公园所处良好的社会和生态环境有效整合和利用,遗址、博物馆及周边环境没能形成合力,致使人气不高、效益不佳,没有形成良性的游客流、经济效益流、社会品牌效应流,有的反而因不能产生有效价值来冲抵过高的运行成本,而成为当地社会经济发展的"鸡肋"。

四是管理体制机制及运行方式还有待厘清规范。一些文化(遗址)公园管理机构的管理理念和能力有待提升,要么放手不管,推给第三方,造成权属、债务矛盾和隐患;要么自身管理能力不够,管理不善,不能使文化遗产价值充分利用,造成资源浪费。

五是文化遗产利用创新拓展深度不够,不能做到与时俱进,包括后续考古研究深度不够、新理念新技术在保护利用中应用不多、文创产品创意空间拓展不深、产业发展不强、对外交流不足等。

六是有些遗址博物馆在设计展陈上专业性太强,与普通大众产生隔阂,特别是一些遗址博物馆的专题语境设计展陈和解说深奥晦涩,反而使展陈效果大打折扣,遗址价值得不到很好的阐释。

二、顶层设计，科学管理，持之以恒推进，是建设新时代文化传承发展基地的基础和关键

(一)把文化(遗址)公园建设成新时代文化传承发展基地所需的必备要件

1. 科学谋划是基础

项目建设规划先行，而在规划设计之前必须以考古研究成果为依据，提炼文化价值内涵，对拟建文化(遗址)公园进行精准定位，同时还要把文化(遗址)公园纳入区域总体旅游框架之中，统筹考虑遗址周边特有的山水河湖林田及人文资源禀赋优势，特别是跨区域的文化遗址片区，更要通盘考虑各区域优势，明确发展方向和建设路径，编制具有区域特色的文化(遗址)公园空间规划，并制订近中远期工作计划。而对于一时不具备实施条件的，要以保护为主，提早谋划，先期做好土地调整、规划编制工作，一旦具备条件，即可推进实施。

2. 领导重视是关键

领导重视不仅包括中央及省级政府层面领导重视，还要包括三个层级的领导重视。一是要取得文化(遗址)公园所在地市(区、县)级政府主要领导重视。只有将建设项目纳入政府工作年度计划，才能督导协调项目建设，这对跨区域的项目建设至关重要。二是主管单位领导重视。主管单位领导要知难而进，善于做工作，多汇报，推动政府层面领导重视建设工作。三是文化(遗址)公园管理单位领导重视。因各层级领导调整频繁，容易出现交接断档，作为项目建设推进工作的直接责任人，要起承上启下推进工作的作用。

3. 政策支持是前提

文化(遗址)公园的建设涉及建设用地调整征收、项目申报审批、建设资金整合等，仅凭文旅部门一家单打独斗不可行，也行不通，需要政策支持，特别是需要政府层面出台相关的配套政策机制文件，包括明确相关部门(或各跨区域政府)在推进工作中的职责任务要求，形成合力，有效整合资源，使工程建设快速推进。

4. 资金来源是核心

文化(遗址)公园的建设需要大量资金来保障，现在地方政府在保稳定、保工资、保运转的大环境下，不愿意也没有能力投入巨量资金建设文化(遗址)公园。需要国家和省级层

面出台具有明确导向和具有可操作性的资金支持政策，设立行之有效的建设资金来源渠道，包括可以设立专门的文化(遗址)公园建设基金，或者实行以奖代补等资金支持政策，让公园所在地的政府愿意主动推进。

5. 功能齐备好发展

文化(遗址)公园具备的功能，应以满足文化遗产传承发展永续利用为定位，不能只限于文化遗产本体的保护展示。文化(遗址)公园的建设内容除遗址(考古发掘现场保护展示)、博物馆(文物展示)、仿古体验外，还应包括文化产业(文创产品)、爱国主义教育，以及休闲娱乐(景观游览)、产业发展(当地特色产业发展)等。文化遗址公园应该是集文化遗产保护传承发展与生态文化旅游等多功能于一体的文化产业片区，也是具备能产生社会、经济价值，服务群众功能的场馆阵地。

(二)科学运营管理是建设新时代文化传承发展基地的关键

1. 理顺管理责任主体，不留权属矛盾

在推进文化(遗址)公园工程项目建设过程中，一些地方政府为了尽快完成工程建设任务，筹建(引进)了第三方公司进行代建(代管)，其初衷是为了解决融资等相关问题，却为下一步营运管理带来矛盾隐患。文化(遗址)公园建成后，存在遗产保护单位被抛在一边没有话语权的现象，甚至有的保护管理机构对文化遗产失去保护管理能力，成为可有可无的边缘人。职责不清，界限不明，利益别人拿走，烂摊子和矛盾留下。管理机构要敢于碰硬，把管理职责牢牢抓在自己手中。为了提升运营能力，可以引入第三方专业团队进行运营，但第三方团队必须从属于文化遗产保护机构，在保护管理机构的指导下开展工作，为保护管理机构服务。

2. 明确运营方式，不留债务隐患

文化(遗址)公园运营过程中，如果不加强科学管理，就会因管理不善出现债务问题。既要搞好文化遗产的保护，又要确保文化(遗址)公园的公益属性，还要兼顾经济收益；既要节流，从管理上要效益，还要开源，要依托市场要素，加强各环节要素规范科学管理，扩展和拉长相关产业链条，从产业质量上要效益，提升管理营运水平，使文化遗产成为财富，而不是财负。

3. 充分挖掘价值，发挥多功能属性

应该根据文化遗产价值内涵和场馆阵地功能特点，结合新时代要求，适时开展相关文

化主题活动（包括打造特色精品演艺、特色讲座、特色文化展演活动等，一些遗产地示范区如盘龙城和良渚等地开展的讲座和主题文化活动已常态化），并把人民群众的精神文化需求统筹考虑融入主题活动中，进行引导和提供。只有充分挖掘文化遗产价值、场馆功能和环境特色，建设和创造更能体现文化内涵，将更切实际、更丰富的文化大餐呈现给人民群众，文化（遗址）公园才能更具生命力，才能做到与时俱进，永续利用。

4. 把握保护与利用的辩证关系

如何在保护好的前提下把文化遗产利用好，使之建设后不成为包袱，而具有持续发展的生命力，并促进当地社会经济发展，是一个具有挑战性的学术研究和社会实践课题。需要把握好文化（遗址）公园保护与利用的辩证关系，既不能思想僵化，裹足不前，又不过度开发利用，在营运中要以体现文化遗产特征和价值内涵为中心开展工作，充分挖掘当地社会（人文）、生态（山水）优势资源，进行展示、宣教、文创、商业营运，达到在保护中利用，在利用中传承，在传承中发展，在发展中保护的良性循环模式。

三、拓展发展空间，使文化遗产活起来，是建设新时代文化传承发展基地的发展方向

1. 人才队伍管理活起来

要让文化遗产活起来，就必须让人才队伍"活"起来。文物部门专业性强，人才是第一要素。建设一支能赓续文化传承发展的生力军，建立灵活的选人用人机制，就要做好"引（进）、培（培养）、管（管理）、用（任用）"的工作，管得好、留得住、用得活，建立一支想干事、能干事、干成事团结协作的文物事业发展团队，着力激活人才队伍服务文化遗产传承发展事业大局。

2. 展陈方式活起来

当前文化（遗址）公园的展陈方式总体上还是属于一元式单一体验，缺乏让游客主动参与体验的平台，文化遗产展陈与游客之间没有形成有效多维度的体验互动。应该在展陈方式、场景展示形式和内容上更贴近游客，用老百姓听得懂、看得明白、容易接受的方式，增加能主动参与的模式和平台，比如根据文化遗产属性制作相关具有文化特性的演艺场景（可以借鉴云南映像、西安大唐芙蓉园的演艺），给游客带来视觉冲击和刺激，以及利用全息景象技术，让游客畅享知识和趣味。

3. 产业发展及创新应用活起来

万物互联的数字时代为文化(遗址)公园传承发展带来更多机遇。数字化能帮助我们洞察游客对文化遗产的相关消费需求,为探索开发数字藏品、数字景区等新兴业态提供科学决策依据。

应大力培育创造新的科技、时尚、文化、生态等消费业态、模式、场景,引领文化遗产经营方式转型变革、突破创新,为群众提供全面、多元的服务,从而实现行业要素的整合;包括文创在内,产品要从传统单一模式向电子及数字化方向拓展,比如以文化遗产内涵为元素开发创作成动漫(可以借鉴网络游戏软件的开发利用)、影视产品,进行展示利用和传播。

4. 带动当地多产业活起来

以文化(遗址)公园为载体,创新"公园+"多业态发展模式,包括"公园+旅游""公园+研学""公园+文创""公园+教育""公园+农业""公园+体育""公园+生态""公园+游乐"等新型业态,让当地政府和人民群众(包括跨行政区域业态发展,解决跨行政区域政府与群众的利益)积极主动融入和参与多业态发展。以文化遗产为核心,加多产业化,带动和辐射当地多业态发展,使当地政府和更多的人民群众得益于文化遗产带来的红利,促进当地政府和人民群众文化遗产保护意识,形成保护与利用的良性循环。

5. 考古研究阐释活起来

持续开展考古研究(包括后续发掘)工作,挖掘文化遗产价值内涵,不断推动文化遗产的研究阐释,为文化(遗址)公园建设发展和永续利用提供科学技术支撑。开展包括解读文化属性、文物科技知识讲座,考古现场的观摩,参与模拟考古体验(以及文物的修复与复制),文化元素及文创产品的设计创作等活动,让广大群众从多层面、多元化参与遗产的保护传承。

6. 保护传承新技术的应用活起来

发挥现代科学技术手段对文物保护的支撑引领作用,既是文化遗产事业发展的需要,又是现代科技向文化(文物)领域延伸的必然。

国家文物局已经将文物科技创新、数字化建设纳入发展规划。文化遗产保护利用要借力政策支持,加强与科技领域的合作互联,利用先进科技与平台优势,引入更多的新技术、新手段,加速推进文物数字化保护利用的进程,包括文物修复、展陈、文创产品数字化应用等。

7. 文化宣传与交流活起来

依托宣传推介，讲好文化遗产故事。通过传统媒体与公众号、抖音、短视频等新融媒体外宣相结合，积极参与旅行社推介活动、文旅产业推介会等，实现多方位、全覆盖推送文化遗产的产品和资源，增加辐射受众的维度，扩大影响力和受众面。

还要加强文化(文物)的交流展示活动，做到走出去与请进来相结合，拓宽不同文化间交流的视野，增强相互交流的灵活性和科学性，增强文化遗产对大众的吸引力，扩大文化遗产对外的影响力。

四、结语

文化(遗址)公园作为一个地区的重要文化标志和载体，在推进文化遗产保护传承发展的过程中，要把握当今社会发展的时代背景与方向，发挥文化遗产社会价值的公益属性，为新时代特色社会主义的政治、经济、社会、文化服务。同时还要充分挖掘文化遗产的经济价值，做好产业发展，把文旅产业与当地特色产业融合起来，形成政府引领、公园主导、社会共促的格局，让文化遗产真正活起来。通过努力，把文化(遗址)公园打造为新时代引领文化传承发展的基地、文旅融合发展的示范区、社会经济发展的助推剂。

案例篇

考古视野下的长江国家文化公园建设

——以铜绿山国家考古遗址公园为例

陈树祥　　吴建刚 *

摘　要：铜绿山古铜矿遗址是长江流域乃至中国数千处矿冶遗址中采冶延续时间最长、采冶规模最大、采冶产业链最完整、采冶技术最高、保存最完好的一处大型古代铜矿采冶遗址。其考古成果开创了中国考古学新学科分支——矿冶考古学，开辟了中国青铜器研究新领域，填补了中国乃至世界采矿史、冶金史、科技史、文化史空白。依托遗址成立的铜绿山国家考古遗址公园，是长江国家文化公园湖北段建设的重要组成部分，内涵丰富多样，价值鲜明独特，示范作用突出，能为长江国家文化公园湖北段建设提供重要支撑。本文论述铜绿山古铜矿遗址重大考古发现及价值，加快建设铜绿山国家考古遗址公园的必要性、重要意义及建设现状，同时，针对铜绿山国家考古遗址公园建设中存在的有关问题，提出对策建议。

关键词：长江国家文化公园；铜绿山国家考古遗址公园；建设

长江国家文化公园是继长城、大运河、长征、黄河国家文化公园之后，我国启动建设的第五个国家文化公园，是新时代又一重大文化工程。将长江纳入国家文化公园体系，是国家作出的战略部署，是保护好长江文物和文化遗产，大力传承弘扬长江文化又一重要举措。以国家为建设主体、长江为建设范围、文化为建设内容、公园为空间载体，建设长江国家文化公园，集中打造长江文化的重要标志，彰显国家形象的特征与使命，充分激活长江丰富的历史文化资源，系统阐发长江文化的精神内涵，深入挖掘长江文化的时代价值，对于深入贯彻落实习近平总书记关于国家文化公园建设系列重要指示精神，丰富完善国家文化公园体系，做大做强中华文化重要标志，延续历史文脉，坚定文化自信，增强历史主

---

　* 陈树祥，湖北省文物考古研究院二级研究馆员、武汉大学长江文明考古研究院特聘研究员；吴建刚，湖北省文物事业发展中心技术评估处二级调研员。

动，进一步提升中华文化标识的传播度和影响力，向世界呈现绚烂多彩的中华文明，具有重大而深远的意义。

国家考古遗址公园，是指以重要考古遗址及其环境为主体，具有科研、教育、游憩等功能，在考古遗址研究阐释、保护利用和文化传承方面具有全国性或区域性示范意义的特定公共文化空间。国家是层级、考古遗址是核心、公园是形态，通过将考古遗址保护与公园设计相结合，运用保护、修复、展示等一系列手段，对有效保护下来的遗址进行创新整合、再生，将已经发掘或尚未发掘的遗址完整保存在公园的范围内，这是将遗址本身与周围的自然环境妥善保存并有效展示的更广泛的保护方式。建设国家考古遗址公园，是赓续历史文脉，呈现中华文明进程图景的实物见证；是诠释文化融合，维系中华民族多元一体的精神纽带；是加强大遗址保护和展示，发挥大遗址社会价值的重大创新；是解决大遗址保护与城市建设之间矛盾，推动文旅深度融合发展的重要途径。

湖北是被列入长江国家文化公园的重点建设区之一，承担着"争创长江国家文化公园示范区""长江文化保护利用传承示范区"等历史使命。以铜绿山为代表的国家考古遗址公园是长江国家文化公园湖北段建设的重要组成部分，是构成长江国家文化公园湖北段建设主体功能区和基础工程的重要内容，所承载的核心文物资源实证了我国"百万年人类史、一万年文化史、五千多年文明史"。湖北必须秉持宽广视野，立足国家重点建设区定位，抢抓历史机遇，坚持系统谋划，统筹全省资源，按照保护优先、强化传承、文化引领、彰显特色原则，全面推进以铜绿山国家考古遗址公园为重点的长江国家文化公园湖北段建设，为加快建设全国构建新发展格局先行区作出文化贡献。

一、铜绿山古铜矿遗址重大考古发现及价值

（一）重大考古发现

铜绿山古铜矿遗址位于长江中游南岸的大冶市城关西南3000米，遗址保护区面积达555.6公顷，古代采冶遗址分布十分密集（参见图1）。自1973年发现以来，开展两轮考古工作，调查发现夏商周时期露天采矿坑（场）7处，地下采矿区18处，古人挖掘出的铜矿料和土石达100万立方米。考古发掘出商周至汉唐时期采矿竖（盲）井302口、平（斜）巷128条，井巷总长度约8000米。露天开采始于夏代，商周时期发明了地下井巷联合采掘，开采深度达30米，东周至汉代采深60~90米。地下井巷采矿技术的发明与不断创新，较好解决了地下追采富铜矿脉、井巷支护、排水、通风、照明、提升等系列科技难题。浩大的地下采矿井巷犹如十分复杂的迷宫，让人叹为观止。

铜绿山矿山下发现古代冶炼遗址 50 处，发掘出春秋时期矿工赤足印迹 35 枚，铜矿石洗矿场与选矿场 2 处；东周和汉代鼓风冶铜竖炉 18 座，宋代炒钢炉 17 座，宋代和明代硫化铜矿焙烧炉 8 座，清代冶铁炉 3 座、炭窑 1 座。

图 1　铜绿山古铜矿遗址分布示意图

春秋时期，楚国在铜绿山发明了先进的鼓风冶铜竖炉，冶炼前进行配矿，冶炼温度为 1100~1200 度。实验证明，这种鼓风竖炉可连续加料、连续冶炼、间接排放渣液和排放铜液的功能，极大提高了铜料的产量，是后人冶炼高炉的雏形。铜绿山春秋时期冶炼出铜料含铜量为 91% 以上，在当时称为"吉金"。所排放的废炉渣平均含铜量仅为 0.7%，说明了矿石中的铜得到很好还原，达到了现代排放标准。这种水平，无疑在当时处于世界领先地位。铜绿山遗址堆积的古炉渣达 40 多万吨，推测冶炼出粗铜料有 8 万~12 万吨。著名曾侯乙编钟就是采用铜绿山出产铜料铸造，重达 2.5 吨(见图 2)，若铜绿山古代出产的铜料全部用于铸造曾侯乙编钟，可铸造 4.8 万套。

2014—2017 年，在铜绿山四方塘遗址发现了墓葬区(参见图 3)，这是长江流域及中国矿冶遗址首次发现的矿冶管理者与生产者的墓地。已发掘夏、商、周时期的墓葬有 246 座。通过对各墓葬位置、葬具、随葬品等现象的研究，显示墓主人身份和地位，分别为矿

图 2　曾侯乙编钟

冶的高中级管理者、矿师和技工、普通工人。其中，个别墓主人为夏时期三苗族群的后裔，少数墓主人为商周时期的扬越族人，多数为东周时期楚人及融入楚国的扬越人。这些历史时期的能工巧匠，是华夏青铜源头的开拓者、科技文化的创造者。

图 3　铜绿山四方塘遗址墓葬区航拍图

铜绿山古铜矿遗址出土各类生产工具、武器、玉器、生活陶器及矿冶遗物标本共 2 万多件，其数量之多十分罕见，其中一件采矿青铜斧，重达 16.3 公斤，被称为"中华第一斧"（见图 4）。

图 4　铜绿山遗址出土"中华第一斧"

（二）价值所在

铜绿山古铜矿遗址是中国矿冶考古的诞生地，甫一经发现和初步研究，其独特价值便引起海内外极大关注，1982 年被国务院公布为全国重点文物保护单位。随着考古发掘与研究工作不断深入，神秘面纱后所蕴藏的多重价值不断被揭示，具有普世价值。因此，1994 年、2012 年铜绿山古铜矿遗址先后两次入选"中国申报世界遗产预备名单"，2001 年被评为中国 20 世纪 100 项考古大发现，2016 年铜绿山四方塘遗址墓葬区被评为"2015 年度全国考古十大新发现"，2018 年入选第二批"国家工业遗产"名单，2021 年荣登中国"百年百大考古发现"。

铜绿山古铜矿遗址采冶延续时间之长、采冶规模之大、采冶链之完整、采冶技术水平之高、采冶管理与生产组织之严谨、保存之完整、文化内涵之丰富在中国乃至世界矿冶遗产中十分罕见，主要表现在：

——铜绿山古铜矿遗址是中国发现的古矿遗址中年代早、开采生产时间久远持续、规模庞大的一处古铜矿遗址。此处的矿冶活动几近贯穿整个中国历史，尤其是在商周时期的矿冶生产，对中华文明的进程有极其重要与特殊的意义。

——铜绿山古铜矿遗址是中国青铜时代矿冶技术成就的集中体现。较高水平的矿体开采、矿料洗选、矿石冶炼技术，是我国古代矿冶历史辉煌成就的展现。

——铜绿山古铜矿遗址填补了中国考古学、青铜文化、青铜艺术史上的空白。铜绿山古铜矿遗址采冶体系的完整遗存和矿冶相关社会体系（墓葬）遗存的发现，不仅在中国青铜文化中具有非常重要的价值，而且在世界青铜艺术中也是少见的。

二、加快建设铜绿山国家考古遗址公园

铜绿山国家考古遗址公园已获国家文物局立项批复，是湖北重点建设的国家考古遗址公园之一，在长江国家文化公园湖北段建设中具有重要地位。铜绿山古铜矿遗址承载着四千多年的矿冶文化，是中国矿冶生产发展传统的缩影和当时社会文化形态的独特见证。它既是长江文化重要组成部分，又是中华文明形成和发展的重要内涵所在。在历史长河的青铜时代，铜料是政治集团或国家谋求的战略物资，是国家强盛的基础资源。"国之大事，在祀与戎。"以铜料为核心的金属所铸造的青铜器，主要用于国家和宗族具有神圣性与庄重性的宗教祭祀和作为权力与身份地位象征，用于对外战争、对内维系国家体制和社会秩序，并渐渐用于铸造日常使用的高档用品和流通领域的货币。铜绿山古铜矿遗址的发现，不仅打破了中国青铜器铸器铜料外来说的观点，而且说明了长江流域乃至中国青铜文化自成体系。铜绿山古代十多万吨铜料的输出，为矿冶文化的传播、古代民族融合模式与中国"大一统"国家的形成与发展奠定了基础。铜绿山古铜矿遗址不仅保存了古代人类采冶铜矿创造的奇观，而且留下了以铜绿山铜料所铸造的曾侯乙编钟等大批科技艺术水平极高的中华文明旷世瑰宝。因此，铜绿山古铜矿遗址在中国青铜时代具有青铜之源的特质，在古代科技与文化中彰显唯一性、独特性、先进性。保护好、利用好、建设好铜绿山国家考古遗址公园，是推进长江国家文化公园湖北段建设的重要抓手与时代责任。

（一）必要性

第一，建设铜绿山国家考古遗址公园是贯彻落实党的二十大精神的具体要求。党的二十大报告提出了"加大文物和文化遗产保护力度，加强城乡建设中历史文化保护传承，建好用好国家文化公园"的战略部署，建设以铜绿山国家考古遗址公园为代表的一批长江国家文化公园重点项目，是推动学习宣传贯彻党的二十大精神落地见效的根本要求。

第二，建设铜绿山国家考古遗址公园是加快推进荆楚大遗址传承发展工程的重大举措。荆楚大遗址传承发展工程是湖北重大文化工程，也是被写入省第十二次党代会报告的目标任务，加快推进作为重点项目的铜绿山国家考古遗址公园建设，是"国之大者""省之要事"，迫在眉睫。

第三，建设铜绿山国家考古遗址公园是推动实现"荆楚文化创造性转化、创新性发展"的重要载体。铜绿山古铜矿遗址所承载的矿冶文化，是荆楚文化的重要组成部分。建好考古遗址公园，对文物进行保护和活化利用，使之成为传承荆楚文化脉络、展示历史底蕴的新载体。

（二）重要意义

建设国家考古遗址公园，将考古发掘现场展示、出土文物陈列展览与周围优美怡人的绿地环境融为一体，展现了灿烂的古代文明与良好的外部环境共同构成的多维空间。铜绿山国家考古遗址公园建成开放后，能充分发挥文物价值，促进文旅深度融合，让文物之光照亮新时代发展之路。

一是广泛的社会价值。铜绿山古铜矿遗址所蕴含的矿冶文化基因，在四千年以来的长江中游矿冶文化血脉中涓涓流淌，铜绿山古铜矿遗址成为举世瞩目的中国古代工业遗产的一张耀眼名片，表达了人类的身份和文化归属。

二是潜在的经济价值。铜绿山古铜矿遗址既是古代工业经济发轫之地，又因遗址价值蜚声海内外，已成为吸引海内外投资的文化福地，能够带动地方经济发展，为当地人民带来福祉。

三是丰富的文化价值。铜绿山古铜矿遗址积淀着四千多年的矿冶文化，为人们参观、研究历史文化提供了可靠的依据。尤其是遗址公园展示了开拓进取、继往开来的铜斧精神，融合创新、百炼成精的熔炉精神，激励人们敢为人先，开创未来。

四是深厚的科普价值。铜绿山古铜矿遗址彰显古代采冶科技不断创新的足迹，人们在遗址公园可参观各类矿物晶体，体验古代找矿、采矿、选矿、冶炼的科学技术，认识铜料运输及铸造青铜器在华夏文明进程中的作用。

五是火热的旅游价值。铜绿山国家考古遗址公园内的标志性新馆建筑，将现代化展示艺术性与震撼力极强的采冶遗迹融合为独具特色、文旅结合的工业遗产景区，必将成为湖北乃至中国古代工业文化遗产的代表，成为广大人民群众旅游休憩的打卡地、国内外科研人员的朝圣地。

（三）建设现状

为保存好这处国宝级的文化遗产，让铜绿山古铜矿遗址"活起来"，服务于社会经济发展，各级政府陆续实施了一些重大举措：

——1984年，在铜绿山7号矿体1号古代采矿点上投资建成中国首个矿冶遗址博物馆并对外开放，这是当时继西安半坡遗址博物馆、秦始皇兵马俑博物馆之后的第三座遗址博物馆。

——1991年，国务院做出决定，舍弃了铜绿山遗址博物馆核心区（约5万平方米）占压的价值几十亿元的矿产资源，不再开采，坚持原址保护。

——大冶市人民政府组织编制铜绿山国家考古遗址公园建设规划方案。2016年投资近

2 亿元，在遗址保护核心区即 7 号矿体东北坡开工建设面积约 1.2 万平方米的遗址博物馆新馆和占地面积约 20 万平方米的国家考古遗址公园第一期工程（参见图 5），2023 年建成对外开放。

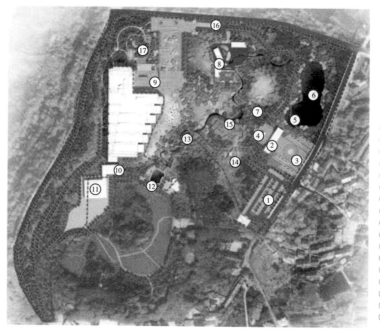

①停车场
②遗址公园大门
③入口广场
④世界之最雕塑
⑤亲水栈道
⑥望月潭
⑦上山栈道
⑧铜矿冶炼体验区
⑨博物馆新馆
⑩连廊
⑪博物馆旧馆
⑫景观瀑布
⑬下山栈道
⑭洗矿选矿体验展示区
⑮跌水景观
⑯观光车停车场
⑰采矿机械展示区

图 5　铜绿山国家考古遗址公园第一期工程景观示意图

三、存在问题与对策建议

铜绿山国家考古遗址公园第一期工程及遗址博物馆新馆是长江国家文化公园湖北段建设的标志性工程。同时，它也面临一些新情况和新问题，亟须尽快解决。

（一）存在问题

1. 铜绿山古铜矿遗址主体与环境保护仍面临着安全隐患

由于铜绿山古铜矿遗址核心区（7 号矿体、近 6 万平方米）与省管企业大冶有色金属集团公司铜绿山铜铁矿公司的采矿场相邻，早年该公司因越界采矿，将 7 号矿体遗址下部铜矿资源掏空，留下十多条巷道未按规定作胶结充填处理。同时，该公司常年采用地下爆破采矿，其冲击震波不断对遗址本体产生威胁，这些新老问题导致遗址表面变形和开裂。此外，运输矿石的重型货车在遗址景区内肆意穿行，尘土飞扬，既破坏了生态环境，对遗址整体景观价值造成极大影响，又对游客人身安全构成极大隐患。另外遗址公园上空有一条高压电线走廊，有碍观瞻，存在安全等隐患。

2. 配套设施不完善

铜绿山国家考古遗址公园及博物馆新馆建设经费主要由大冶市政府筹措，但遗址公园建成开放后，缺少与之配套的游客服务中心、停车场等综合设施，影响国家考古遗址公园的评定，对大众缺乏吸引力。此外，需打造统一的园区标识系统。

3. 对征集的近现代珍贵采矿设备欠缺保护措施

大冶市铜绿山古铜矿遗址管理委员会根据世界相关国家工业遗产保护与展示做法，在专家建议和指导下，从铜绿山铜矿等企业征集了一批近现代珍贵的大型采矿机械、运矿货车和火车头，现临时存放于遗址新馆之外，缺乏必要的保护措施。

4. 保护管理力量有待加强

经报国家文物局批准，2009 年黄石市将铜绿山古铜矿遗址移交给大冶市管理，2010年大冶市设立铜绿山古铜矿遗址保护管理委员会，为大冶市政府直属正科级事业单位，全额财政拨款编制 15 个，主职高配副县级。1984 年建成的老馆建筑面积约 6000 平方米，2023 年新馆建成后总面积近 20000 平方米，保护管理与服务等工作任务将成倍增加，现有工作人员数量较少，难以开展高质量的保护管理和服务工作。

（二）对策建议

1. 落实管控保护要求

严格执行《文物保护法》等法律法规，对全国重点文物保护单位、新发现发掘文物遗存临时保护区和世界文化遗产预备名录项目划定管控保护范围，包括文物保护单位保护范围和建设控制地带、遗产区、缓冲区，新发现发掘文物遗存临时保护区范围。通过实施重大修缮保护项目，对濒危损毁文物实施封闭管理和抢救性保护，对重点文物本体及其环境进行预防性、主动性保护，建设成保护第一、传承优先的样板区。针对铜绿山国家考古遗址公园存在的安全隐患问题，建议由地方政府及相关部门协调，将铜绿山铜铁矿公司等企业转产，停止爆破采矿活动；制订措施，禁止重型货车随意进入遗址保护区；迁移遗址公园上空的高压走廊电线。

2. 实施环境配套工程

根据长江沿线的自然、历史、人文条件，加大沿线地区文物和文化资源的周边生态系统的保护与修复治理力度。通过整合资源和合理规划，持续改善乡村人居环境，做好沿线历史文化名城名镇名村、历史文化街区和传统村落整体保护修缮。推动国家文化公园形象标志在长江国家文化公园园区内的落地应用，打造广为人知的视觉形象识别系统。针对铜绿山国家考古遗址公园配套设施不完善问题，建议由省财政、文旅部门加大对大冶市支持力度，按照国家5A级旅游景区标准，在遗址公园合适位置建设游客服务中心、停车场等配套设施。

3. 加强研究管理工作

围绕长江文化保护、研究、传承、弘扬、发展，鼓励科研院所、高等院校和社会力量开展长江文化研究，形成一批重大标志性长江文化研究成果。针对铜绿山国家考古遗址公园，要持续做好考古工作，加强与湖北省文物考古研究院合作，在遗址保护区恢复多学科的考古发掘和研究工作，为遗址公园建设和文物展示不断提供新发现和学术支撑。参照盘龙城国家考古遗址公园（正县级）、屈家岭国家考古遗址公园（副县级）等机构设置做法，在铜绿山古铜矿遗址保护区设立副县级行政管理机构，下设铜绿山古铜矿遗址博物院（馆）、考古所，或整合成立副县级的铜绿山古铜矿遗址博物院（含考古所），提升机构级别，明确工作职责，并增加博物馆运营管理和考古等相关专业人员的数量与经费。对征集的机械设备和车辆进行文物定级和维修保护，并在遗址公园附近兴建保存展示场所。

4. 推进文旅深度融合

坚持以文塑旅、以旅彰文，通过长江国家文化公园建设推动文旅深度融合，实现高质量发展。统筹谋划、规划建设大遗址、博物馆、展览馆、生态园区、农耕文明保护区和体验区等，将丰富的历史文化资源与多样性的自然生态资源深度连接，实现长江文化与荆楚文化、巴蜀文化、吴越文化等区域文化的科学布局与有机融合，建立起大尺度的人文地理"骨架"，做大做强中华文化重要标志，延续历史文脉，最终借助长江国家文化公园打造具有国际影响力的长江文化黄金旅游廊道和目的地，从而推进长江经济带高质量发展。针对铜绿山国家考古遗址公园，通过实施大遗址保护与旅游融合发展工程，实现国家考古遗址公园可持续发展，让大遗址保护成果回馈社会，以打造文化旅游精品线路、研发推出一批文化创意品牌产品等方式，推动旅游产业转型发展，提升旅游品质，延伸文化产业链，扩大游客消费总量，促进城乡居民就业，为区域经济发展提供新的增长点。

文化遗产公园视野下荆江分洪工程的价值与综合利用探讨

吴红敬*

摘　要： 荆江分洪工程是新中国成立后建设的第一个大型水利工程，其蕴含着历史、艺术、科学、社会、生态和旅游等价值。秉持可持续利用的科学理念，发挥水利工程的综合效益，统筹规划建设以水文化遗产荆江分洪工程为主体的水利文化遗产公园，是探讨长江国家文化公园建设题中应有之义。有序推进水利风景区开发建设与水文化遗产保护利用的协同发展，在大力实施乡村振兴和生态文明建设的当下具有十分重要的现实意义。

关键词： 水利文化遗产；荆江分洪工程价值分析；综合利用

水文化遗产是人类在与水的长期利用与斗争实践中所留下的文化遗存，包括水利工程、遗址（遗迹）、实物、认知、价值、文献和由此产生的文化、宗教、图腾等诸多存在。反映了人类在亲水、用水、理水进程中所发生的各种变化及其运行规律，揭示了"各类水利用治理方式与生态演化和文化变迁之间的关联"①。

长江水文化遗产是中国文化遗产的一大重要组成，它的保护与利用是文物保护与利用的重要内容，也是长江流域生态保护和高质量发展的重要组成部分。荆江分洪工程是新中国成立以后举全国之力建设的最大水利工程（参见图1）。70多年来发挥着蓄洪、防洪、行洪等重要功能，保护下游数省及武汉等特大城市的安全。随着长江上游三峡大坝等工程的建成，荆江分洪工程分洪、蓄洪的概率已提高到百年乃至几百年一遇。秉持可持续利用的科学理念，发挥水利工程的综合效益，统筹规划建设以水文化遗产荆江分洪工程为主体的水利文化遗产公园，是水文化传承的一种重要表现形式，在大力实施乡村振兴和生态文明

---

* 吴红敬，湖北省文物事业发展中心党委委员、副主任。

① 孔繁恩、刘海龙：《世界遗产视角下"水文化遗产"的保护历程及类型特征》，《中国园林》2021年第8期。

建设的当下具有十分重要的现实意义。

图 1　荆江分洪工程示意图

一、荆江分洪工程概述

长江是中华民族的母亲河，古称"江""大江"，它是中国第一大河，也是世界著名河流，孕育了深厚博大的长江文明①。荆江，以其流经荆州辖境而得名，长江荆州河段因而别称荆江。荆江地区是长江中游遭受洪水威胁最为严重的地区。荆州河段位于长江中游，地处湖北省中南部、江汉平原腹地，左右岸分别为富饶的江汉平原和洞庭湖平原。以荆州河段为中心的两湖平原，发祥了悠久灿烂的荆楚文化，是长江文明的重要组成部分。

荆州河段分为荆江河段和城陵矶至新滩口河段。荆江河段上起湖北枝城，下迄湖南城陵矶，左岸在荆州区临江寺有沮漳河入汇；右岸有松滋、虎渡、藕池、调关分流入洞庭湖，与湘、资、沅、澧四水汇合后，于城陵矶汇注长江，荆江河段是长江中游洪灾最为频繁和严重的河段。

荆江分蓄洪区位于荆江河段，由荆江分洪区、涴市扩大分洪区、虎西预备蓄洪区和人民大垸蓄滞洪区组成，总面积 1444 平方千米，总有效蓄洪量 80.6 亿立方米，行政区域跨公安、石首、松滋、荆州、监利等 5 个县（市、区），2010 年统计总人口约 95 万。工程主要作用是缓解长江上游巨大洪峰来量与荆江河段安全泄量不相适应的矛盾，减轻洪水对两

---

①　荆州市长江河道管理局编：《荆江堤防志》，中国水利水电出版社 2012 年版。

湖地区人民生命财产的威胁，确保荆江大堤、江汉平原安全。

荆江分洪主体工程东濒长江，西临虎渡河，北起太平口与荆州、沙市隔江相望，南达黄山头与湖南省安乡县为邻。地势西北高东南低。区内除闸口附近有4.5平方千米岗地外，一般为平原，地面高程34~39米，设计蓄洪量54亿立方米。区内有自北而南纵贯全区的排水主渠道，总长约70千米。28个湖泊分布于区内，总面积约为分洪区的十分之一。

荆江分洪主体工程主要包括分洪区围堤及防浪工程、进洪闸、节制闸、安全台(区)、泄洪工程、排灌工程、通信设施、过船设施及附属工程等工程设施。全区面积921.34平方千米，南北长约68千米，东西平均宽13.55千米，最窄处2.5千米，四面环堤，有效容积54亿立方米。其中，荆江分洪工程进洪闸、泄洪闸统称为荆江分洪闸，它是荆江分洪主体工程之一，在荆江分洪工程中占有重要地位。2002年7月，湖北省人民政府公布荆江分洪闸为省级文物保护单位；2006年5月，国务院公布荆江分洪闸为第六批全国重点文物保护单位。

万里长江，险在荆江。荆江历史上水患频繁，给两岸人民带来深重苦难。新中国成立后，为解除悬在荆江两岸人民头上的洪水威胁，中央人民政府于1952年3月31日作出决定，举全国之力兴建荆江分洪工程，并成立了由唐天际任总指挥，李先念任总政委的荆江分洪工程指挥部。荆江分洪工程于1952年4月5日开工，6月25日工程胜利竣工，仅用75天建成进洪闸、节制闸等主体工程。参加工程建设的解放军、工程技术人员、民工等共30万人。毛泽东主席为荆江分洪工程题词："为了广大人民的利益，争取荆江分洪工程的胜利！"周恩来总理题词："要使江湖都对人民有利。"

荆江分洪工程进洪闸(北闸)(参见图2)位于公安县太平口东岸，因地处荆江分洪区北

图2　荆江分洪工程进洪闸(北闸)

端，又称北闸，是新中国成立之初兴建的第一座大型水闸，其主要作用是当洪水发生时，此处开闸分泄荆江地区超额洪水流量，控制沙市水位不超过防洪标准，以确保荆江大堤安全。

荆江分洪工程节制闸（南闸）（参见图3）位于湘鄂边陲黄山头东麓，又称南闸，紧接分洪区南端西侧，横跨虎渡河而建，"主要作用是控制虎渡河向洞庭湖分流水量，以确保洞庭湖区数百万人民生命财产安全"①。

图3　荆江分洪工程控制闸（南闸）

二、荆江分洪工程的价值

1. 历史价值

荆江分洪工程是新中国成立后建设的第一项大型水利工程，其规模之大，速度之快，质量之好令世界震撼。在当时历史条件下修建如此浩大的水利工程，是中国人民在中国共产党领导下的伟大创举，有较高的历史价值。70多年来，荆江分洪闸为确保荆江大堤、江汉平原和武汉三镇以及洞庭湖区的防洪安全发挥着不可替代的重要作用。

荆江分洪工程纪念碑（参见图4）上镌刻有毛泽东主席、周恩来总理的亲笔题词及老一

---

①　彭文璟：《荆江流域水工程历史变迁研究》，长江大学硕士学位论文，2019年。

辈革命家撰写的碑文，两侧石碑上镌刻着 928 名英雄名字，是荆江分洪工程的实物见证，成为荆州现代历史发展进程中一处重要文物。

图 4　荆江分洪工程纪念碑亭

2. 艺术价值

荆江分洪工程进洪闸、泄洪闸，全部采用钢筋混凝土浇筑，工程雄伟，规模庞大，设计造型独特。荆江分洪工程纪念碑造型美观、风格别具；纪念碑前面坐落两座仿古建筑六角亭，檐下装修轩椽吊挂，做工考究，枋间雕刻由象征工农兵形象的镰刀、斧头、齿轮组成的图案，及动物、花卉，形象逼真，柱间安装雀替雕刻精美。

3. 科学价值

荆江分洪工程进洪闸设计 54 个孔，全长 1054 米，设计进洪流量近 8000 立方米/秒；泄洪闸设计 32 个孔，长 336 米，设计泄洪流量为 3800 立方米/秒。1954 年长江特大洪峰期间首次启用，三次开闸泄洪，确保了荆江大堤及两岸人民的生命财产安全，充分发挥了荆江分洪工程的巨大作用，具有较高的科学研究价值。同时，闸堤坝河渠系统简约而完整，极大地降低了工程维护成本。

荆江分洪工程还具有供水、灌溉、泄洪、排污、水力利用等诸多功能，体现了中国人民利用自然资源和科学技术创造美好生活的智慧。该水利系统的工程布局、建筑型式也体现出中国人化害为利辩证利用水资源的意识，及与河流和平共处的自然观。坝型、建筑材料则显示出长江流域荆楚区域本土化的技术特点，以及长江文明特有的建筑审美情趣。其存在的 70

多年的历史及持续发挥的诸多功能，无不证明了这一长江水利文化遗产的科学价值。

4. 社会价值

荆江分洪工程建成后，进洪闸其主要作用是分泄荆江上游巨大的超额洪水峰量，降低沙市水位，以确保 180 余千米荆江大堤安全，同时，减少荆江四口注入洞庭湖的水沙量。泄洪闸其作用是控制虎渡河向洞庭湖的分流量，在确保洞庭湖地区数百万人口与广大农田的安全方面起了重要作用。时至今日，作为荆江分洪工程的主体工程——进洪闸、节制闸仍为确保武汉、江汉平原和京九铁路大动脉的安全发挥着巨大作用。荆江分洪闸——南闸纪念碑、纪念亭坐落在南闸纪念公园内，对公众开放，具有巨大的社会宣传教育作用。

5. 生态价值

荆江分洪工程充分利用河流的流向和区域自然地形条件，在 70 多年演变积累的过程中，与周围的环境长期协同进化和动态适应形成了荆江地区特有的土地利用系统。水利工程滋润周围的山林田地，林木茂盛，物产丰饶，环境优美，形成了独特的人工生态系统，区域内形成了具有完整的生态循环、生产循环和环境保护的功能系统，折射出人与自然协调一致的内在联系。整个工程系统为区域内百姓所共享，工程与生产结合，与自然山水相融，山水、田园融为一体，渠系、村落相互映衬，自然、人文交相辉映，古人"天人合一"的思想蔚然呈现。水利工程所灌溉的土地与周边山水田园城镇结合，形成了随四季变换的优美田园风光，工程、河流与周边环境融为一体，体现出人类对自然的生存依赖与利用改造的完美结合①。

6. 旅游价值

水利文化遗产承载着丰富价值内涵，是可供开发利用的文化旅游资源，在区域旅游产业发展中有独特的资源地位和品牌效应，可以产生较高的市场价值，为所在地域带来巨大的旅游经济与社会效益，并在带动区域文化产业和现代服务业发展、促进经济增长方式转变等方面发挥突出作用。随着经济发展和社会文明程度的提高，"水利文化遗产丰富的文化内涵和科学、艺术、生态等功能逐渐被人们认识和发掘，其作为文化产业和旅游经济重要资源的经济价值也逐渐为人们所认识"②，其在开发利用，特别是在乡村振兴战略过程

---

① 邓俊：《水利遗产研究》，中国水利水电科学研究院博士学位论文，2017 年。
② 陈海鹰、李向明、李鹏、李周顺：《文化旅游视野下的水利遗产内涵、属性与价值研究》，《生态经济》2019 年第 7 期。

中的作用日益凸显。湖北宜昌地区的当代水利遗产三峡水利枢纽就是典型例证。在当今高质量发展阶段，深入推进供给侧结构改革的背景下，人们对文化遗产旅游的需求将持续增长，水利文化遗产在区域文化旅游业中的经济价值也将得到进一步发挥和提升。荆江分洪工程独有的旅游价值势必靠政策与创新予以激活，并将得以科学有序的开发和利用。

7. 景观价值

河、湖、塘堰是长江冲积平原与水利工程共同营造的自然与文化景观，具有山原河湖一体的特点，其中以荆州市公安县境内的河湖塘堰景观最为完善，最具代表性。蜿蜒曲折的长江及其众多的支流，湖、塘、堰宛如珍珠点缀其中，与城乡聚落融为一体，具有极高的经济、科学、社会、生态和美学价值。水利工程、河湖、塘堰、村落、建筑等是这一体系中重要环节，它们共同构成了水利文化遗产本体，成为特有的区域文化景观要素。

三、荆江分洪工程水利文化遗产公园建设思路

(一)公园定位

以"长江—荆江"为背景，以荆江分洪工程及荆楚文化内涵为核心，展现荆江地区治水、理水、用水及农耕文明的发展历程。真实、全面地保存并延续荆江分洪工程遗址的历史信息及全部价值，多方位、多手段展现区域治水用水及长江流域农耕文明的变迁。将荆江分洪工程遗产公园建设作为长江国家文化公园建设湖北段的重要组成部分，提高其在国内乃至国际上的影响力，带动荆江分蓄洪区及周边地区文化及经济发展，逐步形成集水利工程遗址保护、旅游、休闲、传习、研学等功能为一体的水利—农耕文化新景区。

(二)建设目标

在遗产保护科学化、环境生态化和整体可持续的基础上，将遗址公园建设为水利工程遗址保护的示范基地，成为具有国际先进水平和中国特色的水利工程遗址保护、展示、教育与研究示范平台，并成为长江流域稻作历史研究平台。将荆江分洪工程遗产公园融入长江国家文化公园的建设体系当中，使二者互为依托，互相促进，使其在促进国家经济建设和推进人类文化建设的历史进程中，发挥应有的作用，彰显湖北独特影响。

(三)遗产公园规划原则

确保工程及文物本体安全的原则。在确保荆江分洪工程遗产特别是文物本体安全的前

提下，科学、合理、适度利用，所有保护措施和建设活动均应满足荆江分洪工程安全限定要求，满足工程防洪、蓄洪、灌溉的首要功能。

科学准确阐释价值的原则。应根据荆江分洪工程及本土文化内涵的特点，选择适合于以荆江分洪工程为主体的展示内容、方式、线路，做到准确定位、科学阐释，多手段、多方法地充分阐释具有长江文化特点的水利工程文化内涵，促进公众对荆江分洪工程遗产文化内涵和价值的深刻理解。

综合有效运营管理的原则。建设由荆州市人民政府成立专门综合机构主导遗产公园运营管理，统一协调文物、规划、建设、水利、文化旅游、环保、教育等相关部门，明确管理职责，形成工作合力。构建科学完备的管理体系，制订荆江分洪工程水文化遗产保护开发策略，挖掘水文化遗产文化内涵，提升水文化遗产的文化影响力，进而促进文物保护、景观维护和公园开放运营的可持续性。

(四)统筹推进实施重点项目

1. 实施全景展示荆江分洪工程项目

通过展示项目的实施，诠释荆江分洪工程文物本体的特征、价值及意义，使观众能够完整、准确地了解与荆江分洪工程相关的历史、文化、社会、事件、人物关系及其背景；全面、系统、准确、真实、科学地了解荆江分洪工程的历史与现状，以及荆江人民如何治理荆江、平波安澜、造福人民，如何与荆江相依相存、追求人水和谐的克难奋进，坚韧不拔，敢为人先，开拓创新的时代风貌。

通过展示，弘扬水利文化，纪念荆江分洪工程建设艰苦卓绝、精益求精和创新奋进的历史过程，传递水利科普知识，感受新中国第一代水利建设者的艰辛与成就。同时，唤起人们尊重、传承优秀历史文化传统，自觉参与对文物的保护。

2. 规划建设长江流域稻作文化传承基地项目

荆江分蓄洪区域享有"鱼米之乡"的美誉，夏季高温多雨，平原丘陵广布，土壤类型多样，土层深厚肥沃，大小河流纵横交错，河湖塘堰水库星罗棋布，水稻生产条件得天独厚，水稻种植历史悠久，是全国及省优质稻基地。该区域堪称全国水稻品种基因库，常规稻及杂交稻主要品种就有数十个，是中国农耕文化的发祥地之一，具有内涵极为丰富的农耕文化，是长江流域重要的农业文化代表①。

---

① 荆州市地方志编纂委员会：《荆州市志(1994—2005)》，中国文史出版社2015年版。

统筹规划建设中国长江稻作文化传承地、文化科技农业旅游融合示范地、现代农业产业化展示地的目标，打造集农业文化、科技、旅游、产业化于一体的长江流域稻作文化传承基地品牌。

3. 打造优秀传统文化暨水利文化遗产休闲研学体验项目

荆江分蓄洪区域，水资源及农业资源丰富，人文资源富集，具有鲜明的长江文化属性和浓厚楚文化特点。以农民为主体的传统戏剧创作及演出活动活跃，如京剧、汉剧、荆州花鼓剧、歌剧、楚剧、荆河戏、皮影戏。民间民俗文化广泛流传，如端午节划龙舟、唱龙船调，过年节舞鱼闹莲，等等。还有其他大量的民间习俗、节气、音乐、传统服饰、传统工艺、建筑及民间非物质文化遗产都是宝贵的财富。探索在保持优秀传统文化的基础上，推进传统与现代生活的有效融合与介入，实现优秀传统文化当代价值的创新表达。

精准规划发展田园综合体、水文化公园、农业公园、民俗园、休闲农业示范点、乡村民宿、特色农家乐、康养医疗等融合新业态。有序建设一批具有示范带动作用的农耕休闲研学体验基地，提升荆江区域旅游品位、丰富旅游业态、增强旅游吸引力，构建新发展格局下长江流域优秀传统文化暨水利文化遗产农耕休闲研学体验样板工程湖北示范区。

4. 实施荆江分洪工程绿色廊道项目

荆江分洪工程主体工程绿色廊道主体由北闸（进洪闸）、南闸（节制闸）、北面和东面荆江干流堤道（长95.8千米）、西面虎渡河堤道（长90.58千米）、南面南线大堤（长22千米）和区内数千条纵贯南北的排水干渠和与之相接的各级排灌渠构成，形成万里绿色廊道。

对于蓄洪区内具有灌溉和排洪功能的沟渠进行系统疏通与优化，将渠道的建设与蓄洪区绿廊的建设相结合，形成水网和绿网结合，两者互利共生，从整体上改善蓄洪区域环境，提高生态活力。河道与景观绿色廊道结合在一起，不仅让富有历史文化意义的荆江分洪工程闸渠系统得到了保护，更加强了河道水渠的生态功能和景观美感，形成一道靓丽的风景线，成为荆楚大地独具特色的生态旅游名片。绿色廊道兼具防洪护坡、观赏美化功能，与区域城乡规划、乡村振兴和经济社会发展，统一规划，统筹安排，打造高质量绿色经济增长点。

5. 打造荆江分洪区核心区远古文化品牌

打造以旧、新石器文化遗存为主要内容的远古文化旅游线路。荆江分洪区核心区的公安县西南部章庄铺镇松林村、白云村和卷桥水库，发现有斋公凹、魏家洼、朱家山、油茶山等 9 处距今约 5 万~1 万年的旧石器时代晚期文化遗址。在狮子口镇和甘家厂乡发现有距今 1 万~4000 年的王家岗、陈守岗、鸡鸣城、青河城等新石器时代遗址，还有在郑公渡镇和孟家溪镇出土有东周铜器等。这一片区的古文化遗存是公安文化的根脉，对研究长江中游地区远古时代农业文明的萌芽与发展、聚落形态、环境与气候具有十分重要的价值。

建设以鸡鸣城、青河城遗址为重点的考古遗址公园，纳入乡村振兴规划。将古代农耕、建筑、磨石、制陶、渔猎、轮制等技术通过多种方式进行展示，同时增加公众的体验参与互动，充分感受稻作文明与悠久的农耕文化。在保证遗址安全的前提下，以考古遗址公园建设为纽带，同时保护好生态环境，处理好历史景观、自然景观、人文景观之间以及与外部城镇及交通建设的相互关系，带动周边地区乡镇发展，逐步形成集遗址保护、遗址展示、考古科研、旅游、休闲、教育等功能为一体的远古文化综合园区，打响远古文化公安品牌①。

6. 做好荆江分洪区水文化品牌

荆江分洪工程引水闸与节制闸横跨公安县南北，坐拥不绝的水资源，河流、湖泊、沼泽湿地众多，公安以水为魂、因水而兴。主要河流除长江外，境内自东向西有藕池河、虎渡河、松滋东河和松滋西河等 14 条，湖泊有崇湖、淤泥湖、牛浪湖、玉湖、陆逊湖、北湖等 50 多个，千亩以上的湖泊有 15 个，都是历史上长江溃堤时形成的，向南注入洞庭湖，是长江向洞庭湖输送水流的重要通道。管好水、用好水，做好活用水资源综合利用文章，打响水文化公安品牌，发展公安水经济是推动公安县生态文明建设，创造新的经济增长点，实现高质量发展的题中应有之义。要借助做好文物国保单位荆江分洪闸保护利用契机的同时，着力念好水字经、做好水文章、打好生态牌，奋力将生态优势转化为产业优势、经济优势、发展优势。打响"百湖之县"特色水产品牌，做强做优水产育种产业，"一湖一策"推行鱼虾共生、鱼类养殖等水产有机种养模式，宣传推介公安优质水资源，扩大招商引资、合作交流，做活水文化。利用独特的水资源环境，规划建设湖泊湿地公园、荆江分洪博物馆、荆江水文化博物馆，搭建水文化载体，因地制宜发展以休闲疗养、旅游养生为主的荆楚乡村休闲观光体验产业，做大水平台，形成高质量发展新格局。

---

① 吴红敬：《长江水利文化遗产——荆江分洪闸的价值解读与保护利用》，《中国文物报》，2022 年 6 月 24 日。

四、需要重点关注和处理的几组关系

1. 防洪蓄洪功能与文物保护均应放在首位的关系

荆江分洪工程为防洪、蓄洪而建，其首要任务就是调蓄长江洪水，确保荆江大堤和江汉平原的安全，确保荆江两岸数百万人民生命财产的安全。确保荆江分洪工程整体运行的完好，实现防洪蓄洪功能是第一位的。作为文物保护的荆江分洪主体工程的进水闸、控制闸，对文物本体及其周边环境的保护也是第一位的。与前者是一致的，不相矛盾。修缮维护工程中文物本体的部分，致力于不改变文物原状，不改变工程主体的使用功能，反而可以促使工程功能的实现。因此，在工程原有功能不改变的前提下，实施对文物的有效修缮与维护，工程防洪蓄洪功能与文物保护两者均应放在首位，是可以统一的。

2. 保护文化遗产与区域经济发展和改善生态环境的关系

"保护第一、加强管理、挖掘价值、有效利用、让文物活起来"是新时代文物工作方针。作为文物的分洪闸及其附属建筑必须首先坚持"保护第一"，作为水利工程遗产的荆江分洪工程及其风貌环境也必须坚持"保护第一"。区域经济发展和改善生态环境，要始终把维护荆江水利工程遗产的历史真实性、风貌完整性、文化延续性和功能便利性作为前提。利用要科学、合理、有效，需要极大地激发创新性和创造力，充分发挥遗产的综合价值，为区域经济社会发展和各项社会事业所用，既赋能乡村振兴，又能更好促进文化遗产保护。保护、发展与环境的改善是辩证统一的关系。

3. 厘清公园建设规划与文物保护规划的关系

水利文化遗产的保护，特别是作为文物单位的保护，应依法编制保护规划，还应在确保文物本体安全性、完整性、和谐性的前提下划定保护范围，确定建设控制地带。应将保护规划纳入当地城乡建设规划，纳入经济和社会发展计划，且应纳入财政预算和各级领导责任制。文物保护规划中规定的保护项目，都必须根据相关的规章制度、行业规范严格执行。建设遗址公园，应依法履行法定程序，制订整体规划，公园建设规划必须服务或服从文物保护规划。在划定的文物保护范围内不允许违规开发，公园建设规划涉及建设控制地带除严格按程序报批外，还应提出详细的建设控制要求，包括建筑物的体量、高度、色彩、造型等，必要时应提出建筑密度、适建项目等要求。

乡镇：打通大遗址保护利用"最后一公里"的新力量

——以湖北襄州凤凰咀遗址为例

张晓云 *

摘　要：大遗址数量多、规模大、价值高，绝大多数地处农村，保护利用难度较大，历来是文物工作的重点和难点。随着大规模城乡建设的推进，大遗址保护利用面临更为严峻的挑战。如何打通大遗址保护利用"最后一公里"，成为当前推进文物事业高质量发展进程中的一项重大课题。鉴于以乡镇为主体负责组织实施的大遗址保护利用模式，在全国尚属空白，本文以湖北襄州凤凰咀遗址为例，对以乡镇为主体的保护利用模式作一探讨，以期为大遗址保护利用提供借鉴和新的思路。

关键词：大遗址；保护利用；乡镇

近年来，国家出台了一系列关于文物保护、利用的重要政策。这些顶层设计要见成效，必须解决好"最后一公里"的问题，即将文物保护的责任在基层特别是广大农村地区落地。大遗址数量多、规模大、价值高，绝大多数地处农村，保护利用难度较大，历来是文物工作的重点、难点。随着社会经济的飞速发展和大规模城乡建设的推进，基层文物保护力量明显不足，大遗址保护利用面临更为严峻的挑战。如何打通大遗址保护利用"最后一公里"，切实做到在保护中发展、在发展中保护，成为当前推进文物事业高质量发展进程中一项十分紧迫的重大课题。

根据《文物保护法》、《国家考古遗址公园创建办法(试行)》、国家大遗址保护专项规划等有关规定及各地工作实践，大遗址保护及以考古遗址公园建设为主要形式的利用基本由遗址所在地县级以上人民政府负责组织实施。以乡镇为主体负责组织实施的大遗址保护利用模式，在全国尚属空白。本文拟以湖北襄州凤凰咀遗址为例，对探索构建以乡镇为主

* 张晓云，湖北省博物馆党委书记、馆长。本文的写作得到湖北省古建筑保护中心李长盈博士、武汉大学单思伟博士、襄阳市襄州区龙王镇张健书记的帮助，谨致谢忱。

体的大遗址保护利用新模式作一探讨，以期为打通大遗址保护"最后一公里"、有效推进国家考古遗址公园建设提供借鉴和新的思路。

一、乡镇发挥核心作用，大遗址保护利用落实见效

凤凰咀遗址地处汉江中游的湖北省襄阳市襄州区龙王镇，包含距今约 5200 年至 3900 年的屈家岭文化、石家河文化和煤山文化等遗存，遗址总面积约 50 万平方米，是鄂西北南阳盆地迄今发现面积最大、等级最高的中心聚落遗址。其中城址面积 15 万平方米，城址的发现将襄阳城市发展史向前推进两千多年，被誉为襄阳"城市之根"。2008 年被湖北省政府公布为省级文物保护单位，2019 年先后被省政府列入荆楚大遗址传承发展工程项目库、被国务院公布为第八批全国重点文物保护单位。

龙王镇高度重视凤凰咀遗址的保护利用，积极贯彻落实习近平总书记关于文物保护与考古工作重要讲话精神和省政府《荆楚大遗址传承发展工程实施方案（2019—2023 年）》，发挥主体作用，争取区政府投入近 4000 万元，协调考古发掘单位、各级文物部门等各相关方，主动将保护利用工作抓在手上、责任扛在肩上、要求落在实处，有效增强当地民众文物保护意识，并带动人居环境改善与文旅融合发展。在各方重视支持下，明确遗址土地属性为耕地，限制房屋建设及水渠开挖等活动，协调成立专门保护机构"凤凰咀遗址保护中心"，积极申报国保提升文物级别，树立保护标志，报请省政府公布保护范围与建设控制地带，组织编制文物保护规划。同时，将新建的村委会大楼整体交由考古发掘单位使用，并建设建筑面积 4000 多平方米的考古工作站（陈列馆）、文物库房、修复室等，推动武汉大学田野考古实践教学基地挂牌运行。通过协调组织考古发掘，清理出古城墙、护城河、古河道、大型建筑基址，出土陶器、石器、玉器文物及标本数千件，建设保护棚对考古发掘区进行现场展示，启动遗址博物馆建设，并结合遗址主题进行周边环境整治，遗址核心区所在地闫营村被农业农村部授予"2021 年中国美丽休闲乡村"。

经过不懈探索，以乡镇为主体的大遗址保护利用"凤凰咀模式"初步形成（参见图1），即"一个主体、一个支点、两个方面、六方支持"，各方形成合力，共治共建共享。凤凰咀遗址保护利用工作目标亦逐步确立，即短期目标为结合美丽乡村建设和乡镇发展规划，发展生态农业，促进文旅融合，2023 年建成湖北省文化遗址公园，实现统一管理；中长期目标为纳入国家大遗址项目库，构建系统的保护阐释展示体系，建设国家考古遗址公园，打造成为荆楚文明重要标识和全国文化旅游重要目的地。

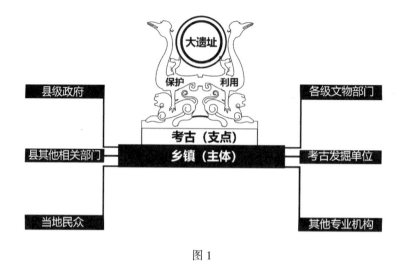

图 1

二、乡镇治理水平提升，大遗址保护利用能力增强

党的十八届三中全会首次提出"国家治理"的概念，推进国家治理体系和治理能力现代化。乡镇作为我国五级政府的最基层，处于国家治理体系的最末端，是各项政策落实"最后一公里"的执行者，在推进基层治理现代化进程中具有重大战略地位。截至 2020 年年底，全国共有乡级行政区划单位(包括乡、镇、街道等 7 类)38741 个，加强乡镇能力建设成为推进乡村治理现代化、乡村振兴战略的应有之义和必然要求。2017 年以来，中办、国办先后印发《关于加强乡镇政府服务能力建设的意见》《关于加强和改进乡村治理的指导意见》《关于加强基层治理体系和治理能力现代化建设的意见》，对以改革创新和制度建设、能力建设为抓手(见表 1)，统筹推进乡镇(街道)和城乡社区治理，夯实国家治理体系和治理能力现代化基础做出系列部署，为加强乡镇能力建设提供重要遵循，乡镇在重塑角色定位和强化功能等方面迎来关键的发展契机。

为贯彻落实国家上述《意见》，湖北省紧密结合基层社会治理实际，省委、省政府出台一系列重磅政策性文件，全省统筹推进基层社会治理，形成了"2+9+X"政策矩阵。在此基础上，省委对全省基层治理协调工作机构进行重点任务分工、部门职责分工，制定考核评估指标体系以及工作调度督办工作机制，为构建城乡基层社会治理体系提供组织保障，省人大颁布实施《湖北省乡村振兴促进条例》。通过聚焦体制重构、放权赋能、综合施策，充分赋予乡镇人事管理权、财政管理权和经济社会管理权，乡镇治理能力和发展水平持续提升，涌现出江陵县熊河镇、曾都区洛阳镇、枣阳市王城镇等一批乡村治理示范乡镇。

表 1

项目	类型	总体要求	主要内容
乡镇能力建设	服务	加快乡镇职能转变步伐，着力强化公共服务职能	基本公共教育、劳动就业、社会保险、基本社会保障、基本医疗卫生、公共文化体育、其他公共服务
	财政	改进乡镇基本公共服务投入机制，完善乡镇财政管理体制	县级以上各级政府加大资金支持力度；引导信贷资金投向乡镇；建设项目足额安排资金；帮助弥补乡镇财力缺口；保持财政收支平衡等
	人才	加强乡镇干部队伍建设	人才向乡镇流动政策支持体系；乡镇事业人员职级职称倾斜政策；乡镇领导干部选拔政策；乡镇公务员职务职级并行制度；乡镇工作补贴和艰苦边远地区津贴政策等

凤凰咀遗址所在的襄阳市襄州区近年县域经济稳居全省一类县（市、区）前五，连续 9 年获评"全省县域经济工作成绩突出（先进）单位"，获评"全国综合实力百强区"，不断加大文物保护资金投入力度，将凤凰咀遗址公园建设列入政府年度工作报告。龙王镇镇中心距市区 35 千米，交通便利，通过不断改革创新，理顺机制，引进人才，突出特色，经济社会发展势头良好，职能进一步强化，效能进一步提升，2020 年入选"第六届全国文明村镇"名单、全国乡村特色产业十亿元镇名单、2017—2019 周期国家卫生乡镇。"让陈列在广阔大地上的遗产活起来"，成为乡镇现代治理能力水平提升的生动体现。

三、相关认识与思考

2021 年 10 月，国办印发《"十四五"文物保护和科技创新规划》强调，"加强大遗址保护……发挥地方积极性，坚持考古先行、保护第一、融合发展、创新驱动，系统做好大遗址考古研究、空间管控、保护管理、开放展示工作，鼓励各地区因地制宜创新大遗址保护管理利用体制机制"。国家文物局印发《大遗址保护利用"十四五"专项规划》要求，"地方人民政府具体组织开展大遗址保护利用工作"，"引导地方人民政府有序建设省级考古遗址公园"。毫无疑问，以上文件所指的"地方"包括乡镇，且对于调动地方积极性、因地制宜创新体制机制、建设省级公园等明确表示鼓励支持，为乡镇开展大遗址保护提供了有力的政策依据。

传统以县级政府为核心的大遗址保护与利用模式，具体工作一般由县文物部门或博物馆承担，有的还新成立专门机构，组织实施能力的不确定性较大，有的积极性不高，易导致保护不到位。凤凰咀遗址所在的龙王镇对地方经济发展秉持科学理念，充分利用国家强乡扩权改革的政策利好，抓住湖北实施荆楚大遗址传承发展工程的项目契机，发挥自身突出的经济地利优势，探索走出了一条符合自身实际的大遗址保护基层治理新路径，以实例证明乡镇在大遗址保护中亦可以大有作为，发挥打通"最后一公里"的作用，成为新时代参与文物保护不可忽视的新力量。"凤凰咀模式"为文物资源富集且有积极性的乡镇探寻适合自身特点的发展道路，提供了有益借鉴。

从组织实施的方式来看，"凤凰咀模式"主要采取：一是将考古作为支点，二是将保护与利用同步推进。通过完善基础设施建设，筑巢引凤，吸引考古发掘单位武汉大学共建全省唯一田野考古实践教学基地，为全方位撬动文物保护、研究与展示利用提供强大支撑。同时，结合美丽乡村建设，将保护与利用融为一体，合理确定保护边界、措施与利用目标、方式，调动县村积极性，改善人居环境，发展旅游产业，做到可持续发展。从组织机构的职能来看，乡镇模式在保护与利用的前期具有较大优势，完成目标的努力程度和工作效能较高，后期按照《国家考古遗址公园创建办法（试行）》有关规定，建立专职专业运营机构，仍是可持续发展的必由之路。从人的因素来看，由于乡镇层级较低，组织动员资源的能力有限，以及大遗址保护的专业性、政策性要求，导致对人的要求会相对更高，特别是其主要领导的思想认识水平、协调力、执行力等。

当前对乡镇的研究主要关注于职能转变、服务供给、体制改革等，对其能力建设的研究尚处于起步探索阶段。未来，支持和引导乡镇在大遗址保护中发挥关键性、阶段性主体作用，或许可以成为文物工作一个新的努力方向。当然，鼓励乡镇模式并不意味着否定县级模式，乡镇模式的实施必然离不开县级政府的重视与支持。任何成功的模式都有其自身的优势和特点，不可能千篇一律、照抄照搬。建议各级文物部门进一步加强对乡镇（包括街道）文物保护能力建设和激励机制的研究，在政策允许与风险可控的前提下，让那些具有实力和积极性的乡镇自主创新、发掘潜力，为文物保护贡献更大力量。

系统论视域下屈家岭考古遗址公园的生态建设研究

倪高阳　　王晓琨*

摘　要：2022 年 4 月《国家考古遗址公园管理办法》的正式公布实施标志着我国国家考古遗址公园步入发展完善和提升引领阶段。从屈家岭文化到屈家岭考古遗址公园，再到国家考古遗址公园，屈家岭考古遗址公园走过了一段艰难却坚定的路程，为中国的大遗址保护提供了"屈家岭智慧"。本文试图利用系统论的理论、生态学的方法，从理论层面提炼总结屈家岭考古遗址公园的生态建设成就经验，并提出现阶段建设中出现的问题和改进的方向。

关键词：系统论；考古遗址公园；屈家岭文化；生态建设

一、问题的提出

1. 系统论的概念和特点

经典系统论诞生于美籍奥地利科学家德维希·范·贝塔朗菲 1945 年在《德国哲学周刊》发表的《关于普通系统论》一文。一般系统论，根据贝塔朗菲的解释，"我们提出一门新的学科称之为一般系统论，它的主题是阐述和推导一般地适用于'系统'的各种原理"①。早期又被人们翻译成"普通系统论"，是一门适用性比较广泛的学科。经典系统论就是这种刚刚创立起来的一般系统论。现代系统论则是后来提出来的一个概念，它是对经典系统论新发展成果的综合②，在研究对象、适用性问题、阐述系统的发展机制等方面有所区分。

---

* 倪高阳，中国人民大学 2022 级硕士研究生；王晓琨，中国人民大学考古文博系副教授。

① ［美］冯·贝塔朗菲著，林康义、魏宏森等译：《一般系统论基础发展和应用》，清华大学出版社 1987 年版，第 30 页。

② 常绍舜：《从经典系统论到现代系统论》，《系统科学学报》2011 年第 3 期。

本文所采用的是现代系统论的观点，重点研究系统内部整体与部分的关系问题，注重对系统发展变化总体机制和规律的探讨，分析考古遗址公园中要素、层次、结构、功能以及环境因素共同作用的结果。

传统考古学其实是在原子论范式下运作，关注包括陶片在内的以材料为主的单位，以及它们内在的特点，这种范式的问题使我们很难预判单位和单位之间的相互作用①。但系统论范式为我们提供了如下三点不同的视角。首先，系统论更关注材料之间的关系，它关注原理而非特征，系统论之父路贝塔朗菲将其称为"整体的科学"。其次，"关系"存在于各种生物和非生物现象之中，系统论对于关系的注重让生物和非生物的结合有了可能。最后，系统是动态的有机体，会随内部因素与时间的变化而变化，并且系统的变化通过不同的途径影响任何一种关系，因此系统论范式中的因果关系是多因而非单因的因果关系。

2. 考古遗址公园的生态建设

大遗址是根据我国考古遗址特点提出的具有中国文化遗产保护特色的概念②。在中国文化遗产的发展过程中，"大遗址"延伸的范围越来越广，除长城、大运河外，大型考古遗址公园也被列入了大遗址概念的范畴内。卡萨格兰德遗址是美国最大的史前建筑遗址，1918 年被纳入美国国家公园管理体系，是最早被纳入美国国家公园管理体系的考古遗址。在我国，1983 年由国务院批准的《北京城市建设总体规划》将圆明园确立为国家考古遗址公园，这是我国最早的国家考古遗址公园。全国各地史前文明灿若满天星斗，史前遗址的考古公园也由北京周口店发轫，在中华大地相继建立，并打造属于自身考古学文化的 IP 内容与公众形象。

屈家岭国家考古遗址公园位于湖北省荆门市屈家岭管理区。屈家岭遗址是长江中游最早发现、最具代表性的新石器时代大型聚落遗址，距今约 5300～4500 年。1954 年发现以来，遗址出土大量史前稻作遗存、蛋壳彩陶和磨光黑陶，表明长江中游是农耕文明的重要发祥地。屈家岭遗址是全国重点文物保护单位，入选"中国 20 世纪 100 项考古大发现"、中国"百年百大考古发现"，被连续纳入国家文物局大遗址保护专项规划。2017 年 11 月屈家岭考古遗址公园获国家文物局批准立项，并于 2022 年 12 月 29 日获批"国家考古遗址公园"。屈家岭考古遗址公园集历史文化保护、生态园林、山水景观、休闲旅游、民俗传承、

① ［美］迪安·阿诺德著，郭璐莎、陈力子译，陈淳校：《陶瓷理论与文化过程》，《南方文物》2019年第 6 期。

② 单霁翔：《大型考古遗址公园的探索与实践》，《中国文物科学研究》2010 年第 1 期。

艺术展示为一体，是开放式城市生态文化公园①。考古遗址公园基于考古遗址本体及其环境保护与展示，融合城市公共文化空间功能，供大众游览、休闲、教育、科研等。

生态学是一门关注影响生物个体与种群的外部因素的学科。考古学与生态学的先声是美国考古学家布雪德伍德和马克尼什分别在伊拉克和墨西哥进行的农业起源多学科研究②。生态学在国内遗址保护方面的理论研究可以追溯到 1996 年孙霄《遗址保护系统生态学初探》一文中提出的"遗址保护系统生态学"，这是一个介于自然科学与社会科学的科学体系，为考古遗址公园的研究提供了理论思路。

考古遗址公园是基于建立遗址的新的生态系统，对遗址合理保护和第二次有效利用。生态学的主要任务是："使生态系统在被索取'最大生产量'的同时，又能得到'最大的保护'。只有这样，才能增强生态系统对环境扰动的抗御能力，并达到人与环境的协调。"③对于遗址来说，挖掘的过程就已经破坏了原本存在的生态系统，并且挖掘结束、文物出土的热潮过去，遗址就会慢慢淡出公众视野，其后续保护利用就很难落实到位。建设考古遗址公园能够建立新的生态系统，让遗址获得二次及多次关注，并在不断与人互动的过程中达到保护与利用的平衡。屈家岭考古遗址公园的建设为屈家岭文化的继续宣传提供了物质条件，但要想真正达到保护和利用的平衡，就必须加强其生态学研究，从整体系统的视角进行统筹建设。

3. 系统论在考古遗址公园生态建设研究中的可行性分析

从共时性和历时性的视角来看，系统论视角可以帮助考古遗址公园的生态建设回答多方面的问题。现代系统论认为，系统作为物质世界及思维的普遍联系方式，是具有普遍适用性的，也就是说它不仅适用于研究自然界，而且适用于研究包括思维在内的人类社会④。从共时性的角度来看，考古遗址公园是人类社会传播文化内容、构建文化价值的新型途径，已经与现在的人类社会密不可分。屈家岭考古遗址公园的设计构思在对遗址历史的尊重与充分挖掘基础上，同时考虑场地现有地域背景、特质及其周边环境特点，对遗址与场地关系的演绎成为烘托和承载公园特点的关键⑤。

---

① 屈家岭考古遗址公园，http://www.qujialingsitemuseum.com/park.html，检索时间：2023 年 8 月 8 日。

② 约翰·布里格斯等著，段继明译，陈淳校：《为什么生态学需要考古学家，考古学需要生态学家》，《南方文物》2017 年第 2 期。

③ 杨国璋、金哲、姚永抗、陈燮君主编：《当代新学科手册》，上海人民出版社 1985 年版，第 90 页。

④ 常绍舜：《从经典系统论到现代系统论》，《系统科学学报》2011 年第 3 期。

⑤ 汤羽扬：《屈家岭考古遗址公园详细规划，荆门，湖北，中国》，《世界建筑》2014 年第 12 期。

从历时性的角度来看，屈家岭文化（前3300—前2500年）可以和同时期的黄河流域的仰韶文化对话，在一定程度上佐证中国文明多元起源的观点，达到史前遗址文化与文化之间、文化与生态环境之间相互作用的系统考量，给予考古遗址公园生态建设在历史发展方面的视角。因此，利用系统论去研究考古遗址公园的生态建设在理论层面是具备可行性的。

二、考古遗址公园生态建设的理想模型与"屈家岭实践"

新时代应更加注重考古遗址公园整体性、系统性的建设。2009年12月，国家文物局颁布《国家考古遗址公园管理办法（试行）》，将国家考古遗址公园定义为"是指以重要考古遗址及其背景环境为主体，具有科研、教育、游憩等功能，在考古遗址保护和展示方面具有全国性的示范意义的特定公共空间"；2022年4月，《国家考古遗址公园管理办法》正式公布实施，标志着我国国家考古遗址公园从管理体系建设阶段步入发展完善和提升引领阶段，为新时代考古遗址公园发展历程赋予新章程、新动能①。从系统的角度出发考虑新阶段考古遗址公园的继续建设问题是新时代考古遗址公园建设的基本视角。

考古遗址公园生态建设的边界不能限定于其物理划归的范围，而应该向外拓展出其生态的缓冲区。考古学的基本成分是人类遗物和它们的关联，包括食物遗存沉积物和景观条件等介质②。屈家岭文化作为长江中游史前农业文明的典范，其考古遗址公园用现代的形式还原历史场景，实现今人与古代先民的对话，在保护遗址及其出土文物的基本原则上，鼓励现代人参与进来，去感受和了解考古学文化。但人的参与不是从踏进公园大门的那一刻开始的，正如恩格斯所说："我们所接触到的整个自然界构成一个体系，即各种物体相联系的总体。"③人的参与在从驱车前往欣赏沿途风光与周边环境的整体风貌时，就已经开始了。

因此，考古遗址公园边界的延伸与保护也十分重要。考古遗址公园内部生态结构、与外部自然与人文的联系以及外部风光管理，都应属于考古遗址公园生态建设的范围。我们在此将公园内部的生态环境称为"生态景观"，外部的自然与人文风光称为"生态缓冲区"，为了确保更好的民众体验，增强考古学文化的传播效果，我们需要对屈家岭考古遗址公园

---

① 安磊：《国家考古遗址公园发展历程回顾》，http://www.ncha.gov.cn/art/2022/4/15/art_722_173817.html，2022年4月15日，检索时间：2023年8月8日。

② ［美］卡尔、W. 布策尔著，李非译，陈铁梅、李水城、水涛校：《〈作为人类生态学的考古学〉（节译）》，《华夏考古》1993年第3期。

③ 《自然辩证法》，《马克思恩格斯选集》第3卷，人民出版社2012年版，第952页。

的生态景观与生态缓冲区的建设作进一步的研究。

除此之外，考古遗址公园的建设也应该作为考古学文化的外延，帮助解释和阐释考古学文化。马修·约翰逊在总结新考古学的关键要点时强调了"系统论"的思想以及文化对外部环境的适应①，强调各个子系统之间功能上的联系。考古遗址公园在发挥公共性作用之外，还作为工具或媒介承载着传播考古学文化的功能，自然也需要协调好子系统内部、子系统之间以及系统自身整体的统筹与发展。

屈家岭考古遗址公园生态建设的若干重大问题，都直接或间接关系到考古遗址公园内外的自然系统、文化建设与社会结构。此处的"生态"是一个广义的概念，正如现代系统论对"关系"的重视与强调，"生态"是自然、文化和社会这三个不同性质的系统之间相互连接、共同作用的结果。自然、文化和社会的要素和层次各有不同，但各自的发展在结构和功能上必须当作一个系统来考虑，我们称其为屈家岭考古遗址公园的"自然—社会—文化"复合生态系统(参见图1)。基于系统论的基本要素，从要素、层次、结构和功能的角度研究各子系统之间纵横交错的相互关系，应是解决现阶段考古遗址公园生态建设的关键所在。

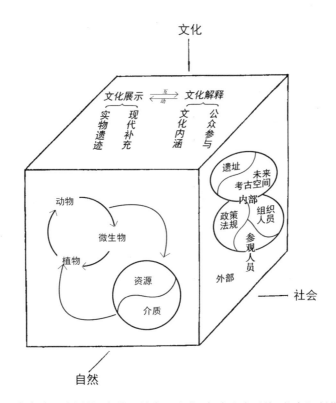

图1　考古遗址公园的"自然—社会—文化"复合生态系统(倪高阳制作)

---

①　[英]马修·约翰逊著，魏峻译：《考古学理论导论》，岳麓书社2005年版，第25页。

1. 自然生态环境

理想状态下考古遗址公园内部生态景观和外部自然生态缓冲地带的建设应与整体环境相一致。屈家岭遗址处于鄂中丘陵至江汉平原的过渡地带，5000 年前气候温暖湿润、降雨充沛，为混合作物的耕种模式提供了良好的环境，该地区是长江中游农耕文明的发祥地。纵观稻作现今的世界发展以及在中国发展的历史，我国一直以来都是稻作农业发展的起源地和优势区域，而荆门一直以来则是中国粳稻发展的优势板块①。现如今，屈家岭考古遗址公园所在地阳光充足、雨量充沛，被联合国教科文组织评为最适宜人类居住的地区之一，有"中国天然氧吧"的称号。

屈家岭考古遗址公园的自然生态缓冲区具备高质量发展的先天条件。考古遗址公园的东、南两面被青木河环绕，青木河和青木垱河两条水系景观带的"两带"设计在考古遗址公园建设之初就被放在了设计的蓝图之中。屈家岭地区山清水秀、动植物资源丰富，城区农谷广场中心的火炬雕塑由金黄稻穗托起燃烧的火炬，用稻穗的形象体现屈家岭文化五千年的农耕文明；万亩屈家岭桃花风情园区内桃花竞相开放，美若仙境；全国最大的屈家岭梅花鹿养殖基地融参观赏鹿、生态旅游为一体……当地政府的自然生态建设因地制宜、合理开发，实现生态保护与盈利创收的双赢。

屈家岭考古遗址公园与外部的自然生态环境相呼应，其内部的自然生态建设也基本接近理想的模式，宏观俯瞰下红烧土色的建筑与大地融为一体，四周绿树环绕，视野开阔，广场的颜色在阳光的照射下与湖泊颜色相近，考古遗址公园与自然景观得到了最大程度的结合。因此，屈家岭考古遗址公园的自然生态景观和缓冲地带充分展示了城市与公园管理人员的重视与成就，与城市的生态建设相得益彰。

2. 社会生态环境

社会生态环境在考古遗址公园中的体现主要集中在内部管理与社会职能方面，公园内部形成稳定的社会生态子系统，并与外部社会环境互为照应和补充。借用考古学"区系类型"划分的理论，考古遗址公园社会生态建设中的"区系类型"也可以作为划分与讨论的标准："系"是按照时间先后讨论建设前的设计、建设落地的过程以及建设完成后的完善；"区"则依据考古遗址公园的功能分区进行公园内部社会生态环境的动态管理。考古遗址公园与其他社会组织相比具备历史与保护的特殊性，除政策规定、组织与人员外，其社会生态应包括遗址本身及其周边环境和参观人员，并且因为考古发现的未知，甚至还要为未来

---

① 汤羽扬：《屈家岭考古遗址公园详细规划，荆门，湖北，中国》，《世界建筑》2014 年第 12 期。

可能出现遗址点的地区留有发现与探索的可能。因此,考古遗址公园社会生态的子系统建设非常重要也十分困难。

屈家岭考古遗址公园的社会生态子系统建设基本做到了要素的全覆盖,"四个区域、五大要素"统筹起屈家岭考古遗址公园的社会生态建设。遗址展示区以遗址本身为展示对象,在保护第一的原则下对公众开放,实现对遗址本体及其周边环境的保护;考古预留区为未来新的考古发现提供了空间;景观展示区和服务管理区对参观人员起到多方面服务的作用和效果,实现了与外部社会的连接与互动……屈家岭考古遗址公园的功能分区从不同的角度涵盖了遗址公园内部动态运作所需的全部要素,遗址展示区、景观展示区、考古预留区及服务管理区域四个区域共同构成了屈家岭考古遗址公园内部的社会生态子系统,并且涵盖了遗址及其内部文化与周边环境、政策法规、组织人员、参观人员和未来考古空间五大要素。

考古遗址公园社会生态系统的五个要素相互作用,如同公司部门之间协同发展。遗址及遗址内部的文化发现及周边环境作为被保护的主体处于系统的中心位置;政策法规应为遗址主体的"安检"系统时刻监护主体的安全;组织人员则共担"警卫"与"导游"的双重角色,在保护中发展,在发展中利用;参观人员作为主体外界的参与者,在参观游览、享受公共空间带来的休闲放松、对遗址本体进行了解与解释之外,还承担着与外界沟通的作用,作为文化信息的载体和信息输出者通过各自选择的方式向外界宣传。由于社会不具备固定性,考古遗址公园社会生态的子系统一定是需要在动态平衡中建设和管理的。考古遗址公园仅仅具备遗址、政策法规、组织人员、参观人员和未来考古空间五个要素还远远不够,五要素之间的动态平衡才让遗址保护、遗址展示和遗址参与协同发展具备可能。

3. 文化生态环境

考古遗址公园是展示考古学文化的窗口,是研究考古学文化的重要平台。屈家岭文化是长江中游地区发现和命名的第一支史前考古学文化,出现轮制技术并能够制作精美的蛋壳陶器。屈家岭考古遗址公园的主要建筑——屈家岭遗址博物馆,采用仿红烧土材质的建筑外观,以形态主义风格流畅的线条打造出波浪形外观。红烧土色的房屋颜色结合屈家岭文化元素的同时,与大自然融合在一起,从现代出发引发大公众对历史的想象。并且公园总体规划结构的"四心"将屈家岭遗址、钟家岭遗址、冢子坝遗址与土地山遗址的遗迹遗物按照文化的序列展示给公众,在上游的文化展示中做到自然生态与展示内容的系统性与完整性。

除了系统性与完整性,屈家岭考古遗址公园上游文化展示还体现了专一性和独特性。在微观层面,屈家岭遗址博物馆展出的文物全部出土于屈家岭遗址;在宏观层面,屈家岭考古遗址博物馆以长江中游早期农业典范为主题，以考古研究为依据，以农耕文化为核心，全面阐释屈家岭遗址在早期农业社会中的重大作用，并且通过模型、场景复原等手段，重现了五千年前屈家岭先民的农耕生活，始终以"稻缘·农魂"为主线进行文化展示，保持其作为专题考古遗址公园的专一性。

在考古遗址公园文化生态系统的建设中，屈家岭考古遗址公园做到了上游文化展示齐全且专一，下游文化宣传鼓励公众参与、增强文化接受度。无论是屈家岭文化 IP 全球征集大赛，还是举办的各类表演性、参与性的屈家岭主题文化节，都是让考古文化"接地气"、让民众直接参与考古文化的具体实践。上述文化宣传实践在社会层面取得了很大的反响，但文化宣传要想真正起到作用，除了声音要大，更重要的是培养公民参与的主动性。正如在"社会生态环境"小节中所探讨的，外界参观人员作为主体参与者承担着与外界沟通的作用，人作为文化信息的载体会按照自己的意愿、各自选择的方式向外界宣传。

同时，除了自然生态建设能绿化环境外，随着社会和文化生态系统的完善，屈家岭文化及考古遗址公园话题流量的增大，可促进当地旅游业发展，也会带动当地的经济发展，实现遗址与人的双向互动，从健康、经济和文化多个角度造福当地百姓，百姓获得切实的利益，公众也就更能主动参与文化的宣传。

三、屈家岭考古遗址公园生态建设的几点建议

考古遗址公园概念的提出本身就基于缓解考古遗址保护与公园建设之间在特性和需求上的矛盾①。由于城市化速度加快，遗址的历史风貌受遗址外围环境的影响，其内部环境持续恶化，并且由于无法直接改善居民生活而导致民众对考古遗址缺乏认同感，因此在遗址保护上存在很多的问题。建立考古遗址公园既能够尽可能保护遗址内部自然生态，又能建立居民认同的城市文化空间，提高居民生活质量，加强居民对城市与文化的认同，使居民与政府一起保护和利用遗址及其周边环境。

在考古遗址公园的生态建设中，文化生态系统作为内容，社会生态系统作为渠道，自然生态系统作为载体，三个子系统共同组成了考古遗址公园的复合生态系统，而人在其中的流动与贯穿是将整个系统建立起来的枢纽。本文在认真分析了屈家岭考古遗址公园生态系统建设后，认为屈家岭考古遗址公园在自然、社会和文化三个生态子系统建设中都取得了令人瞩目的成就，但其发展在外部自然建设、公众参与的主动性以及人在遗址公园内外部连接中枢纽作用的发挥方面仍存在一定的欠缺，据此提出屈家岭遗址考古公园生态建设

①　单霁翔：《大型考古遗址公园的探索与实践》，《中国文物科学研究》2010 年第 1 期。

的两点建议。

1. 加强屈家岭考古遗址公园外部环境的建设

根据系统论的观点，外部环境的生态建设应属考古遗址公园的规划范畴。人的参与开始于驱车前往考古公园时欣赏沿途的风光与周边环境，甚至开始于整个城市的自然与人文风光。为实现公众沉浸式参与，可以在考古遗址公园外部建立更为系统的生态景观长廊，并注重公园、生态长廊与城市区划的过渡连接。以环球影城的"城市大道"（Universal City Walk）为例，这条道路不仅是屈家岭考古文化相关商品流通的场所，更是屈家岭文化 IP 形象游行展示的空间，创收的同时能够加大文化的宣传。对于考古公园外的城市宣传，可以采取 IP 联名的方式将考古遗址公园的元素渗透到城市的各个方面，打造屈家岭文化相关的游乐场、主题酒店、动画片等，加强屈家岭文化的社会渗透。

2. 将"发挥人的枢纽作用"作为生态建设的准则

无论是公园本身的建设或 IP 形象的开发，在遗址保护的基本原则基础上，"人"的考量都应该作为行动的准则。公民是否主动参与才是衡量宣传效果好坏相对客观的指标。除了活动现场参与人数的计算外，更应该通过田野调查等社会学方法获得本地与外地人对于屈家岭考古遗址公园的参与意愿并进行分析，根据分析结果进行高效率的建设与改造。百姓需要什么、想要什么关系到考古遗址公园该如何发展，考古遗址公园的未来绝非靠领导者和管理者的一家之言，需要公众表达心声和积极参与。只有找到人的生活需求与文化和心灵的需要，让公众在考古遗址公园的建设中真正获利，考古遗址公园的建设才能找到永续发展与传承的窗口，实现屈家岭文化的进一步普及。

四、余语

考古遗址公园生态建设的目的是在保护遗址的原则上，对遗址进行保护和二次利用，弘扬考古学文化，优化城市居民空间。为了发挥其功能，在考古遗址公园的生态建设中，"自然—社会—文化"复合生态系统的建立不能仅靠要素齐全、结构清晰，更需要"人"作为枢纽在各个层次和要素之间将考古遗址公园的功能真正发挥出来。正如前文所总结的，目前屈家岭考古遗址公园从系统考量，在要素、结构、层次上取得了许多成就，但在公众参与的主动性方面仍存在一定的欠缺。今后可以加强考古遗址公园中对于"人"的研究，增强人在考古遗址公园建设中的枢纽作用，在复合生态系统的统筹下实现考古遗址公园新阶段的飞跃。

遗址公园建设视角下的古墓葬遗产保护展示

——以明楚昭王墓为例

吴　忱　李长盈*

摘　要： 明楚昭王墓是明楚王墓群的首座陵园，在整个墓群中规模最大、年代最久、保存最为完整，具有独特价值。本文以明楚昭王墓的保护展示为例，从考古遗址公园建设视角出发，通过总结归纳既往文保工作，认为古墓葬遗址的保护展示需遵循保护第一、有效利用、深化阐释三个方向性和阶段性的思路，原址展示"硬件"需与陈列和解说"软件"相结合，更多地让文化遗产融入现代生活。

关键词： 古墓葬；明楚王墓；考古遗址公园；遗址保护展示

古墓葬是中国大遗址的一个重要类型，是我国古代社会文化生活的结晶，具有很高的文物价值和社会文化价值。明楚王墓①是荆楚大遗址的重要组成部分、首批湖北省文化遗址公园和第四批国家考古遗址公园立项单位。如何在保护好文物本体的基础上，更好地展示和阐释墓葬价值，让遗产保护融入现代生活成为明楚王墓群保护利用的一个重要课题。明楚昭王墓是明楚王墓群的首座陵园，规模最大、年代最久、保存最为完整，是墓群保护展示的核心，具有一定代表意义。本文拟以明楚昭王墓为例，通过对其近年来考古与保护展示成果进行初步梳理，探讨古墓葬类型遗址公园建设过程中的文物保护和价值展示的基本思路。

一、遗址概况

明楚昭王墓坐落于武汉市东湖新技术开发区龙泉山天马峰下。墓园坐北朝南，北高南低，依山就势修筑而成。明楚昭王墓由内外两重长方形茔垣构成，平面呈"回"字形。外茔

---

* 吴忱，武汉市东湖新技术开发区龙泉街道办事处副科二级；李长盈，湖北省古建筑保护中心文博副研究馆员。

① 明楚王墓为明朝楚藩亲王墓群，2001 年被公布为第五批全国重点文物保护单位。后文为更好区分明楚王墓群和明楚昭王墓之间的关系，"明楚王墓"一律写作"明楚王墓群"。

垣南北长 355、东西宽 335 米，面积约 11.89 公顷。茔垣为石基砖墙，现存最高 3.3、厚 0.9 米，北外垣上有四个券孔式泄水孔，便于山泉水通过泄水孔流到园内，水流进入墓园后通过暗沟汇集到金水桥处，最终从南外垣的两个泄水孔顺着园外暗沟排入墓园外明塘，明塘水与龙泉山古河道相连。整个排水系统设计巧妙科学，集实用性与观赏性于一体。

　　明楚昭王墓布局规整，沿中轴线自南向北有三道门。其中第一道门为外门，为并列三券洞式门。外门前后分设外、内神道。从对楚憨王墓考古发掘成果来看，楚昭王墓的外神道应同样与明楚王墓群祭祀主神道相连。沿内神道北进，过三孔式金水桥，为第二道门——中门。内垣中为主要的祭祀寝庙建筑群。正对中门的建筑为享殿，主要用于存放楚昭王神龛牌位，也是进行祭祀活动的场所①。享殿东西两侧各设一配殿，东配殿前有一座神帛炉②。享殿北面为第三道门，即内红门。出内红门进入地宫区，依次为石拜台、墓室(参见图 1)。

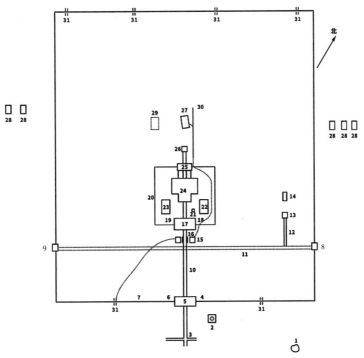

1. 明塘　2. 碑亭　3. 外神道　4. 东角门　5. 外门　6. 西角门　7. 外垣　8. 东侧门　9. 西侧门　10. 内神道
11. 横道　12. 樊哙墓神道　13. 樊哙墓石几筵(已毁)　14. 樊哙墓　15. 水池(已填埋)　16. 金水桥　17. 中门
18. 东披道　19. 西披道　20. 内垣　21. 神帛炉　22. 东配殿　23. 西配殿　24. 享殿　25. 内红门　26. 石几筵
27. 昭王墓　28. 夫人墓　29. 王妃墓　30. 排水暗道　31. 泄水口

图 1　明楚昭王墓平面示意图③

①　《大明会典》卷 88《礼部四十六》载："节册宝舆至陵园，由中门入至享殿。"(万历内府刻本)

②　张高荣主编：《新编灵泉志》，武汉出版社 2006 年版，第 220 页。

③　改自《武昌龙泉山明代楚昭王墓发掘简报》，《文物》2003 年第 2 期。

1988 年，武汉市博物馆对楚昭王墓地宫进行了考古勘探工作。1990 年，湖北省文物考古研究所进行复探，发现了昭王妃王氏墓及东西两侧五座夫人墓。1990 年年底至 1991 年年初，由湖北省文物考古研究所主持，武汉市博物馆和当时的武昌县博物馆的考古人员参加，共同对明楚昭王墓地宫实施了考古发掘，出土 318 件文物。根据对楚昭王墓的发掘成果，墓室全长仅 13.84 米，以墓室规模论，只相当于同期郡王一级，是明前期唯一的单室亲王墓。墓内出土有封册、谥册、谥宝、翠青釉瓷碗等文物，为亲王随葬品所罕见。其中"大明楚王圹志"证实了墓主身份。

二、文物保护利用实践

明楚昭王墓是明朝历史在湖广地区的一个缩影，墓园布局代表了明朝楚藩一脉的审美旨趣，排水系统、茔垣营造反映了当时墓园建筑的最高建设水平，为研究明朝藩王陵寝丧葬制度、当时武汉地区的政治、经济、文化提供了珍贵的实物资料，具有很高的文物价值。明楚昭王墓的保护展示实践从无意识到有意识，经历了不断完善的过程；其间的文保理念随着时代的发展不断更新，是我国南方文物保护利用发展历程的一个缩影，具有一定的典型性和代表意义。

有明一朝，楚王在龙泉山设陵卫陵户对墓群进行保护和管理。明末，张献忠攻陷武昌，茔园遭破坏殆尽。清康熙年后，逃亡他乡的朱氏后人返回山内，将明楚昭王墓作为祠堂。20 世纪中叶，由于平整土地等因素，墓群再遭破坏，明楚昭王墓只残存基本格局，其外垣、金水桥(部分)、神道碑尚存，地宫保存较为完整。

1985 年，武昌县人民政府成立龙泉山风景区管理处。根据已有资料，武昌县人民政府陆续拨专款复建了享殿、东西配殿、神帛炉，修复了金水桥、碑亭、拜台等地面建筑①。1990 年年底至 1991 年年初的考古发掘后，复原地宫进行展示，将享殿辟为"明楚昭王墓出土文物陈列展"展厅。20 世纪 90 年代，为防止山洪和便于夜班值守，在内神道西侧广场空地专门修建了荷花池和"卫陵宫"班房。

2007 年，明楚王墓群的专门管理机构——明楚王墓文物管理所成立。2009 年，《明楚王墓群保护规划》经国家文物局审批通过，由湖北省人民政府公布实施。经过数年酝酿、筹备，2018 年以后，明楚王墓群进入文物保护工程实施的高峰期，目前已实施的 8 项文物保护工程项目中，以楚昭王墓为主的有 4 项：

(1)昭王茔园环境整治和标识展示工程。该工程于 2019 年开始施工，2020 年完工。此次工程对墓园的道路如神道、横道进行全面保护修缮，完善了墓园内外的各项排水设

---

① 武汉县志编纂委员会编纂：《武昌县志》，武汉大学出版社 1989 年版，第 542 页。

施，重新栽种绿植，改善墓园绿化，对墓园内各类石质文物进行了清洗、加固、防护。其中效果最为显著的当为排水系统的修缮疏通，有效解决了排水设施年久失修，老化、堵塞严重的问题，重现六百年前排水胜景，再现了古人智慧。

（2）楚昭王墓园保护展示工程。该工程于 2021 年开始施工，年底完工，分为两部分：一是对楚昭王墓建筑本体和附属设施进行全面修缮，二是对展馆陈列内容实施改造，建筑外立面修缮彩绘。该项目更新了延续 30 余年的展示形式及内容，尤其是室内展陈部分。展览主题由"明楚昭王墓出土文物展"更新为"明楚王墓群专题展"，增补了关于明代分封制、湖广地区藩王、武昌城等展陈内容，同时利用声、光、影、游戏等数字化方式丰富了展陈形式，吸引了众多市民游客前来参观，取得了良好的社会反响。

（3）明楚王墓安全防范工程。该工程于 2018 年开始施工，2020 年完工，建立了一套完善的多媒体数字安全防范系统。在墓园内安装有入侵报警、视频安防监控、出入口控制、声音复核、电子巡查、安全管理等系统设施，所有信息回传至监控中心统一管理，有效保证了墓园文物安全。

（4）明楚王墓智慧管理信息系统建设工程。该工程于 2019 年开始施工，2020 年完工，建设了明楚王墓文物保护系统、明楚王墓文物保护官网、明楚王墓微信公众平台 3 个系统，1 个共享资源数据库，1 套文物资料收集整理系统。智慧管理系统针对楚昭王墓建设了一套完整的地理信息和数据模型，实现了墓葬数据的信息化保存和管理；对地宫出土文物的三维建模有力弥补了无实物的展示境况，大大丰富了展示形式和展示内容。

这些项目的实施涉及文物修缮、环境整治、安全防范、陈列馆建设、标识展示、信息化保护展示等多个方面，有力维护了楚昭王墓的本体安全和环境完整，为明楚王墓群的保护展示作出了示范。

三、文物保护理念探索

（一）保护第一，完整反映墓园原状

根据《中国文物古迹保护准则》，文物保护以真实完整地保存和延续文物的价值为基本原则，并且遵循不改变文物内涵的一切原始信息的"不改变原状"原则、有利于文物长久保存的"最低限度干预"原则和有利于文物价值完整体现的"使用恰当的保护技术"原则①，综合运用传统修复保护技术与现代科技成果，全面揭示文物的价值内涵，有效保护文物的真实性和完整性②。楚昭王墓的保护和展示工作，在严格遵照上述准则原则的基础上，结

---

① 国际古迹遗址理事会中国国家委员会：《中国文物古迹保护准则》（2015 年修订）。
② 陆寿麟：《我国文物保护理念的探索》，《东南文化》2012 年第 2 期。

合墓葬自身的价值特征，进行了科学实施。

1. 使用恰当的保护技术，体现墓园的完整性

20世纪末的文保工作更多侧重"复原"遗址原貌。如20世纪80年代复建地上建筑；明楚昭王墓地宫发掘后在封土层上方仿建明楼，解决雨水侵蚀问题；明楼保留中轴线布局，在进入墓室后台阶向东转折，将明楚昭王墓室偏移中轴线的悬念留至最后；墓室保留原有椁床，仿制墓志、灵牌、案几、石匣、冬瓜罐等重要文物，完整再现墓园原有的文化环境。

2. 最低限度干预，体现墓园的科学性

2019年，为缓解墓园内涝、整治环境，实施了昭王茔园环境整治和标识展示工程。通过清理水沟附近杂草，疏通河道淤泥，恢复荷花池蓄水排水功能，清除糟朽树木，种植新树涵养土壤水分，清除城墙上杂草和树根，完善了墓园内外的各项排水设施，重新栽种、改善墓园绿化，有效解决了排水设施年久失修，老化、堵塞严重的问题，确保遗址环境的多样性和科学性(参见图2)。

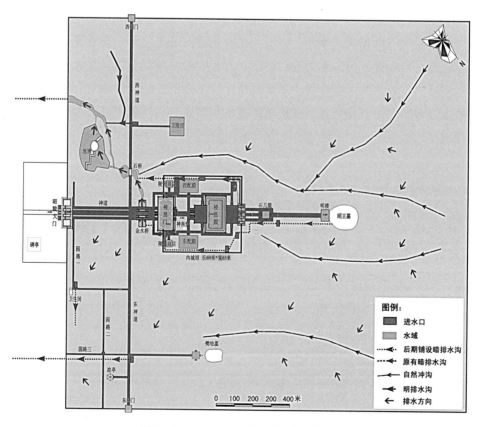

图 2　明楚昭王墓周边地形与水系走向

3.减少破坏，维护墓园的真实性

2019 年实施的昭王茔园环境整治和标识展示工程对墓园内各类石质文物进行了清洗、加固、防护，对反映楚王开坟茔强占当地贵族土地历史信息的樊哙墓进行了整治修缮。2021 年实施的楚昭王墓园保护展示工程将神道上种植的两排灌木移出，还原内神道主、左、右三路形制，在中门遗址设置木栈道、在石基外设置木栅栏，减少人为破坏(参见图3)。通过维护墓园的真实性，让公众沉浸式感受古人的审美趣味和文化氛围。

图 3　内神道灌木移除前后对比照(东南—西北)

(二)有效利用，优化墓园展示方式

有效利用是文物价值阐释的重要途径。对于楚昭王墓的利用，主要考虑其价值特征、保存状况、环境条件，在展示墓葬时空格局的同时，赋予其适宜的当代功能。

1.祭祀区

2021 年，为适应当前明楚王墓群展示需求，明楚昭王墓园展示工程对原有展示陈列进行了提档升级，将展厅从享殿451平方米扩大到享殿、东配殿925平方米，这种方式在现有条件下弱化了陵园原有的祭祀功能，增加了墓园的展示内容，进一步增强了公众对墓葬的理解。

2.巡护路

明楚昭王墓建筑沿中轴线自南向北排列，东西垣墙各有一侧门由与中轴线垂直的一条横道连接。自墓园开放以来，公众参观便只能到达中轴线和东西横道所及之处。2021 年，明楚昭王墓园展示工程将安全巡护土路铺设地砖，沿垣墙、墓室封土形成了一条新的线路。该做法拓展了参观游线，增加了北垣墙券孔式泄水孔、王妃墓等展示节点，凸显出整个陵园大气、庄重的空间格局(参见图4)。

图4　明楚昭王墓航拍(东北—西南)

(三)深化阐释，拓展墓园展示内容

随着文物保护理念的日趋成熟，原有的文物保护逐渐向文化遗产保护转变①，遗产保护与社会发展的结合也更加紧密。如何从单纯对文物的保护利用，逐渐发展综合考虑文化遗产保护的社会效益，更加强调保护对社会发展的促进作用，是当今文化遗产保护的一个发展方向。就现实而言，大众对考古遗址公园尤其是墓葬类遗址公园的旅游关注度有限。要想实现文化遗产的活化利用，让公众有"参与感"是其中的一个重要途径，需要观众与文化遗产产生互动，营造出一个良好的文化体验氛围。更新后的楚昭王墓在展示内容和展示方法方面，除了既有的图片、文字展示方式外，还对数字化交互展示作出了新的突破。

1. 展厅

明楚昭王墓园保护展示工程将原有展厅进行提档升级，展览主题由"明楚昭王墓出土文物展"变更为"明楚王墓群专题展"，展览章节由单章扩充到十章，从明朝分封制度到明朝湖广地区就藩亲王，从第一代楚王朱桢的生平事迹到历代楚王简介，从武昌王府到龙泉

---

① 单霁翔：《从"文物保护"走向"文化遗产保护"》，天津大学出版社2008年版。

"仙壤"，从陵园的修建到地宫的发掘，从楚昭王墓出土文物到明楚王墓群形制格局，完整展示了明楚王一脉的历史信息，用古今对照的方式加强公众对墓园背后故事的理解和感悟。展览方式由文物加图文的方式扩展到视频、互动游戏等多种方式，拉近了公众与"明楚王"的距离(参见图5)。

图 5　公众在数字化展台前参观

2. 短视频

2022 年，为了加强遗址公园的文化阐释工作，推出了"老王说藩王"系列口述历史短视频。视频以真实史实为依据，选取了 15 个典型的明楚王故事，在抖音、视频号、头条号等平台传播，获得了良好的社会反响。从短视频制作和播出效果看，公众更多地关注陵园背后的"人文"，对"稀""奇"的"事""物"更有兴趣。与明楚昭王墓有关的楚昭王与武昌城、楚昭王与明成祖、樊哙让墓、楚昭王地宫为何没有被盗、楚昭王墓修建体现的古人智慧、楚昭王墓出现的五爪龙、楚昭王地宫出土的铜半镜、出土的翠青釉瓷碗、出土的金腰带 9 集视频，平均每集都突破了 10 万播放量。自短视频播出后，明楚王墓的知名度显著提升，游客成倍数增长；同时这一系列短视频通过与官方账号联接，成为遗址公园的"衍生物"，游客线上购票后可以边游览公园边听故事，实现了沉浸式体验。

四、结语

通过明楚昭王墓的保护利用实践，以及结合保护利用实践对楚昭王墓保护理念的梳理，我们认识到，古墓葬的保护、展示、利用工作并非三方面割裂式的阶段性工作，而是相互交融、不断深入的一个过程。楚昭王墓作为明楚王墓群的重要组成部分、考古遗址公园建设的一个重要节点，工作人员多年长久的工作已将其打造成集原址展示和陈列展示于一体的核心，并取得了显著效果。坚持"保护第一、加强管理、挖掘价值、有效利用、让文物活起来"的新时代文物工作方针，明楚昭王墓的保护展示要将其中的有益思路和独特方法有效推广，通过进一步研究和解读墓群的价值，结合公园规划，统筹划定建设发展蓝图，齐头并进、协同发展。以创建国家考古遗址公园为目标，分级分类实施各项文物保护展示工程，不断丰富和完善公园景观生态环境和公园配套设施，将明楚王墓群的各方面价值真实、全面地呈现在世人面前。

从时空关联到多维融合

——襄阳凤凰咀考古遗址陈列馆展示的探索

彭　蛟　单思伟　田　辉*

摘　要： 做好遗址博物馆陈列展示是大遗址保护利用的基础性工作。大遗址展示利用具有文化内涵上的时空一体、价值构建上的多群体参与、保护利用中多维融合等基本特点。基于这些特点，本文以襄阳凤凰咀考古遗址陈列馆展示为例，探索了大遗址博物馆展示中发掘研究、教学展示、产业发展、乡村振兴以及与荆楚特色多维融合的要点与具体形式。

关键词： 大遗址；博物馆展示；凤凰咀考古遗址；多维融合

大遗址是综合体现中华民族和中华文明起源与发展的现时重要"物化载体"①，是传承弘扬优秀传统文化的历史根脉，是坚定文化自信的绝佳教材，也是促进经济社会发展的宝贵资源。在当代中国，考古遗址博物馆在事实上已经构成了大遗址主体利用方式的核心环节②。我国对考古遗址保护与展示的相关探索与实践持续 70 年，很多方面在国际上都处于领先水平。遗址博物馆以其独特的魅力，成为当前最具吸引力的博物馆种类之一，也势必成为新时代具有中国特色、中国风格、中国气派博物馆事业充满活力的增长极③。

早在 1956 年，《关于适用于考古发掘的国际原则的建议》就提出只要土地性质允许，可以保留几处明确界定的见证区不进行发掘，以供最终证实遗址的地层和考古结构。在重要的考古遗址上，应建立具有教育性质的小型展览——可能的话建博物馆——以向参观者

---

* 彭蛟，武汉大学万林艺术博物馆馆长助理、博士；单思伟，武汉大学历史学院副教授、博士；田辉，襄阳市襄州区凤凰咀遗址文物保护中心主任。

① 刘庆柱：《不断裂的文明史：对中国国家认同的五千年考古学解读》，四川人民出版社 2020 年版，第 16 页。

② 王刃馀：《考古遗址公园发展语境中的考古遗址博物馆》，《博物院》2020 年第 3 期。

③ 吴健、李岗：《依托考古成果，展示中华文明——考古百年背景下的中国考古遗址博物馆》，《中国博物馆》2021 年第 4 期。

宣传该考古遗存的意义。《保护世界文化和自然遗产公约》更是将"展示"提升到了国家责任的高度。

由于考古研究不足，保护利用理论研究和科技引领不够，空间管制措施尚不完善等原因，大遗址还存在保护与展示利用模式相对单一，"活起来"的办法不多、活力不够等问题。博物馆陈列展示是大遗址保护利用的基础性工作，展示工作又能串联起发掘研究和综合利用，其应是当前工作中心环节之一。

一、大遗址展示利用中的几个基本特点

（一）文化内涵上的时空一体

物与空间的逻辑结合是博物馆展示的基本特征。而作为连接过去与现在的窗口，时间也是博物馆的核心议题。传统博物馆因形式与内容在时空上的不一致，造成了时空上的冲突，而考古遗址的时空是"发生历史的地点"，内容与形式在时空上相统一，这也使得遗址博物馆具有其他博物馆所不具备的天然情境①。抓住文化内涵上的时空一体这一根本特征，是做好大遗址博物馆展示的前提。在考古工作阶段，研究者们不断识别出遗址、遗迹的空间结构与属性，构成了对遗址古代空间和社会的认识。在展示环节，就应该紧紧抓住时空关系，将空间信息情节化、形象化。

（二）价值构建上的多群体参与

随着 20 世纪下半叶生态博物馆、遗产批判研究（Critical Heritage Studies）等思潮的兴起，关于文化遗产价值的认识，发生了重大转变，即认为遗产价值永远是被人为建构的，从来不是固有自在的②。20 世纪 90 年代以后，研究者开始更多强调人的社会活动和主观能动性在文物价值的赋予和认定中占据了最重要的部分③。又是遵循这一认识，遗产保护领域开始更多关注社区、物—人关系等问题。大遗址的生命既来源于考古工作的不断推进，又来自不同的相关社会群体与遗产的互动。通过遗产认识、认同、保护、使用，产生出新的社会含义与价值。因此，以考古遗址博物馆的陈列展示为基础，吸引和引导相关群

---

① 刘迪：《博物馆时空刍议》，《东南文化》2009 年第 1 期。

② Marta De La Torre, Values and Heritage Conservation, *Heritage & Society*, 2013, 6（2）, pp. 155-166.

③ 周孟圆、杜晓帆：《文物的价值在行动中产生——文物价值认定的前沿理念与经验》，《故宫博物院院刊》2019 年第 1 期。

体参与遗址在当代的意义建构，既是做好展示利用的目的，又是有效途径之一。

（三）保护利用中的多维融合

大遗址概念除从内涵上反映出大遗址规模"大"、价值"高"等表象特征外，还具有时间延续性、空间区域性、遗存真实性、价值传承性、景观可赏性、文化叠加性、功能利用性和利用服务性等本质特征①。大遗址保护利用工程正从单纯的文物保护工程，发展成为推动城市发展、改善民生的综合性文化工程。大遗址保护利用较多采用考古遗址公园模式，就是基于考古遗址本体及其环境的保护与展示，将科研、教育、游憩等多项功能融于一体。大遗址的利用方式包括价值利用和相容使用，价值利用方式包括但不限于文物展示、科学研究、传播教育、产业转化；相容使用方式包括但不限于游憩休闲、社会服务、环境提升、产业协调。在展示中同样要综合考虑融合利用问题，使大遗址本体与其环境成为内涵契合、文脉相连的整体。

二、大遗址博物馆展示中的多维融合

（一）与发掘研究的融合

考古发现和研究是大遗址博物馆得以建立和开展工作的基础，也是大遗址陈列展示的基本内容。考古发掘的遗迹遗物是展示的主要部分，研究成果是展览内容策划的学术依据和形式设计参考。要充分发挥大遗址博物馆展示时空一体的优势，实现出土文物与出土点之间的沟通对话，应注意陈列展示与考古发掘研究的深度融合。

一方面，展示与考古发掘研究的融合应该是综合而细致的。陈列展厅需要强化考古遗址整体形象。大遗址往往由于尺度较大，直观全面的展示存在一定困难。这就需要在大遗址博物馆内通过展陈手段提炼和展示遗址整体形象。如凤凰咀遗址的展示中，就围绕城址形制、内涵，以城址实际空间线索（如考古探沟、探方）作为陈列形式依据，较多运用遗址环状特征和城墙、护城河的线状布局。以构成化体块展示各单元信息，结合重点中心多媒体互动展项辅助讲述考古过程、保护方式、研究方向、学术成果等丰富内容。展览还充分运用陈列馆中庭的空间，将遗址考古的表象特征——考古探方体块作为主体，将古人生业、社会、文化、信仰各方面的抽象化表达作为内涵，营造具有雕塑感的空间，有科学探

---

① 刘卫红、田润佳：《大遗址保护理论方法与研究框架体系构建思考》，《西北大学学报》（哲学社会科学版）2021 年第 1 期。

索、寻根溯源的丰富内涵。雕塑还与中庭的环形自然天空建立了一种时间与空间、人文与自然的美学联接，向历史、自然以及探寻的过程表达敬意（见图1）。

图1　中庭主题雕塑效果图

大遗址内涵往往非常丰富，考古发掘的遗迹遗物也层出不穷，甚至为研究采集的土样和各类标本，发掘工作影像、记录，发掘工具等往往也具有一定的展示价值。在凤凰咀遗址的考古发掘中，非常注意全面搜集遗物，详细记录各类资料，全面、系统的考古工作为遗址陈列展示提供了丰富的实物资料，也成为考古遗址陈列馆的藏品、展品或辅助展品。在研究方面，注意植物考古、动物考古、环境考古等多学科相结合，推进大遗址文化内涵的整体性研究。通过家户考古、聚落考古研究揭示社会组织及其变迁。丰富而细致的研究，也为后期的展示打下了坚实的基础，为观众了解遗址古人衣食住行的生动场景带来了可能。大遗址博物馆全面展示了遗址的"居住之所、饮食之道、陶窑之火、宴飨之乐、安息之地"。而动植物考古、成分分析等各类前沿的研究方法、研究成果，又成为考古方法和过程展示的生动案例。

另一方面，展示与考古发掘研究的关系应该是密切而可持续的。考古人员作为大遗址的首批也是最深入的"阅读者"，应全面参与陈列展示工作，直接将考古资源转化为展示资源，通俗易懂地刊布、展示考古成果。更进一步，可以尝试从展览传播的角度，对发掘整理提出需求和建议，在田野考古发掘时就"介入式"地采取展示信息。大遗址的考古发掘一般都会有"留白"，改变了过去穷尽式发掘的老思路，为展示和后期的研究和利用留有想象和发展空间。考古遗址博物馆应当循序渐进地展开建设，这与持续的考古资源管理计划的编制有直接关系①。

---

① 　王刃馀：《考古遗址公园发展语境中的考古遗址博物馆》，《博物院》2020年第3期。

在凤凰咀遗址陈列展示中，考古人员早期介入、深度参与，基于考古成果，选取了最有代表性的城河、院落、宴飨、古战争、精品实物、古城核心价值等内容进行重点展示。在对部分遗迹遗物处理时提前考虑展示需要，如对部分瓮棺的处理，保留了清理过程中的阶段性状态，便于观众直观认识。在展览制作过程中，结合新发掘成果不断丰富展示内容，根据展示内容需要，在发掘过程中实时采集重点灰坑、墓葬、房址等的各类数据。

(二) 与教学展示的融合

凤凰咀遗址，一方面是武汉大学的考古实习基地，承担着考古和文物博物馆专业学生田野考古专业实习的职责。而另一方面，依托自身的资源优势，以研学、夏令营、校外课堂等方式面向青少年开展公众考古活动，让青少年在展示中接受中华传统文化的熏陶，增强文化自信和认同感，这也是大遗址的职责所在。因此，在展示中必须回应教育教学相关需求。遗址考古对应的是"生产生活过程、废弃埋藏过程、发掘研究过程"等三个过程，实际上就是回答怎么进行考古、遗址怎么形成、古人怎么生活三个问题①，在回答这样三个问题的基础上，进一步关注文化如何变迁、价值如何体现等问题，并基于上述问题进行相关知识和价值的传播。

在内容上，凤凰咀遗址陈列展示充分考虑教学展示的需要，强调学术性与展示性统一，定位于打造集研究、教学、展示于一体的使用型博物馆。展览内容将重点文物、遗址价值、考古研究、体验互动、遗产保护实践等融汇其中，从物质到价值，从宏观到微观再到宏观，从星汉灿烂到文明曙光。更大范围上，将展厅展示与周边文物库房、文物修复室、标本室、实验室、资料室、学术交流中心、户外发掘现场等的参观展示结合起来，形成了有机的整体(见图2)。

在展示方式上，根据考古实习教学、中小学研学以及公众参观的不同需求设计展示和互动方式。整体采用多媒体和置景结合的方法，起到静态陈列叠加动态讲述和互动的效果，激发观众的观展兴趣，实现实用性、学术科普教学展馆的建设初衷。结合多个中心多媒体互动展项辅助讲述考古过程、保护方式、研究方向、学术成果等丰富内容。在文物标本展示上，就根据文物不同的内涵和故事讲述的需要，设置多种展示方式，包括谱系化、组合化的展示(如屈家岭、石家河、煤山文化时期器物组合)，场景化、融合化的展示(如宴飨之乐、陶窑之火等部分)，重点、解析式的展示(如文物中心柜)，等等。

---

① 黄洋：《中国考古遗址博物馆的信息诠释与展示研究》，复旦大学博士学位论文，2014年，第108~110页。

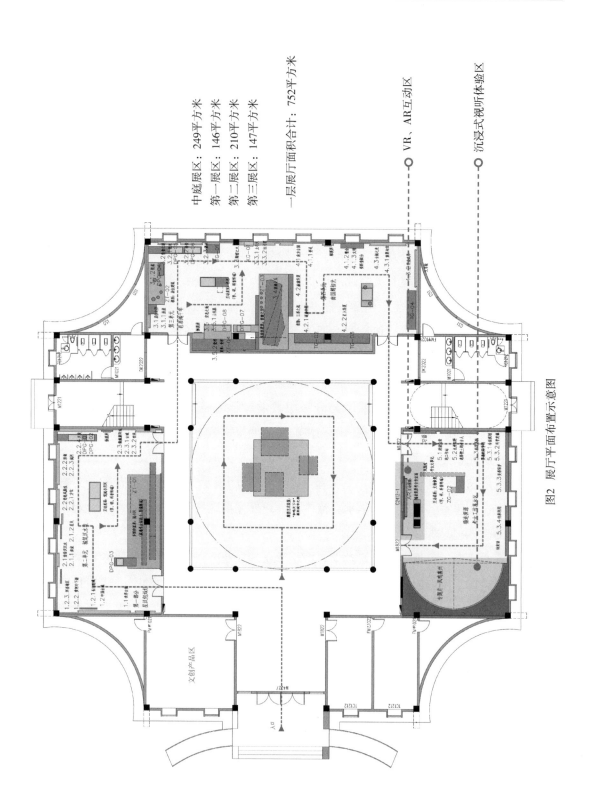

图2 展厅平面布置示意图

中庭展区：249平方米
第一展区：146平方米
第二展区：210平方米
第三展区：147平方米

一层展厅面积合计：752平方米

VR、AR互动区

沉浸式视听体验区

（三）与产业发展、乡村振兴的融合

当前，越来越多的大遗址融入所在区域的经济社会发展中，成为文化地标和旅游热点。地方政府也积极支持大遗址建设，统筹考虑周边的土地利用、产业布局、基础设施配置，以带动产业升级和经济增长。很多大遗址又与乡村之间存在天然而紧密的联系，在"产业兴旺、生态宜居、乡风文明、治理有效、生活富裕"的乡村振兴战略总要求中，大遗址开始承担更多更重要的角色。这一趋势的根源其实在于人是大遗址不可或缺的核心部分，大遗址与当地居民有着深厚的历史文化和情感关系。大遗址保护必须坚持"以人为本"，大遗址应该是人文与自然、历史与现代相结合的生态家园，是世代相传、永续使用的人类栖息地。凤凰咀考古遗址公园在规划时就积极谋求推动文旅融合发展，结合建设"全国文明村镇""中国休闲美丽乡村"等，鼓励村民发展农家乐、民宿、田园采摘等产业，并希望以凤凰咀遗址为核心，带动周边一些特色旅游点位，连珠成串。

作为遗址的陈列展示，也应该服务产业发展、乡村振兴。一方面通过展示加强大遗址核心价值阐释与传播。如凤凰咀遗址地处长江流域、黄河流域两大史前文化系统交汇要冲，在中华文明起源和融合发展中具有突出地位，在汉江流域历史中具有中心地位，在襄阳城市史上具有开创性的地位。传播好遗址这一核心价值，将有效引导群众认识、认同凤凰咀，激发自豪感，有序主动地参与遗址保护，形成"政府+社会""专家+草根"的遗址保护生态圈。

另一方面通过展示为文脉的延伸提供支撑。如通过对遗址早期稻作农业和渔猎经济的重点介绍，既传播了考古知识，还原了古人生业状况，又为该区域现代稻虾、优质水稻业的发展提供了文化支撑。龙王镇正是以"昊宇香米"入选了全国乡村特色产业十亿元镇。又如通过对遗址红陶、黑陶为代表的新石器时代手工业的重点介绍，为襄阳汉陶等现代特色手工业提供了文化支撑。而通过对五千年前遗址在南北文化交流中的地位和汉江区域中心地位的充分介绍，又与襄州区发展域内外交通，对标国家区域中心城市市辖区，建设成辐射南襄盆地的重要桥头堡、襄阳都市圈的重要增长极等规划定位实现了契合。

（四）与荆楚特色的融合

特色鲜明、内涵丰富、价值巨大、数量众多的大遗址是荆楚文化的重要标识，是荆楚大地悠久历史文化的实物见证。近年来，湖北按照"政府主导、规划引领、考古先行、社会参与"的工作机制，在推动荆楚大遗址保护利用创造性转化、创新性发展方面取得了丰硕成果。

湖北地区大遗址建设需要有荆楚特色，而从陈列展示角度看，一方面是要有核心价值

上的荆楚特色。最为根本的特色其实就在于核心价值。探索长江中游文明起源与早期发展的脉络和规律，以考古资料实证中华大地 5000 多年文明，科学阐释湖北在中华文明多元一体格局的形成过程中的地位，这既是长江中游文明进程研究工程的目的，又是包括凤凰咀遗址在内的湖北一批史前城址的核心特色，长江中游尤其是湖北地区史前城址聚集性的出现，实际上暗示着一种地域特点明显的文明化模式。凤凰咀遗址陈列展示贯穿了文明探源和城址考古的线索，也重点设置了"古城星光""城聚江汉""古城之光"等展示内容。

　　另一方面，则要在展览形式设计上入手，通过相关符号提取和形式的渗透，强化荆楚特色的融合。如抽象提取遗址代表性的凤鸟纹作为 LOGO，采用有地域特色的典型器物（如花边形钮、双腹器、镂孔豆、高足杯等）、动物形象（石家河文化泥塑动物）等设置艺术装置。引用凤凰咀先民的生活符号，营造展厅主题氛围。展厅设置大量木柱装置，来源于凤凰咀史前房屋的木骨泥墙结构，同时营造古村落氛围，又有图腾柱的意向。选取最有代表性的红陶、黑陶颜色作为主题色彩，又与历史时期楚文化色彩实现暗合（参见图3）。

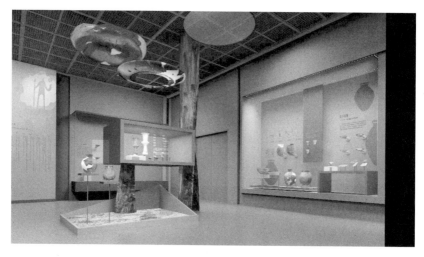

图 3　展厅局部效果图

　　总体来看，大遗址在内涵、价值构建以及保护利用要求等方面的特征都非常明显，这对包括遗址博物馆展示在内的保护利用工作提出了方向性要求。大遗址博物馆的展示除了考虑展品本身外，必须兼顾考古发掘研究、教学展示、综合利用以及彰显地方特色，正如大遗址公园建设中的"一园一策"要求，大遗址博物馆的展示同样也要根据其价值特色、定位需求来综合确定展示内容和方式。

随州市大遗址保护利用与城乡融合发展模式研究
——基于曾随文化遗址保护利用总体规划的探索

崔　惠　柴文远*

摘　要： 面对随州市荆楚大遗址保护利用工作与城乡发展建设之间矛盾仍然突出、城市文化内涵缺失等问题，本文以随州市曾随文化遗址保护利用总体规划编制为契机，对随州荆楚大遗址保护利用与城乡融合发展模式开展研究。通过系统挖掘曾随文化价值内涵，选取擂鼓墩古墓群、义地岗墓群、庙台子遗址、安居遗址四处大遗址作为文化核心，结合周边资源特征，提出了三种统筹发展模式，以期通过曾随文化遗址的保护利用带动随州市城市更新、乡村振兴、小城镇建设等工作推进。

关键词： 大遗址保护利用；曾随文化；城市更新；乡村振兴；小城镇建设

一、随州曾随文化遗址概况及价值内涵

(一)曾随文化遗址概况

随着近些年随州市考古工作的不断开展，以擂鼓墩古墓群、义地岗墓群、庙台子遗址和安居遗址为代表的曾随文化遗址面貌逐步清晰(参见图1)。截至2022年，随州市曾随文化遗址点共计129处①。

(二)曾随文化价值内涵

曾随文化的价值研究表明，曾国是中原王朝为经略南方、控制铜料流通建立的重要诸

---

　* 崔惠，北京垣冶建筑规划设计有限公司副总工程师、工程师、文物保护工程责任设计师；柴文远，北京垣冶建筑规划设计有限公司总经理、副研究馆员、文物保护工程责任设计师、国家一级注册建筑师。

　① 认定的随州市曾随文化遗址点共计129处，包括各级文物保护单位、第三次全国文物普查及"三普"后新发现、经调查、勘探和发掘等考古工作，由相关考古专业人员认定的不可移动文物。

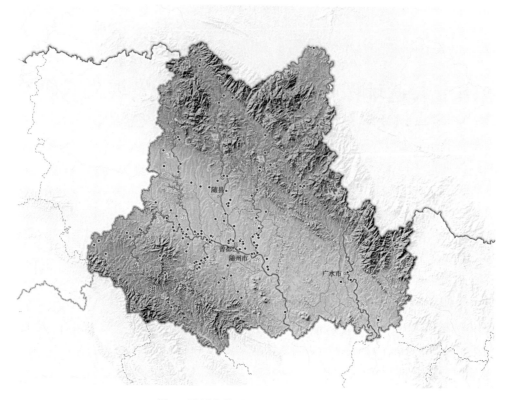

图1　随州市曾随文化遗址分布示意图

侯国，对曾随文化遗址和重要墓葬的考古研究，揭示了周代南土曾侯世家的文化面貌。曾国地处随枣走廊，中原文化和南方文化在此交汇融合，形成了多元化的地方文化特色，见证了鄂北区域中华文明的多元融合。参见图2。

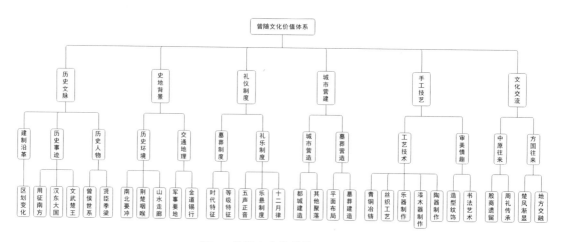

图2　曾随文化价值体系框架图

(三)随州市曾随文化格局

在随州市桐柏山、大洪山之间的随枣走廊的空间内，众多曾随文化遗址点集中分布在以涢水为核心的六条水系周边，共同构成了随州城市文化的基本格局。

曾随重要的城址和墓葬主要集中分布在随州市域中部的涢水中上游地区，以庙台子遗址、义地岗墓群、擂鼓墩古墓群、安居遗址四处不同时期的遗址点为代表(参见图3)。其中，庙台子遗址作为西周早期的代表，城址和墓地的整体格局、丧葬制度、随葬器物组合和形制特征等都具有典型的周文化特点，且仍然保留部分殷商文化遗风。义地岗墓群、擂鼓墩古墓群、安居城址作为春秋晚期至战国中期的墓葬和城址代表，表现出曾国逐渐受楚文化的影响，呈现出极强的楚文化特点。

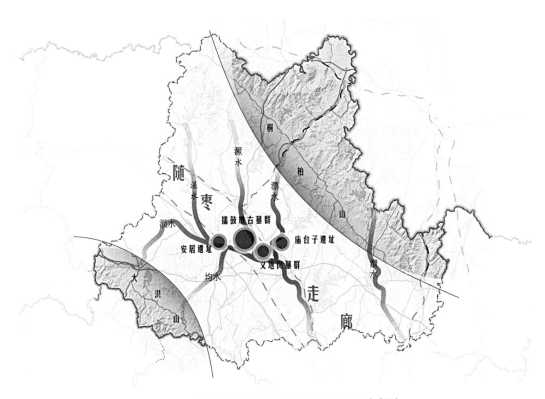

图3　随州市曾随文化保护利用对象空间分布图

除体现曾随不同时期的墓葬制度和城市营建技艺外，这四处代表性遗址点出土的重要青铜器成了江汉地区青铜文化的时代标尺，墓葬出土的编钟无论在礼乐制度还是手工技艺方面更是彰显出中华编钟礼乐文明的发展高峰。

（四）随州曾随文化遗址保护利用工作现状

我国初步形成了符合中国国情、具有中国特色的大遗址保护管理模式。但过去 10 余年，大遗址工作更多地侧重于解决文物的保护问题，并未真正实现让大遗址"活起来"。同时，处于城乡不同区位、拥有不同外部资源条件的大遗址，在保护利用工作中仍然面临着来自城乡发展建设的多重压力和挑战。这些压力和问题也体现在现阶段随州市曾随文化遗址的保护利用工作中。

1. 随州市曾随文化遗址保护现状

随枣走廊稳定的自然环境决定了随州历史至今基本不变的城市发展走向，曾随文化遗址点密集分布区与当代城市中心区高度重合。从 20 世纪 70 年代至今，随州市中心城区的面积不断拓展，位于中心城区的义地岗墓群已几乎被棚户区和现代城市建设占压。位于城市西郊的擂鼓墩古墓群周边持续建设的工业区和居住区逐渐包围了墓群东南侧。安居遗址位于安居镇，镇区建设导致安居城址南侧被建筑占压破坏，遗址保存环境杂乱。在这四处代表性大遗址中，只有庙台子遗址位于乡村，农业生产以及农民的生活活动也对遗址造成了一定程度的破坏。

随着城乡发展建设，随州市越来越多的曾随文化遗址点受到人为因素的破坏，文物保护工作面临较大的威胁。

2. 随州市曾随文化遗址利用现状

随州市曾随文化遗址的利用工作基础较为薄弱。目前，城市曾随文化相关利用工作主要集中在随州市博物馆和擂鼓墩古墓群两处开展。其他集中体现曾随文化价值的代表性遗址点较少开展相关利用工作。同时，在城市主要道路及其两侧沿街立面、城市重要门户节点设计中，都缺少对曾随文化特征的利用，整个城市风貌的文化氛围感较弱。

为进一步统筹湖北省大遗址保护与经济社会发展，推进文物合理适度利用，加强大遗址传承发展工作，2021 年 10 月，湖北省文化和旅游厅编制完成《荆楚大遗址传承发展工程规划（纲要）》。在规划纲要提出的保护利用格局里，随州市被列为荆楚大遗址整体布局中的重要组成部分，与京山市一同作为以反映曾随文化的城址、墓葬为主体的大遗址保护展示区。荆楚大遗址传承发展工程的整体布局为曾随文化遗址保护利用工作明确了发展方向和定位。

二、随州市曾随文化遗址保护利用发展模式

笔者以《随州市曾随文化遗址保护利用总体规划》的编制工作为契机，对随州荆楚大遗址保护利用与城乡融合发展模式展开了研究。通过全面认知曾随文化价值，对不同区域文物保存情况及其所处周边区域资源条件的分析评估，提出了三种发展模式，分别为"大遗址保护利用+城市更新"模式、"大遗址保护利用+乡村振兴"模式、"大遗址保护利用+特色小城镇"模式。

(一)"大遗址保护利用+城市更新"模式

1. 保护利用策略

义地岗墓群与擂鼓墩古墓群分别位于老城区东、西两侧，当下这一区域内的棚户区数量多、建设密度高、整体风貌较为杂乱。但与随州市其他区域相比，该区域具备一定的文化旅游资源基础。其中，文化资源集中分布在擂鼓墩古墓群及其周边，包括随州市博物馆和擂鼓墩古墓群内的曾侯乙展示馆，以及几处待建和在建的与曾随文化相关的文旅产业项目。旅游资源大多沿涢水及其支流溠水布置，均为生态型公园。城市内部的休闲游憩空间较少，尚不能满足中心城区大量居住人口的户外游憩活动需求。

在《随州市国土空间总体规划》提出的城市发展定位中，擂鼓墩古墓群所在城市组团被定位为国家历史文化名城历史文化博览区、市域旅游服务核心区域接待中心，是集多重功能于一体的文化旅游产业集聚区。义地岗墓群所在城市组团被定位为体现曾楚文化特色的中央文化区。上位规划中的城市发展定位也为该区域的大遗址保护利用建设与城市更新融合发展奠定了基础。

基于区域资源条件及国土空间总体规划提出的发展定位，该区域应以建设擂鼓墩国家考古遗址公园和义地岗省级文化遗址公园为重点内容，以春秋中期至战国中期曾国墓葬制度及其营造特征、以编钟制造为核心的工艺技术及审美情趣的阐释为主题，重点发展文化旅游产业，并以曾随文化遗址保护利用推动随州老城组团城市更新行动，强化城市历史文化保护，塑造城市特色风貌，彰显城市特色文化。

2. 保护利用措施

考古遗址公园建设。依托擂鼓墩古墓群、义地岗墓群及区域内其他10余处曾随文化遗址点建设一家国家考古遗址公园、一家省级文化遗址公园和多处小型街区遗址公园。公

园在向游客阐释曾随文化价值内涵的同时，为老城区居民提供多样化的公共活动场所，助力完善老城区周边城市功能。

博物馆片区优化提升。对随州市博物馆开展空间布局优化和整体环境提升工作，应用数字化等现代科学技术提供沉浸式体验、虚拟展厅、高清直播等新型展示方式，提升游客的观展体验。

文化产业建设。围绕擂鼓墩国家考古遗址公园、义地岗墓群省级文化遗址公园以及老城区建设三处文化产业区，带动城市产业升级提质。其中以擂鼓墩国家考古遗址公园建设为核心，以青铜文化、编钟文化为主题，以周边现有曾随文旅产业项目为基础，以文化展示体验、文创研发为主要功能，配套购物、娱乐、餐饮、休闲、住宿等服务功能，建设擂鼓墩文旅创意产业园。以义地岗墓群省级文化遗址公园建设为核心，在遗址分布范围及其周边棚户区搬迁工作的基础上，实现区域文化产业联动开发，建设随州市中央文化创意产业园和站前城市综合服务中心。老城内则在保护传统十字商业格局的基础上，合理导入文化创意、文化展示、文化娱乐、文化教育等功能，优化业态分布，提升文化消费水平。

城市公园文化提升。针对区域内现有旅游资源，在绿化景观、照明设施、服务设施、市政基础设施等方面提升改造设施品质的同时，融入曾随文化特征，整体提升随州市中心城区的曾随文化风貌。

城市道路风貌提升。串联区域内部分城市道路，形成完整的文化旅游线路体系。针对道路沿线建筑外立面、标识体系、照明设施、绿化景观、市政基础设施等提出控制措施和引导要求，在城市更新工作中充分融入曾随文化特征。对区域内除文化旅游线路外的其他城市主、次干路开展道路沿线环境整治提升工作，完善该区域的市政基础设施及公共绿地品质。

(二)"大遗址保护利用+乡村振兴"模式

1. 保护利用策略

该区域以庙台子遗址为文化核心，以㵐水的支流漂水作为另一重要的价值载体和生态资源。同时，区域内遍布农田，曾随文化遗址点及多处村庄分布在广阔的农田之中。

基于区域资源条件，该区域应以建设庙台子省级文化遗址公园为重点内容，以西周早期曾国城市营造和礼仪制度为主要阐释主题。同时结合乡村休闲农业发展，提高乡村人居环境整治及基本公共服务水平，以曾随文化推动区域乡村产业、文化、生态振兴工作。

2. 保护利用措施

文化遗址公园建设。在遗址保护的基础上开展庙台子省级文化遗址公园建设工作，并依托区域内其他曾随文化遗址点打造小型遗址公园，将遗址的展示利用工作与乡村文化空间的打造相结合，为遗址价值展示提供载体的同时，向周边村民提供文化休闲空间。

乡村文化产业建设。利用区域内的村庄资源打造一座曾随文化主题村庄。调整村庄原有居住功能，营造技艺工坊、主题民宿、餐饮、购物等文化体验及消费场所，发展乡村文化旅游产业。同时，结合村庄周边大面积农田资源，在满足农田保护要求的基础上，展现和体验曾随时期的农耕文化。

美丽乡村建设。区域内其他村庄开展美丽乡村建设工作，在村庄外部空间设计中融入曾随文化元素，整体提升区域文化氛围和景观风貌，振兴乡村文化。同时，优先使村民融入遗址公园建设活动，参与遗址保护管理等相关工作，解决村民就业问题。

漂水湿地公园建设。在区域南侧现有漂水湿地公园的基础上向北拓展公园范围，并与考古遗址公园相连，将历史环境的展示内容融入其中，同时带动河流周边的生态保护。

(三)"大遗址保护利用+特色小城镇"模式

1. 保护利用策略

该区域以安居遗址为文化核心，以涢水作为南边界，涢水的支流溠水为西边界，紧邻涢水北岸是以商埠文化为特色的历史文化街区"九街十八巷"，其余区域为安居镇建成区。在《随州市国土空间总体规划》提出的城市发展定位中，安居镇为重点镇，加强安居镇产业功能与服务功能是未来该区域的重点任务。

基于区域资源条件及国土空间总体规划提出的发展定位，该区域应以建设安居省级文化遗址公园为重点内容，以春秋中期至战国中期曾国城市营造特征为主要阐释主题。同时，保护传承安居镇历史文化资源，将安居镇培育成为文化旅游专业特色小城镇。

2. 保护利用措施

文化遗址公园建设。在遗址保护的基础上开展安居省级文化遗址公园建设工作，阐释与展示遗址相关价值内涵的同时，为周边镇区居民提供文化休闲空间。

安居文旅特色小镇建设。历史文化街区"九街十八巷"在开展保护整治工作的基础上，适当置入文化展示、文化体验、特色餐饮、特色民宿、文创产品销售等服务功能，激活街区活力。同时，逐步搬迁区域内的工业企业及村庄，对区域道路沿线开展环境整治和文化提升工作，并进一步明确小镇空间布局、功能分区及产业定位，为建成文旅特色小城镇奠定基础。

涢水湿地公园建设。沿涢水北岸建设湿地公园，将历史环境的展示内容融入其中，同时带动河流周边的生态保护。

三、结语

"十四五"时期，我国大遗址保护利用工作开启了新的篇章，大遗址利用问题得到了大力关注，相关政策与规划也对新时期大遗址保护利用工作提出了明确的发展需求。为了让大遗址在城乡发展建设中更好的"活起来"，笔者提出三种适用于随州市荆楚大遗址保护利用与城乡融合的发展模式，使大遗址保护利用工作真正成为带动随州经济社会发展的重要引擎。

浅谈江夏湖泗瓷窑遗址群的保护与利用

方胜强 *

摘　要：湖泗瓷窑遗址群的发现填补了湖北宋瓷考古的空白，当地政府有意打造该遗址为特色文化名片。本文通过对湖泗瓷窑遗址群的考察和调研，介绍窑址的现状，分析当前存在的问题，在此基础上提出组建队伍、合理规划、加强研究、重视宣教、文旅融合等建议，希望对湖泗瓷窑遗址群的保护与利用提供参考和借鉴。

关键词：湖泗瓷窑遗址群；保护；利用

湖泗瓷窑遗址群是湖北地区宋代时期规模最大的制瓷窑场，于 2001 年被列为全国重点文物保护单位，具有重要的价值。近年来，江夏区十分重视该窑址群的保护和利用，但总体处在起步阶段，也存在一些问题。为加强湖泗瓷窑遗址群的保护和利用，本文结合实际，提出一些建议和对策。

一、湖泗瓷窑遗址群概况和价值

（一）遗址概况

湖泗瓷窑遗址群位于湖北省武汉市江夏区，主要分布在区内梁子湖西岸、斧头湖周边及鲁湖西岸，共发现窑堆 180 处，以龙窑为主，烧造年代从晚唐五代一直延续到元明时期，宋代是其鼎盛期。湖泗窑出土瓷器数量较多，瓷器以青白瓷和青瓷为主，器型丰富，包括碗、盘、壶、罐、碟、盏、钵、盂等①。

＊　方胜强，湖北省文物考古研究院助理馆员。

①　刘治云：《湖泗瓷窑址概况》，《武汉江夏湖泗瓷窑址考古发现与研究》，武汉出版社 2019 年版，第 7 页。

（二）意义与价值

1. 文物价值

从历史价值来看，湖泗瓷窑遗址群规模大、分布范围广、延续时间长，从空间上它衔接了长江上游和下游，以及中原和南方的瓷器烧制，从时间上"改写了白云黄鹤无瓷窑的历史"①，使湖北瓷器烧制史更为完整，也丰富了中国瓷窑史的内涵。从艺术价值来看，湖泗瓷的器型、造型风格体现了宋代的审美观念和文化特点，而其富有生机的花卉等纹饰，更是强调世俗感受。从科学价值来看，湖泗瓷窑虽为民窑，但刻花、印花等工艺技术成熟，体现窑工高超的技艺。

2. 社会意义

湖泗瓷窑遗址群是重要的不可再生文化遗产资源，是长江中游地区悠久烧造历史、丰富瓷器文化与精湛陶瓷工艺技术的象征，在弘扬中华优秀传统文化、加强爱国主义教育、促进当地文化研究与传承等方面起着重要作用。对湖泗瓷窑遗址群的保护和利用，将有效带动江夏区社会效益、经济效益、环境效益的协同发展，为江夏区的文化旅游发展、生态环境保护、农业结构调整、现代服务业提升等提供契机。

二、湖泗瓷窑遗址群保护与利用现状及存在的问题

得力于经济的发展，江夏区政府愈发重视本地的文化建设，围绕湖泗瓷窑遗址群的保护与利用，加大投入力度，有意打造湖泗瓷文化品牌，但尚未能形成系统的、可持续性的保护与利用体系。

（一）保护与利用现状

当前，基于湖泗瓷窑遗址群的保护与利用主要体现在考古研究、遗址管理和文物展示三个方面：

在考古研究方面，2019—2020 年，江夏区文物部门完成了湖泗瓷窑遗址群浮山片区窑址的考古调查和勘探，取得了区域三维坐标系统、区域正射影像、区域 1∶500 地形图、区域数字高程模型的制作等基础成果，为该片区下一步的考古发掘打下了基础。

---

① 祁金刚：《江夏湖泗古代瓷窑综述》，《江汉考古》2007 年第 2 期。

在遗址管理方面，一是制定保护利用规划，2010年，江夏区文物部门联合湖北省古建中心对窑址群进行了专题调查，全面掌握遗址资料，制定了《湖泗瓷窑遗址群总体保护规划》。二是重视安全保卫，建立了区、街、村三级保护体系，区文物管理所作为文物安全保卫管理机构，对全区文物进行统筹保护，各街道文化站作为基层文化部门，兼顾文物安全职责，负责本地文物安全工作，同时聘用近90名文物保护义务员（文物点所在地村民）开展日常文物点巡查维护。

在文物展示方面，为打破湖泗瓷窑"藏在深山无人知"的困境，推动瓷窑文化"走进大众的视野"，展现湖泗瓷文化魅力和风采，江夏区不断尝试利用新方法和新手段，通过不同的途径宣传展示湖泗瓷窑文化。

一是制作湖泗瓷窑宣传片，提升宣传效果。围绕湖泗瓷窑和瓷器产品，依托数字技术手段，制作瓷文化主题宣传片《湖泗瓷窑遗址群》，全方位、多角度展示湖泗瓷窑文化，实现瓷窑文化的直观展示和快速传播。

二是举办主题展览，打造湖泗瓷窑文化展示窗口。区博物馆在基本陈列"江夏历史文化揽萃展"之中重点打造"湖泗瓷窑"单元，展示湖泗瓷窑青瓷和青白瓷产品实物，以图片和模型还原湖泗瓷窑龙窑烧造场景，极大提高市民观展体验。2022年，区博物馆配合武汉市博物馆打造了"宋窑遗珍·湖泗风华——武汉湖泗窑址群出土文物及标本展"，以湖泗瓷窑出土文物和器物标本为基石，分为明珠重现、良工巧匠、小家碧玉和重放珠华四个单元，展出文物及标本329件（套），详细介绍了湖泗瓷窑遗址群的发现经过和考古工作情况、宋代陶瓷烧造过程、湖泗瓷窑产品的特点以及近年来对湖泗瓷窑遗址群的保护利用。

（二）存在的问题

湖泗瓷窑遗址群由于自身的属性特征，以及自然和人为的破坏，其保护存在着较多的问题，同时，围绕遗址开展的考古基础工作不足，也给后期的利用带来了困难。

1. 窑址点多面广，保护难度较大

根据第三次全国文物普查资料显示，湖泗瓷窑遗址遍及江夏8个街道50个自然村。遗址这一过于分散的特征给保护利用工作带来了巨大的困难。此外，每一处窑址涉及的景观环境各异，更加增添了保护利用的难度。

2. 自然因素影响，环境尚待整治

窑址常年受到自然风雨侵蚀，造成一定程度的水土流失。每年的夏季暴雨，存在山体

滑坡的灾害，这更是对遗址本体造成了破坏。由于窑址地处亚热带地区，树木生长较快，特别是茂盛的灌木林等，其发达的根系对窑址造成了破坏。此外，窑址多位于湖边坡地，丰水时期湖泊大浪的冲击，这也威胁着窑址的妥善保存。

3. 人为活动破坏，保护有待加强

窑址所在地涉及农业生产活动，附近居民在窑址保护范围种植农作物、开发经济林等，对窑址造成了破坏。此外，随着瓷器收藏热度的不断升温，部分民间收藏家私自采集湖泗瓷窑瓷片，对窑址的原貌造成了一定的破坏。

4. 考古发掘不足，研究亟须深入

截至目前仅开展了 6 次发掘，共清理 9 座龙窑，分别是梁子湖系土地堂青山窑 2 座①、舒安王麻窑 1 座②、湖泗浮山窑 2 座③，以及斧头湖系安山陈家垅窑 1 座④、杨家澥窑 1 座⑤、新窑村陈家窑墩窑 2 座⑥。这些考古发掘多为抢救性发掘，系统性不够，且最近的一次发掘也距今 20 余年。因此，目前的考古材料和研究成果不足以支撑对遗址发展历史、文化内涵等内容的全面和系统的认识。

三、加强湖泗瓷窑遗址群保护与利用的对策措施

1. 提高认识，树立科学保护观念

在开展湖泗瓷窑遗址群保护和利用时，必须坚持"保护第一、加强管理、挖掘价值、有效利用、让文物活起来"的新时代文物工作方针。保护是文物工作的主线，要在"保护第

---

① 湖北省文物考古研究所：《武昌青山瓷窑遗址发掘简报》，《江汉考古》1991 年第 4 期。

② 武汉市博物馆、武汉市江夏区博物馆、武汉大学考古学系：《湖北武汉江夏王麻窑址 1988—1996 年的发掘》，《考古学报》2000 年第 1 期。

③ 武汉市博物馆、武汉市江夏区博物馆、武汉大学考古学系：《湖北省武汉市江夏区浮山窑址发掘简报》，《江汉考古》1998 年第 3 期。

④ 武汉市文物考古研究所、武汉市江夏区博物馆：《武汉市江夏区陈家垅窑址发掘简报》，《江汉考古》2001 年第 2 期。

⑤ 武汉市文物考古研究所、武汉市江夏区博物馆：《武汉市江夏区杨家澥窑址发掘简报》，《江汉考古》2001 年第 2 期。

⑥ 湖北省文物考古研究所：《武汉市江夏区新窑村窑址群的调查与发掘》，《江汉考古》2000 年第 4 期。

一"的前提下实现对文物资源的"有效利用"①。同时，要认识到作为全国重点文物保护单位的湖泗瓷窑遗址群的保护与利用，仅仅依靠区级力量是不够的，还离不开省市有关部门的指导与支持。省市部门除了专业上指导外，还需要在政策、资金等方面给予更多的支持。特别是现如今国家、省市层面不断地加大文物保护和利用的扶持力度，对于区级部门来说更是一种机遇，应主动作为和积极对接，争取更多和更有力的支持。

2. 选好人才，组建专业人才队伍

湖泗瓷窑遗址群的保护与利用是一个长期的、专业的工作，涉及文物研究、考古发掘、遗址建设、宣传教育、文物保护等方面，需组建科学合理的人才队伍。除专业技术人才以外，也需要经验丰富的管理人才，共同开展遗址的各项保护与利用工作。因此，为加强遗址的保护和利用，建议组建专门的湖泗瓷窑保护管理机构，配备文物保护技术人才和管理人才，具体承担遗址的保护、管理、规划、建设、研究和利用等工作。

3. 合理规划，构建完整保护体系

规划是开展湖泗瓷窑遗址群保护和利用的基础和前提，能为湖泗瓷窑遗址群的有效保护、合理利用、规范管理提供法律依据。因此，必须建立完整、系统、科学的保护规划体系。在构建保护规划时，要与窑址所在区域的城镇规划、土地利用规划、生态环境保护规划等相衔接、相协调，要强调对遗址本体及环境的整体性、真实性保护，要坚持可持续发展的原则，要协调好文物保护与区域经济、文化、生态等各方面关系，要确保规划近期的可操作性和远期的前瞻性。此外，要考虑湖泗瓷窑分布广等特点，对其进行合理分区，明确各区的定位、目标等，确保主次分明。

4. 深度发掘，做好窑址基础研究

目前，由于湖泗瓷窑考古工作不足，仅有的考古发掘也是零散的、局部的，导致基础研究材料较少，不能形成对遗址发展历史、文化内涵、内在关联、性质形制、出土文物特征等内容的较为全面、系统、明确的认识。结合湖泗瓷窑手工业的特点，有必要在考古工作不断深化的基础上拓展研究领域，深化研究内容。对能够反映聚落的形成历史、人们的社会生活、经济生产活动的遗存，包括古村落、居住址、墓葬区、瓷器生产遗址等开展全面考古工作。以此形成系统的认知和坚实的资料基础，为湖泗瓷窑的展示提供丰富的依据

---

① 李群：《准确把握和认真落实新时代文物工作方针——深入学习贯彻习近平总书记关于文物工作重要论述》，《人民日报》，2023 年 1 月 5 日。

和框架内容。此外，随着考古工作的发展和文物研究的深入，可适时举办湖泗瓷窑主题学术会议，出版考古报告和论文集，扩大湖泗瓷窑的影响力和研究深度。

5. 抓好落实，加强基础设施建设

除加强文物标志牌、防盗系统等文物安全方面基础设施建设以外，重点开展遗址配套设施建设，打造环境优良、功能完善的服务设施，提高公共服务能力。加强道路交通建设，构建便利快捷的交通环境，为观众提供顺畅的交通条件；加强美丽村湾建设，将遗址附近村湾纳入整体规划，建设与遗址协调统一的美丽村湾；加强生态环境建设，对周边环境进行全方位改善，包括湖泊湿地、山林绿化、生态农业等，打造可持续和高品质生态环境。

6. 打造窗口，建设线上线下平台

一是建设瓷窑遗址公园。在对遗址群有效保护的前提下，依托湖泗窑瓷文化建设国家级瓷窑遗址公园，打造具有科学研究、教育传播、游览休憩等功能的文化展示窗口。在公园内，重点建设内容包括遗址核心区本体保护、考古遗迹复原展示、遗迹展示馆建设、遗址博物馆建设等，着力实现遗址保护、文化展示、旅游休闲三大功能，打造遗址保护示范区、瓷器文化展示区、群众休闲娱乐区、文旅融合样板区。确保既要展示遗址的历史文化内涵，又要让市民参与互动和融入其中，让文物活起来。

二是搭建线上展示平台。即依托新技术，实现瓷窑文化的线上展示。当今数字化技术飞速发展，三维数字化技术较为成熟，用数据推动文物的数字化保护、多样化展示成为可能。可以将数字化技术应用在文物保护工作中，对湖泗窑瓷器等文物进行三维数据采集，形成数据库资源，为文物保护研究建立完整、准确的数字档案。另外，随着"互联网+"与三维数据的应用，为文物的信息储存和展示形式提供了新方式。可以充分利用人工智能、VR技术等，通过智能终端提供在线展示服务，让观众获得点单式服务，提高体验感。

7. 重视宣教，发挥社会教育职能

一方面，当下湖泗瓷窑遗址群的影响力和知名度，以及利用文化内涵产生的社会效益，都与其地位不符。必须深挖湖泗窑瓷文化，多举措、多形式、多角度阐释瓷文化内涵，做好宣教工作。另一方面，湖泗瓷窑分布范围广，居民文物保护意识淡薄，亟须提高。在开展宣教活动的时候，注重文物保护法的宣传，提高居民文保意识。一是加强活动策划，明确活动主题，把握群众多元化需求，提高宣传教育效果。二是打造文化品牌，依托瓷文化资源，打造具有地方特色和广泛社会影响的文化品牌。三是构建新型宣传教育平

台，除线下宣教活动外，依托新技术，利用线上平台开展宣教活动，打破空间上的局限性。

8. 文旅融合，创建特色旅游景点

湖泗瓷窑周边不仅拥有优质的湖泊、山林等自然景观，而且还有数量众多、内涵丰富的人文景观资源，包括古墓葬、古建筑、古桥等，以及国家级历史文化名村——夏祠村、浮山村。可以将这些古迹和传统村落、非遗等有效结合，形成文化景观合力。在此基础上，对历史文化和已有的旅游资源进行系统梳理和整合，将湖泗瓷窑文化与鲁湖综合体、灵山矿区公园、梁子湖山水文化、天子山爱国主义教育基地、金口古镇文化和中山舰风景区等结合起来，深化文旅融合，丰富旅游产品内涵，打造特色文旅融合主题旅游路线。

四、结语

总之，湖泗瓷窑遗址群作为长江中游瓷文化璀璨的明珠，是不可再生、不可替代的优秀资源。要统筹好保护与利用的关系，以问题为导向，精准施策，持续用力，积极推进湖泗瓷窑遗址群的保护和利用，守护好、传承好、展示好中华文明优秀成果，让文物和文化遗产活起来。

凤凰咀遗址创建考古遗址公园的思考与启示

刘　桥[*]

摘　要： 从原址保护到被列入荆楚大遗址传承发展工程项目库名单，从文化价值不为人熟知到被誉为襄阳"城市之根"，从建设考古遗址公园到带动乡村振兴发展，襄阳市襄州区凤凰咀遗址开创了以乡镇为主体的大遗址保护利用新模式，走出一条因地制宜、融合发展的考古遗址公园创建之路。通过实地调研和系统梳理，总结该遗址保护利用所取得的成果，分析目前存在问题，研究探索创建考古遗址公园的新思路、新举措，希望为湖北省甚至全国考古遗址公园建设提供一点参考。

关键词： 凤凰咀；创建考古遗址公园；启示

建设考古遗址公园，是新时代创新文化遗产保护理念的重要体现，是推进遗址科学保护与展示利用的有效途径，是充分发挥遗址社会经济效益的有利举措，是实现文化遗产全民共享、传承后人的重要方式。创建考古遗址公园，不仅能保护遗址、保障遗址发掘、促进考古研究工作，而且能带动遗址周边经济发展，惠及民生，真正做到"遗址本体保护好，周边环境整治好，人民生活改善好，经济社会发展好"。

自 2015 年考古勘探以来，凤凰咀遗址所在地方政府及相关部门按照考古遗址公园建设要求，以考古研究为支撑，以保护利用为宗旨，以带动乡村振兴为出发点，以促进融合发展为着力点，积极推进考古遗址公园创建工作。从试探性发掘到阐释遗址的重大价值、从一片农田到一定规模的考古发掘展示现场、从周边群众不理解到大力支持考古遗址公园建设、从遗址公园的创建到带动乡村振兴发展，凤凰咀遗址的文化价值得以阐释，凤凰咀武汉大学田野考古实践教学基地、遗址展示馆先后建成，周边村落生活环境持续改善，乡村旅游业蓬勃发展，开创了遗址公园建设带动乡村振兴的良好发展局面。同时也应看到，凤凰咀遗址创建考古遗址公园还存在基础设施尚需完善、展示利用不够充分等诸多不足。

＊ 刘桥，湖北省文物事业发展中心综合处（发展研究处）四级调研员。

为进一步推动工作，笔者对凤凰咀遗址进行了实地调研，梳理已有成果和存在的问题，研究探索创建考古遗址公园的新思路，希望为湖北省甚至全国考古遗址公园建设提供一点参考。

一、建设历程与成果

凤凰咀遗址地处汉江中游的湖北省襄阳市襄州区龙王镇前王、闫营两村附近，距离襄阳城区 35 千米。该遗址是一座包含距今 5200 年至 3900 年的屈家岭文化、石家河文化和煤山文化等遗存的新石器时代城址。遗址平面呈近椭圆形，总面积约 50 万平方米，核心区域面积达 15 万平方米。目前考古发掘出土陶器（可修复）479 件、石器 245 件、骨角牙蚌器 30 件、玉器 8 件。

长期以来，遗址本体及周边均为耕种的农田，未通过大规模的考古发掘，遗址的文化价值一直不为人熟知，2016 年，因修建 316 国道对该遗址进行勘探，经过四年艰苦的工作，凤凰咀遗址文化价值才被揭示，一座将襄阳城市发展史向前推进两千多年，被誉为襄阳"城市之根"的城址一时引起社会广泛关注与热议，至此凤凰咀考古遗址公园创建工作拉开大幕。2019 年，凤凰咀遗址被列入荆楚大遗址传承发展工程项目库名单。通过多年的探索与实践，凤凰咀遗址开创了以乡镇为主体的大遗址保护利用"凤凰咀模式"，同时走出一条创建考古遗址公园带动美丽乡村建设、促进文旅融合的发展之路。

1. 坚持考古先行

襄州区文物部门及龙王镇党委、政府始终坚持考古先行理念，从抢救性考古勘探到考古遗址公园创建，努力克服经费渠道有限、资金投入不足、考古与农田保护政策衔接不畅等诸多问题，全力推进考古发掘工作。主动联系省、市及高校等考古单位，积极邀请国内外专家、学者到现场指导，并进行学术交流研究，形成系列重大考古研究成果。多位专家、学者先后在《中国文物报》发表《襄阳发现一座新石器时代城址》《襄阳凤凰咀城址的确认与意义》等多篇学术成果，研究确定了遗址的范围、分布、结构以及主要水系网络，揭示了遗址的文化序列与文化内涵，揭露出石家河文化大型院落基址，为研究当时社会结构提供重要资料。为争取业内更多支持，加强考古发掘研究，先后邀请北京大学、武汉大学、加州大学等高校赴凤凰咀遗址考古发掘现场开展学习交流活动 100 多次。央视《探索·发现》栏目拍摄并播放了凤凰咀遗址专题考古发掘纪录片，宣传凤凰咀遗址考古发掘成果，同时提高遗址的知名度。2022 年 1 月，凤凰咀遗址列入"湖北百年百大考古发现"；2022 年 6 月，凤凰咀遗址入选 2021 年度"湖北六大考古新发现"的项目。

2. 乡镇主导主抓

凤凰咀遗址所在地的龙王镇党委、政府高度重视遗址的保护利用工作，积极争取相关部门支持，明确遗址土地耕地属性，限制房屋建设及水渠开挖等活动，协调成立专门保护机构"凤凰咀遗址保护中心"，积极申报全国重点文物保护单位以提升文物保护级别，树立文物保护标志，报请省政府公布保护范围与建设控制地带，组织编制文物保护规划，有效增强当地政府及民众文物保护意识，为后续遗址展示利用奠定了坚实的基础；认真贯彻落实省政府《荆楚大遗址传承发展工程实施方案（2019—2023年）》，自筹资金90多万元，在遗址考古发掘现场建设300平方米的文物保护棚，有效保护发掘出的古城墙、护城河、古河道、大型建筑基址（8个探方和2个扩方），为后续考古发掘现场展示创造了条件；争取区政府投入近4000万元，新建村委会大楼并整体移交考古发掘单位使用；建设考古实践基地配套设施，积极争取武汉大学田野考古实践基地落户凤凰咀遗址，推动田野考古实践教学基地挂牌运行；建设建筑面积4000多平方米的考古工作站（陈列馆）、文物库房、修复室等，大力推进考古遗址公园基础设施建设工作。

3. 助力乡村发展

按照郊野型考古遗址公园建设模式，将凤凰咀遗址公园创建与周边群众公共服务设施建设统筹考虑、融合发展。在改造闫营村房屋时，为避免新农村"千村一面"，与考古遗址公园相协调，采用红烧土颜色粉刷闫村房屋外立面，美化村庄，增加乡村文化厚度。统筹美丽乡村建设资金1000多万元，按照乡村旅游4A级标准，在凤凰咀遗址周边建设公交车站、旅游厕所、图书馆、文化广场等基础设施，同时提升道路等级与质量，改善遗址周边村庄环境，推动遗址融入现代生活。围绕国家乡村振兴战略，在凤凰咀遗址周边打造1个中国美丽休闲乡村、5个湖北省美丽乡村示范点，建成美丽乡村示范带，为遗址公园的利用与发展创造有利的外部环境。借助文旅融合发展的强劲势头，通过招商引资，先后在遗址周边建成"台湾樱花十二园"、光美小镇樱花园、500亩鲁花油料种植基地等，2022年吸引游客30多万，被评为"湖北省赏花网红打卡地"。

二、问题与不足

凤凰咀遗址前期按照考古先行、乡镇主导、共建共享的发展思路推进遗址保护利用工作，取得明显成效。后续在政府主导、多方参与、融合发展的理念引领下，凤凰咀考古遗址公园创建工作初具规模，在很多方面已达到湖北省文化遗址公园建设标准，但与国家考古遗址公园标准尚有一定差距，还需要进一步加强与改进。

1. 政府主导作用有待加强

以乡镇为主体的大遗址保护利用"凤凰咀模式"，在考古遗址公园创建前期，有利于统筹协调，以提高工作效率，推动遗址公园创建工作的落地落实，但在考古遗址公园创建后期，各项建设任务繁重，资金需求量大，对专业性、政策性的把握要求较高，乡镇层面可组织动员的人力、财力资源有限，协调上级部门难度较大，很难解决考古遗址公园建设涉及面广、经费缺口大，统筹协调难等突出问题，工作的推动力度稍显不足。

2. 基础设施尚需完善

凤凰咀遗址前期配套建设的展示陈列馆、硬化美化的交通道路、持续改善的周边环境等，主要对标湖北省文化遗址公园参评标准，部分建设项目与国家考古遗址公园参评标准还有差距。目前陈列馆的建设规模、文物保存功能、内部展陈面积等与国家考古遗址公园标准不匹配，后期拓展空间也略显不足，影响遗址公园的参评和长期发展。公园的管理用房、交通车辆、卫生设施等服务设施还有待进一步加强，文物标识牌、解说牌以及道路指示牌稍显不够，指示和解说内容还需要完善。

3. 展示利用不够充分

国家考古遗址公园将大遗址作为完整的遗产形态来加以利用，依托遗址公园这一载体，开展公众考古、遗址保护、本体展示、学术研究、游憩休闲、教育传播、产业布局等①。当前，凤凰咀遗址考古现场初具对外参观条件，但展示方法和手段单一，感官体验有待提高；陈列馆采取常用的方式展陈出土文物，在内容和形式方面，还可进一步体现遗址的自身内涵和特质。在利用方面，深化文物价值认知、教育传播文化知识的各类学术科研、学校第二课堂、科普教育、文化创意等活动有待开展，为公众提供围绕大遗址价值内涵的游憩、休闲、旅游项目还未实施，大遗址保护利用和地方经济社会发展的产业还未形成。

三、对策与建议

1. 加强组织领导，制订长期规划

考古遗址公园建设涉及发改委、自然资源、交通、住建、旅游等多个文物领域以外的

---

① 郭伟民：《遗产与资产——大遗址保护利用若干问题再思考》，《中国文化遗产》2022 年第 4 期。

部门，需要加强统筹协调，完善相关体制机制，保障各项工作顺利推进。参照荆楚大遗址传承发展工程领导小组和其他市州做法，可建立健全襄阳市政府主导的考古遗址公园创建工作机制，将凤凰咀遗址创建工作列入综合考核体系，完善部门协调机制，进一步理顺建设与管理体制，形成上下联动、齐抓共管的工作新格局。按照国家考古遗址公园建设管理体系标准，坚持动态管理理念，制订凤凰咀遗址公园建设中、长期规划，将当前任务与中、长期目标有机结合起来，推动遗址公园可持续发展。加强基层保护力量，大力引进和培养高素质管理人才、专业技术人才，为遗址公园的高质量发展招揽人才、储备人才、聚集人才。

2. 深入挖掘内涵，注重宣传造势

加强资源整合，有计划、有步骤地做好凤凰咀遗址考古发掘工作，将考古研究贯穿于遗址保护利用全过程，廓清遗址价值内涵，彰显襄阳地区文化底蕴，打造地域性文化品牌，推动城市文化综合实力出新出彩。以武汉大学田野考古实践教学基地为依托，以凤凰咀遗址文化内涵为核心内容，与国内外高校、科研机构及专家学者定期开展形式多样的学术交流活动，多方面展示凤凰咀遗址科研成果，积极争取业界更多支持。在遗址现场组织开展书画采风、摄影比赛等各类宣传活动，在国家、省市等重点新闻媒体持续宣传遗址文化价值、考古发掘成果和遗址公园创建进度，不断提高遗址公园的知名度。

3. 拓宽利用方式，拓展融合深度

继续实施凤凰咀遗址周边环境整治工作，恢复遗址生态景观，以诠释新石器时代城址文物价值为出发点，利用 AR、VR 等新科技，引入互动式、沉浸式体验项目，提升凤凰咀遗址可觉性、影响力和知名度。发挥武汉大学田野考古实践基地作用，策划面向中小学生的研学线路，打造遗址公园特色项目；利用考古现场、考古工作站、陈列馆等基础设施，创新工作方法，清晰生动地讲述"一座襄阳城、半部中国史"的文明故事，充分发挥好遗址公园的独特教育功能。利用凤凰咀遗址核心区的台地，以及周边环境空旷的自然景观，结合遗址地处我国农业南北分界线的特点，打造中部特色田野乡村游产业。整合襄阳米公祠、古隆中、习家池等文化文物资源，发挥文化及自然景观的带动引领作用，打造优质旅游产品，形成一条重要景观廊道和城乡旅游的观光带，拓展文旅融合的深度与广度。

四、结语

凤凰咀遗址探索走出了一条符合自身实际的大遗址保护基层治理新路径和保护利用新

模式，为该遗址创建湖北省文化遗址公园甚至国家考古遗址公园奠定了坚实的基础。凤凰咀遗址创建考古遗址公园所取得的成果充分说明，只有贯彻"保护第一、加强管理、挖掘价值、有效利用、让文物活起来"新时代文物工作方针，坚持当地政府为主导，树立融合发展理念，充分调动相关部门和社会各界的积极性，将大遗址保护利用与民众现实生活相融相通，将考古遗址公园建设融入城市建设、乡村振兴等重大发展战略，才能让大遗址"活起来"，最大限度释放大遗址保护利用的潜能。

守正创新文化遗址保护 提炼传承优秀荆楚文化

——龙湾遗址保护利用工作的回顾与思考

徐黎明　李婷婷*

摘　要：龙湾遗址发现以来，考古研究成果获得 2000 年度"全国十大考古新发现"，获批湖北省首批文化遗址公园、第四批国家考古遗址公园，是荆楚文化传承基地和长江国家文化公园湖北段的重要载体。本文通过对龙湾遗址保护利用发展历程进行回顾，总结了龙湾遗址近 40 年的文物保护与利用工作，并对下一阶段的保护利用工作与创新发展进行了一些思考。

关键词：龙湾遗址；章华台；大遗址；保护利用；创新发展

龙湾遗址发现已近 40 年，在改革开放大时代的背景下，其保护利用工作风雨兼程走到现在，大遗址地位得到确立，文化遗产得到有效保护，获批湖北省首批文化遗址公园、第四批国家考古遗址公园，是荆楚文化传承基地和长江国家文化公园湖北段的重要载体。一路走来，一步一个脚印，不断发展壮大、与时俱进。它体现了国家、省文物主管部门对龙湾遗址工作的重视与支持，也见证了国家大遗址保护利用的进程。本文通过回顾龙湾遗址保护利用的工作历程，浅谈今后龙湾大遗址文物保护利用工作的思路。

一、龙湾遗址基本情况

龙湾遗址位于潜江市城区西南约 30 千米处，遗迹分布区域跨龙湾、张金两镇，保护面积 100.9 平方千米。龙湾遗址分为东、西两大区，东区以龙湾放鹰台楚宫殿基址群为主体，由 22 个夯土台基组成龙湾楚宫殿基址群。西区以张金黄罗岗楚城遗址为主体，结合

---

* 徐黎明，潜江市龙湾遗址博物院院长、副研究馆员；李婷婷，潜江市龙湾遗址博物院副院长、馆员。

附近周代遗址和墓地，组成黄罗岗周代楚文化遗址群。

1999 年 12 月，召开了"湖北潜江龙湾楚宫殿基址学术论证会"，与会专家一致认为：龙湾楚宫殿基址群，其建筑面积之大，规格之高，延续时间之长、风格之独特，保存之完好，在东周宫殿基址中当属首次发现。结合史料定名为"章华台宫苑群落遗址"。历史地理学家谭其骧写下"章华台遗址在潜江龙湾"的论断。

龙湾遗址价值高、规模大，对于楚文化研究具有重要意义。2001 年被列入全国重点文物保护单位。2010 年被纳入国家文物局与湖北省人民政府共建"大遗址保护荆州片区"。

二、龙湾遗址保护工作的探索与实践

龙湾遗址的保护工作起步较早。2000 年，时任潜江市市长王泽洪专程到国家文物局汇报龙湾遗址工作，并在全国人大第九届三次会议上提交了"湖北省潜江市'龙湾章华台宫苑群落遗址'和'黄罗岗春秋都城遗址'列入国家十五规划的议案"，国家文物局答复表示"正积极地进行调查研究工作，探索包括龙湾遗址群在内的大遗址保护的新思路，争取尽可能地加大对大遗址保护的支持力度"。

潜江市随后对龙湾遗址开展了一系列保护工作，主要有：

编制公布保护规划。2000 年委托湖北省文物考古研究所编制的《龙湾遗址保护管理总体规划》，成为我国较早的大遗址保护规划。2002 年年底委托中国建筑设计研究院建筑历史研究所编制了《潜江市龙湾遗址放鹰台遗址群保护规划》。2005 年湖北省人民政府对《龙湾遗址文物保护管理总体规划》予以公布实施。

健全文物保护机制。2000 年颁布了《潜江市龙湾遗址保护管理实施办法》，成立了由市主要领导牵头的潜江市龙湾遗址文物管理委员会，由市编办发文在市博物馆加挂"潜江市龙湾遗址文物保护工作站"。2012 年，成立了独立的法人机构龙湾遗址文物管理处，定编 10 个。2020 年更名为潜江市龙湾遗址博物院（见图 1），增编 6 个。随着龙湾遗址保护机构的健全，专业力量的增强，保护利用工作步入规范化管理轨道。

实施文物保护项目。"十五"期间，完善了保护标志和"四有"资料。"十一五"期间，启动龙湾遗址一期保护工程，疏浚古河道，对放鹰台Ⅰ~Ⅵ号台进行覆土保护。此后对打鼓台、徐公台、古湖台、荷花台、无名台进行了覆土保护；对重点区域内的农户进行搬迁，对影响遗址风貌的鱼池棚、现代坟、土庙进行拆除。

建设遗迹展示场所。2011 年，按照国家文物局批准的《湖北省潜江市龙湾遗址放鹰台遗址群保护工程（一期）设计》，启动了章华台基址展示馆的建设（见图 2）。时任国家文物

图 1　龙湾遗址博物院

局局长单霁翔曾专程到现场视察指导。

图 2　章华台基址展示馆

2013 年，龙湾遗址被列入第二批国家考古遗址公园立项单位，龙湾遗址以东区放鹰台楚宫殿基址群为依托，创建国家考古遗址公园，规划面积 2.3 平方千米，由 22 座宫殿夯土台基组成。

经过近十年的不懈努力，现已建成放鹰台遗址群展示区、打鼓台遗址群展示区、章华台基址展示馆、古河道、古楚湖、龙湾遗址博物馆等景点，形成了以天下第一台章华台为主题，以王家园囿为特色，集考古研学、宣传教育、游览观光、文化传承、体验于一体的国家考古遗址公园。2019 年年底，年观众量达到 30 余万人次。

三、大遗址保护的体会

龙湾遗址保护和利用历程，是一个探索前行的过程，一路走来，感受颇深。

1. 考古先行，规划先行

考古研究是做好保护、展示、利用的基础工作，也是科学规划的依据。龙湾遗址发现以来，坚持不懈地做好考古勘探、调查、发掘、研究。依据考古成果编制规划，经专家论证，行政审批，形成具有法律效力的规划文本，严格依法依规有序推进大遗址保护工作。国家文物局批准龙湾遗址建设考古遗址公园，考古也是文化遗址公园有别于其他城市公园的显著特征，更是遗址公园的生命力。为此，省文物考古研究院组建了龙湾遗址考古队，持续开展考古研究，为不断揭示龙湾遗址的文化内涵，认知楚文化地上建筑的布局、结构和技艺，揭示文化本源，真实阐释、还原历史提供了科学资料；也为龙湾遗址保护、建设国家考古遗址公园、举办文物展览和遗迹展示、讲好龙湾遗址故事、让文物活起来提供了详实的考古学材料。

2. 政府主导，持续发力

大遗址保护利用是一个长期的过程，需要土地、资金和政策的长期扶持。潜江历届市委、市政府对龙湾遗址的保护利用工作都十分重视，在政策上倾斜、资金上扶持。已出资近 3 亿元解决了考古遗址公园 92.4 公顷文物保护和旅游用地；将核心保护区内 47 户农户异地搬迁；100 多座现代坟迁移；配套建设章华台基址展示馆、龙湾遗址博物馆等保护展示设施；把龙湾遗址保护和遗址公园运行管理经费纳入财政预算，保障大遗址保护和遗址公园运行。配套建设园区内外道路交通、水利设施、乡村环境等。将文物保护规划纳入城镇发展规划；保护工作纳入所属镇、村干部考核指标，层层签订文物保护目标考核责任书，把文物保护工作落到实处。

3. 依靠群众, 惠及民生

大遗址面积大、分布广, 文物保护与遗址区村民密切相关, 需要他们理解和支持。我们采取多种方式广泛宣传文物保护的政策法规、文物保护的作用和意义, 营造良好的遗址保护氛围。为密切文物保护区的干群关系, 坚持遗址保护利用惠及民生, 遗址公园内的场馆对当地村民实行免费开放, 在游客聚集的场所为当地村民经商、售卖农产品提供免费摊位和水电。与镇村联合开展各种文化活动, 如在景区内开展送戏下乡、举行传统非遗节目展演、与镇委、镇政府联合举办"庆祝中国共产党建党 100 周年农民剪纸艺术展"等。遗址公园与双丰村、郑家湖村合作, 建立章华田园综合体, 引导游客到合作园区采摘桑葚、草莓、葡萄, 消费满一定额度赠送景区门票优惠券, 同时进入景区游客可免费品尝采摘园提供的产品, 如果有需要可现场购买, 由此带动地方经济发展, 让文化遗址保护成果惠及广大人民群众。

4. 加强文物执法, 推进考古遗址公园建设

第三批国家考古遗址公园评定时, 龙湾遗址因为保护范围内存在违法建筑设施, 影响了公园评定, 未能挂牌成功。评审过后, 潜江市严格按照国家专家组评审意见, 列出问题清单, 积极整改。首先, 针对违法建筑设施, 依法追究违法企业的责任, 要求限期整改, 并予以行政处罚。在违法企业既不服从行政处罚又不整改的情况下, 遗址管理机构提起法律诉讼, 并获得胜诉。违法建筑设施被依法拆除, 处罚也执行到位。其次, 按照国家考古遗址公园评定标准, 查漏补缺, 建立任务清单, 逐项落实。市财政拨款 300 万元启动规划修编, 投资 3500 万元修通遗址公园外环线, 实现社会车辆分流, 景区封闭。对场馆、道路、设施设备进行全面整修, 极大改善了遗址公园环境。市政府分管领导多次督办、检查。通过艰苦努力, 龙湾遗址终于成功入选第四批国家考古遗址公园。

5. 爱岗敬业, 乐于奉献

一支爱岗敬业的专业队伍是做好遗址保护利用工作的关键。龙湾遗址特定的地理位置, 注定工作人员要远离城市、家庭, 到乡村工作。龙湾遗址保护利用工作启动之初, 工作条件十分简陋。文物工作者从城区来到乡村, 起初租住农户家里, 后来租用集装箱放置在遗址附近作为办公、居住场所, 克服箱内冬天冷、夏天闷热等困难, 为龙湾遗址的建设与发展作出牺牲。

四、遗址保护利用的思考

下一步，需抢抓发展机遇，守正创新，推动龙湾遗址文物保护利用工作取得新成绩。

1. 提高政治站位，加强遗址保护

以习近平新时代中国特色社会主义思想为指导，贯彻落实习近平总书记关于文物工作的重要指示批示，切实加强龙湾遗址的保护利用工作。龙湾遗址占地面积大，土地性质和权属复杂，加之遗址属于水网湖区，地势低洼，农民为了增收，纷纷养鱼、养虾，挖鱼池和虾池都可能损害到地下文物。完全靠做思想工作或宣讲政策法规难以取得满意的效果。一方面要强化地方政府主体责任，坚持原则，正确引导农民将水产养殖模式调整到既利于文物保护，又实现农民增收的种植模式，引导农民开辟旅游配套产业，如农家乐、民宿、采摘园、土特产售卖等；另一方面要积极利用国家相关政策，建立文物保护土地补偿机制，解决因保护减少的土地收益补偿，调动村民保护大遗址的积极性，实现文物保护与土地利用和谐共赢。

2. 提升管理水平，创新工作思路

将成功入选第四批国家考古遗址公园作为新的起点，高标准加强管理，准确理解并认真贯彻"保护第一、加强管理、挖掘价值、有效利用、让文物活起来"新时代文物工作方针，在实际工作中始终把保护放在首位，维护龙湾遗址的历史真实性、风貌完整性、文化延续性。严格依法加强遗址管理，不断发掘和研究遗址的文化价值，创新文化遗址保护与传承的思路、方法和手段，实现让文物活起来的工作目标，扎实做好龙湾国家考古遗址公园的活化利用。

3. 加强机构建设，壮大人才队伍

进一步理顺遗址保护管理体制，建立与遗址管理工作实际相匹配的管理机构和人才队伍，加强与基层组织的沟通协调能力。积极争取文物保护机构升格，加强人才队伍专业化建设，充实文物保护利用、公园管理运营、文化推介传播、文旅融合发展等方面的知识储备，适应新时代大遗址工作的需要。

4. 加强文旅融合，促进文物活起来

文旅融合是实现考古遗址公园活化利用的重要途径。考古遗址公园在规划时要做好文

化和旅游产业布局，设计好游览线路、沿途文化展示、游客参观体验、配套旅游设施，让大遗址具备丰富的旅游内容、良好的旅游条件、优质的旅游服务。围绕大遗址文化资源，结合社会需求，开发文创产品，举办丰富多彩的文化旅游主题活动、节庆活动，创建自己的文化活动品牌，吸引旅客到大遗址旅游。加强研学实践基地建设，创办楚文化特色研学活动和课程，让大遗址文化融入旅游全过程，切实让文物活起来，让人们在旅游过程中感受文化魅力、受到优秀传统文化熏陶，增强文化自信，实现以文塑旅、以旅彰文的双赢。

屈家岭国家考古遗址公园建设与运营
管理模式的探讨

熊建宏　李红波*

摘　要：屈家岭国家考古遗址公园以屈家岭文化的命名遗址为保护对象，在考古科研的基础上展现史前文明，将遗址博物馆陈列、考古发掘展示、山水田园风光呈现相结合，形成了独具特色的公共文化空间，在文化旅游、农业产业化发展、乡村振兴方面具有积极效益。针对目前公园在展示、服务、管理等方面的短板，应从丰富展示形式、修复生态景观、打造IP、融入乡村发展等方面予以加强。

关键词：考古遗址公园；建设与运营管理

一、屈家岭国家考古遗址公园基本情况

（一）屈家岭遗址的价值

屈家岭考古遗址公园位于荆门市屈家岭管理区，地理位置优越，交通环境便利。屈家岭遗址是长江中游最早发现、极具代表性的新石器时代大型聚落遗址，内涵丰富，价值重大，延续时间长，历经油子岭文化、屈家岭文化①、石家河文化，主体遗存距今约5300~4500年。发现有稻作遗存和居址、陶窑群、墓葬、环壕等遗迹，出土磨光黑陶、蛋壳彩

---

　*　熊建宏，荆门市屈家岭遗址保护中心党组书记；李红波，荆门市屈家岭遗址保护中心财务审计室主任。

　①　中国科学院考古研究所编：《京山屈家岭》(中国田野考古报告集考古学专刊丁种第十七号)，科学出版社1965年版。《京山屈家岭》是湖北省第一部考古发掘专刊，也是长江中游地区第一部新石器时代考古研究的专刊，首次命名了"屈家岭文化"。

陶、彩陶纺轮、玉石器等精美文物。屈家岭遗址是屈家岭文化的发现地和命名地，是实证长江中游文明起源的重要大遗址。

屈家岭遗址是湖北考古的起点，于 1954 年被发现，1988 年公布为全国重点文物保护单位，2001 年入选"中国 20 世纪 100 项考古大发现"，2006 年开始被连续纳入全国大遗址保护专项规划，2017 年列入国家考古遗址公园立项名单，2021 年入选中国"百年百大考古发现"。

(二)屈家岭国家考古遗址公园基础设施情况

屈家岭遗址保护区划范围 1205.92 公顷，其中保护范围 284.27 公顷，建设控制地带 921.65 公顷。屈家岭国家考古遗址公园涵盖屈家岭遗址全部保护范围和部分建设控制地带，规划面积 402 公顷，分为遗址展示区、管理服务区、考古预留区三个功能区，分三期实施。公园已建成的开放区集中于公园规划范围西部，开放面积 163.5 公顷，其中遗址展示区完成遗址核心区展示项目、稻作文化展示项目；管理服务区完成遗址博物馆区项目，面积 7.4 公顷；考古预留区完成土地流转 70.7 公顷。截至 2022 年，考古遗址公园建设已投入资金 30180 万元，其中中央补助资金 6517 万元，地方配套资金 23663 万元。

(三)屈家岭国家考古遗址公园考古情况

1. 联合考古机构健全

2015 年以来，为配合屈家岭考古遗址公园建设，湖北省文物考古研究院会同荆门市博物馆、屈家岭遗址保护中心组建屈家岭遗址联合考古队，负责实施遗址的相关考古工作，考古工作实行领队负责制，严格按照《田野考古工作规程》进行科学发掘。屈家岭遗址联合考古队由湖北省文物考古研究院罗运兵担任领队，主要工作人员由具有丰富田野考古经验的考古专业技术人员和文物保护专业技术人员组成。

2. 考古挖掘有序开展

自 1954 年 11 月，国家对石龙过江水库干渠进行建设并同步开展文物调查，首次发现新石器时代文物以来，在屈家岭管理区共集中开展考古挖掘 4 次。其中：1955 年 2 月第一次考古试掘，发掘面积 80 平方米，初步了解了遗址的地层堆积情况，确认其出土遗物属于新的文化类型；1956 年 4 月至 1957 年 2 月，第二次考古发掘，发掘面积 858 平方米，被命名为"屈家岭文化"，出土的彩陶纺轮、蛋壳彩陶杯、彩陶壶最具特色，陶器组合以双腹鼎、双腹豆和双腹碗等双腹器最为典型，被发现的史前稻作遗存经鉴定为粳稻，实证了屈家岭遗址是长江中游史前稻作遗存的首次发现地，是中国农耕文化长江中游发祥地之一；1989 年 7 月，第三次考古发掘，发掘面积 87.5 平方米，发现了一批早于屈家岭文化的遗存，即油子岭文化，从而改写了屈家岭遗址年代上限，确定油子岭文化是屈家岭文化的主要来源；2015 年至今，第四次考古发掘，累计发掘面积 7400 平方米，发现遗址的居住中心、墓葬区、祭祀地等遗迹，共清理各类遗迹 420 余处，出土遗物丰富，完整器物及已复原器物 1000 余件。进一步完善了遗址史前阶段的文化序列，即由早到晚历经油子岭文化、屈家岭文化和石家河文化①，基本涵盖了江汉平原史前文明的主要发展阶段。

3. 考古研究成果显著

通过持续的考古工作，完善了屈家岭遗址史前文化发展序列，发现大量考古遗存，整体把握了遗址聚落布局和演变，明确了遗址主要功能分区，揭示了屈家岭遗址的价值：聚落等级高，规模巨大，结构完整，文化发展连续性强，影响深远。

考古和研究工作的实施，为遗址博物馆展陈和遗址现场展示提供了基础，为考古遗址公园的建设、运营提供了有力的学术支撑。

（四）屈家岭国家考古遗址公园规划情况

2012 年 10 月，委托北京建工建筑设计研究院和湖北省文物考古研究所编制完成《屈家岭考古遗址公园规划》（简称《规划》）。2017 年 5 月，委托原编制单位对《规划》进行了修编。2019 年 5 月，国家文物局对《规划》提出了修改意见。2022 年 5 月，《规划》修改后上报国家文物局审批。

《规划》明确了公园"一心两带、两区多点"的整体阐释与展示分区架构，设置了遗址展示区、管理服务区、考古预留区三类功能分区，明确了展示及管理设施、公共服务设施、标识设施三类公园配套设施。《规划》在考古与科研、管理与运营、基础设施等方面作

① 参见王亚弟、向其华、靳佳乐等：《湖北荆门屈家岭遗址 2018 年发掘简报》，《江汉考古》2021年第 3 期；陶洋、张德伟、王亚弟等：《屈家岭遗址土地山遗址点 2020 年发掘简报》，《江汉考古》2021年第 1 期。

出具体要求,提出了遗址展示、景观展示等节点设计。《规划》明确了近期实施保护、展示、考古等7类15项重点项目。

二、屈家岭国家考古遗址公园建设运营情况

(一)明确考古遗址公园权属

1. 所有权

屈家岭管理区原为湖北省国营五三农场,所有土地性质均为国有。公园范围内全部土地的管理权限已调整为归属屈家岭遗址保护中心统一管理。屈家岭遗址保护中心现已流转农林用地约120公顷,主要为屈家岭遗址博物馆区域至屈家岭遗址点区域;现已征收屈家岭遗址博物馆区域和北服务区域、3处村庄建设区域、西外环线道路建设区域,土地征收面积16.6公顷。

2. 管理权

2011年11月成立荆门市屈家岭遗址管理处。2019年更名为荆门市屈家岭遗址保护中心(遗址博物馆),是具备独立法人资格的考古遗址公园专门管理机构,承担遗址范围内文物保护和规划编制、项目管理、科学研究以及监测巡查等工作;承担遗址区域内的文物研究、对外宣传等,负责考古遗址公园的规划、建设及项目申报;承担遗址博物馆开放运营管理,协调文物保护和考古发掘项目实施。

(二)理顺考古遗址公园管理体制

1. 成立专职机构

荆门市屈家岭遗址保护中心(遗址博物馆)由荆门市屈家岭管理区管委会管理,是负责屈家岭考古遗址公园直接实施保护管理的事业机构。人员核定事业编制10人,设主任1名,副主任2名。所需经费由市区两级财政预算全额保障。

2. 成立领导小组及工作专班

遗址公园项目建设领导小组,由屈家岭管理区管委会党工委书记为组长,其他县级干部为副组长,党工委综合办公室、五三农场集团等相关部门及单位负责人等为成员,并相

应成立政策对接、投融资、项目规划建设及市场营运等四个工作专班，加强项目建设的调度与协调。

3. 建立文物工作联席会议制度

区管委会建立了屈家岭管理区文物工作联席会议制度。联席会议原则上每半年召开一次全体会议，由区党工委办公室负责召集各成员单位和专家参加会议，研究部署全区文物保护与安全相关工作。

4. 建立高位管理格局

在国家文物局和湖北省文化和旅游厅(湖北省文物局)的行政管理和专业指导下，开展考古遗址公园建设、管理和运营等工作。湖北省文物考古研究院和湖北省博物馆具有专业指导和考古科研等工作职责。荆门市政府相关部门具有监督和指导责任，形成责任明确、分级监督、直属管理的管理格局。

(三)考古遗址公园运营纵向联动

1. 运营思路

以屈家岭国家考古遗址公园为核心，围绕"中国农谷"发展战略，在充分挖掘屈家岭文化的内涵的基础上，利用屈家岭国家考古遗址公园的影响力和知名度，进行延展并构建农业、纺织业、文旅产业、研学产业和文创产业的产业支撑体系，由此为区域带来经济和税收增长反哺遗址保护与开发，形成屈家岭特有的可持续发展循环模式。

屈家岭遗址的保护和发展所需经费由市区两级财政预算全额保障，考古遗址公园实行"政府主导、部门主管、市场参与、产业带动、合力保障"的运营模式，即管理区政府统筹规划、协调组织；遗址保护中心代表管理区行使管理决策权；湖北青墨文旅公司具体负责考古遗址公园的日常运营与管理；"民俗文化村"提供服务保障，屈陶屈窑负责文创产品开发，金色农谷实践教育基地提供基础客源保证；市区财政承担遗址博物馆运行费用、遗址本体保护费用和公园运行补贴，确保考古遗址公园高质量可持续发展。

2. 经营模式

荆门市屈家岭遗址保护中心为考古遗址公园管理主体，采取委托管理的模式，包括经营筹备、筹开和运营管理，即遗址保护中心委托湖北青墨文旅公司负责考古遗址公园日常维护和运维人员管理，文创产品研发、宣传、营销等运营工作，进一步加强了考古遗址公园运营开放专业化水平，提高了运营管理效率，降低了公园运营成本。

（四）考古遗址公园建设发展措施有力

1. 项目建起来，突出一个"真"字

一是真重视。荆门市委、市政府将考古遗址公园项目作为全市重点项目来调度，市委书记每月询问工程进度，市委常委、宣传部部长常年包联该项目。屈家岭"四大家"高度重视文物保护工作，将"保护文物也是政绩"的发展理念贯穿始终，全区上下一盘棋，区党工委书记把工委会议开到了考古遗址公园的田间地头，凝心聚力做好建设大文章。二是真投入。力扛遗址保护主体责任，坚持政府主导、部门主管、市场参与、产业带动、合力保障相结合，引入社会资本参与考古遗址公园项目建设，建立多方筹资、多元投入机制，项目建设资金难题得以破解，已完成投资 3 亿余元。三是真建设。项目建设领导小组和工作专班长期在工程现场进行指挥、协调、督办，及时研究解决项目建设中存在的具体困难和问题。目前，考古遗址公园的基础配套工程和公共服务设施及水系景观项目全部完工，博物馆区建筑面积 1.07 公顷、绿化面积 7.1 公顷。完成遗址核心区环境整治、古河道水系恢复工程、石龙干渠改道等工程，公园各类道路已建成，博物馆安防系统已纳入荆门市平安城市网实现手机实时监控，确保文物安全。

2. 遗址活起来，巧用一个"借"字

一是借势造势，加强文化传播。利用网站、微信公众号等新媒体方式开展广泛宣传。举办多种学术交流活动，提高考古学术研究水平，加强屈家岭文化研究深度；广泛邀请国内著名考古专家、历史学者、文化学者，定期召开专家论证会，扩大屈家岭文化影响力。拍摄了《大遗址·屈家岭》《屈家岭文化科普陪你过大年》《少年》《农·道》等宣传专题片，在学习强国、省广播电视台等国家和省级媒体平台获赞无数。二是借水行舟，多方交流合作。2018 年 4 月，国台办、国家文物局授予湖北首个"海峡两岸考古教学交流基地"，作为农耕圣地，屈家岭首次架起了海峡两岸文化交流桥梁。2021 年 6 月，被湖北大学确认为文化遗产学院实习实训基地；2022 年 3D 影片《屈家岭传奇》首映，让世界"感知屈家岭"更近，让屈家岭文化走得更远，让农文旅融合更快。三是借智引智，激活文创开发。中国农谷·屈家岭文化 IP 全球征集大赛启动以来，共收到来自美国、法国、意大利、匈牙利、马来西亚等国家，以及国内参赛作品共计 2476 件/套，邀请中央美术学院、意大利佛罗伦萨大学、匈牙利佩奇大学等上百所知名院校进行创作。在大赛社会公众投票环节中，首日访问量超 10 万次，总点击量超 292 万次，投票量达 190 万次，引发了全世界的广泛关注

和热评。目前，已与各大品牌合作进行了部分成果商业转化，屈家岭文化独特魅力正逐步彰显，其丰富的文化价值、经济价值、社会价值正逐步被挖掘。

3. 品牌亮起来，瞄准一个"立"字

一是立信心。考古遗址公园已被纳入"中国农谷"战略的旅游发展整体布局、沿江高铁加速建设布局，这为考古遗址公园品牌亮起来提供硬支撑。二是立法规。湖北省首个关于大遗址保护的立法项目《荆门市屈家岭遗址保护条例》经湖北省人民代表大会常务委员会批准通过，并于2023年1月1日实施。屈家岭管理区已制定《荆门市屈家岭遗址保护条例贯彻实施工作方案》，这是荆门首次立法协商的建议成果转化为地方法规的制度成果。三是立形象。通过与国内外高校建立文化交流合作、在中小学课堂普及考古知识、在研学旅行中开展考古实践、举办国内国际文化论坛、建设智慧博物馆等多种举措，努力把考古遗址公园建设成特色鲜明的农耕文化主题公园，树立农耕文化品牌，传承发展屈家岭文化，提升屈家岭文化在中华文明乃至世界文明格局中的影响力。近几年的大力投入与建设使得公园基础设施日益完善，对外知名度不断提升。自试运行以来，旅游收入也呈增长趋势，同时带动了周边经济发展，直接就业人数近千人，实现了经济效益和社会效益的双赢。

三、遇到的难题

第一，展示手段有待强化。目前除遗址博物馆外，其他的遗址现场展示手段有待强化，对整体格局的有效阐释和指引有待完善。

第二，参观氛围有待加强。考古遗址公园内植被配置、展示服务、配套设施等方面还要不断对接国内相关标准和参观者的新需求，来提升考古遗址公园的环境氛围和硬件设施。

第三，园区管理有待提升。在园区管理、导游讲解、安全防护、环境卫生等方面还有待进一步提升，各级管理、服务人员的培训力度还需加强。

四、建议与对策

1. 遗址文化展示多样化

依据考古研究成果与现状环境条件，以博物馆展陈、考古遗迹展示及考古发掘现场、

古环境复原为展示途径，以屈家岭国家考古遗址公园价值阐释需求为导向开展考古研究、保护，展示真实的历史文化面貌。利用现代数字技术，深入挖掘拓展屈家岭遗址的历史、艺术、科学价值，彰显屈家岭文明的独特魅力，扩大屈家岭文化的知名度，取得了良好的展示效果，有效解决了土遗址类考古遗址公园展示形式单一、展示效果不理想等问题。

2. 生态景观修复主题化

通过对历史环境的充分研究，对历史水系、历史植被和历史场景进行适度修复，展示历史景观和场景。"以自然生态为核心，结合历史悠久的屈家岭文化元素，保持良好的自然野趣，全面推进绿化建设，将充满温情与魅力的山水文化和质朴的田园风光融为一体，形成'山水园林''文化园林'的独特景观"①，使屈家岭国家考古遗址公园成为本地和周边知名旅游景点。

3. 文化旅游融合 IP 化

以屈家岭国家考古遗址公园创建国家 4A 级旅游景区为契机，充分挖掘屈家岭考古文化、农耕文化、荆楚艺术文化内涵，并提炼旅游产品 IP，打造以历史探秘、文化体验、田园乡趣为主题的文旅体验项目。多元化阐释屈家岭文化的文物价值和社会价值，通过充分策划相关的文艺展演活动、文化创意产品、文化景观设施，扩大文化旅游的影响力和吸引力，增加农村居民收入，带动区域旅游发展。

4. 乡村振兴产业化

充分解读国家乡村振兴战略，深入对接省市地区乡村振兴政策，将考古遗址公园建设有机融入"中国农谷"建设，推动休闲产业、旅游业和农业产业三产业融合，统筹遗址周边村落的发展需求，将乡村田园景观作为考古遗址公园的组成部分，积极培育农家乐、民宿、虾稻特色农业、果蔬采摘园等产业，形成一系列"屈家岭"主题特色农产品，让当地居民参与到项目的经营、服务和自主创业中来，充分发挥考古遗址公园和屈家岭文化的带动作用，有效引领屈家岭管理区乡村振兴发展。

五、结语

屈家岭国家考古遗址公园建设以考古遗址的保护和展示为核心，将文化与观光、考古

---

① 汤学峰、刘生龙：《屈家岭史前遗址的保护与利用研究——以屈家岭考古遗址公园建设为例》，《荆楚学刊》2013 年第 3 期。

相结合，进一步健全科研、教育、游憩等功能，形成集文物保护、专题考古、旅游观光、文化教育与文化产业开发等多功能于一体的国家考古遗址公园格局，对于凸显古遗址古文化特色，促进遗址保护与区域的社会效益、生态效益、经济效益和谐统一和持续发展，必将发挥重要的作用。

学堂梁子考古遗址公园建设现状及思考

谢守军　马　超　薛　明*

摘　要： 截至目前，学堂梁子遗址共出土 3 具"郧县人"头骨化石，为研究旧石器时代考古和古人类起源提供了丰富、完整的材料。为有利于该遗址的保护，充分发挥遗址的价值，经过遗址建设现状考察和分析思考，得出以下有利于学堂梁子考古遗址公园建设的五点看法，即：加强考古研究、坚持整体保护理念、最小干预、注重文化效益和社会效益、兼顾利益相关方利益诉求。

关键词： 学堂梁子；郧县人；遗址公园；大遗址保护

一、遗址与遗址所处环境

(一)遗址概况

学堂梁子遗址，又称郧县人遗址，2001 年 6 月被国务院批准为第五批全国重点文物保护单位。先后于 1990 年和 2022 年两次入选"全国十大考古新发现"，入选 2022 年度"中国六大考古新发现"和 2022 年度"湖北六大考古新发现"。"郧县人"3 号头骨问世以来，"中国湖北发现 100 万年前郧县人头骨化石"新闻事件先后获得了"2022 年度国际十大考古新闻""2022 文博行业十大热点事件""2022 年度湖北文物十件大事"等荣誉，并再次登上了英国《自然》杂志。

2019 年 2 月，省政府办公厅印发《荆楚大遗址传承发展工程实施方案 (2019—2023 年)》，公布了《荆楚大遗址传承发展工程项目库 (2019—2023 年)》名单，学堂梁子 (郧县人) 遗址被纳入其中。遗址位于湖北省十堰市郧阳区青曲镇弥陀寺村一组汉水北岸的阶地

---

* 谢守军，十堰市郧阳区文化和旅游局党组成员、区文物事业发展中心主任；马超，十堰市郧阳区文物事业发展中心副主任；薛明，十堰市郧阳区文物事业发展中心干部。

上，东北距青曲镇约 10 千米，东南距郧阳区县城约 40 千米，南边与五峰乡大树垭村隔汉江相望（相距约 400 米）。地理位置坐标为北纬 32°50′30″，东经 110°35′131″。遗址前后出土 3 具珍贵且完整的古人类头骨化石及丰富的动物化石、石制品，是一处集古人类化石、古动物化石和石制品三位一体的重要旧石器时代遗址，在中国旧石器时代与世界旧石器时代考古学研究、古人类学研究、古生物学研究中具有非常重要的地位。尤其是其出土的距今 100 万年前的 3 具人类头骨化石，处在古人类近 200 万年演化历程的中间和关键环节上，为探讨东亚古人类演化模式、东亚直立人来源、东亚直立人与智人演化关系等重大课题提供了翔实而关键的化石及文化证据，为实证中华大地百万年的人类演化史、讲好人类故乡先民演化和文化发展的故事提供了关键节点的重要依据与信息。

（二）遗址大环境与周边相关遗址

新生代时期的汉水、丹江两岸属李宫桥盆地，第三、第四纪地层在本地区河流阶地上充分发育，埋藏着丰富的哺乳动物化石和史前人类遗迹①。已发现的哺乳动物化石遗址有丹江玉皇顶哺乳动物化石遗址、郧西羊尾化石遗址等。已发现的旧石器古人类考古文化遗址除学堂梁子遗址外，尚有距今约 75 万年的郧阳区梅铺猿人遗址、距今约 50 万年至 20 万年的郧西白龙洞猿人遗址、距今约 8.4 万年至 5 万年的郧西黄龙洞人遗址等②。这么多相关遗址的存在，"显示出秦岭南麓——郧县及其周缘地区是距今约 100 万年以来古人类连续演化、生活的地区。在汉水两岸不仅埋藏有古人类遗址，而且也保存有丰富的古人类洞穴遗址，从而证明了秦岭南麓——郧县及其周缘地区是中国古人类成长的摇篮"③。著名古人类学家、中科院院士吴新智曾说："在汉水中上游一带，是人类遗迹富集区。这么小的区域，集中了那么多的遗迹，全国唯一，世界少有。"④因而，对这其中最具代表性的遗址——学堂梁子遗址进行考古遗址公园建设就尤为重要。

二、学堂梁子考古遗址公园建设现状

（一）保护管理有利条件

1. 地貌原始，保护完好

学堂梁子遗址在农田基本建设坡改坪的工程中受到一定的扰动，但遗址所受干预程度

---

① 柳长毅、匡裕从主编：《郧阳文化论纲》，湖北人民出版社 2012 年版，第 25 页。
② 周兴明主编：《郧阳考古发现》，湖北人民出版社 2012 年版，第 1 页。
③ 周兴明主编：《郧阳文化研究文集》，湖北人民出版社 2012 年版，第 131 页。
④ 周兴明主编：《郧阳文化研究文集》，湖北人民出版社 2012 年版，第 184 页。

低，不但基本保存了地貌层序原有空间关系，而且较好地保持了汉江两岸的自然植被环境，自然环境基本无污染，真实性与完整性保存较好。

2. 民风淳朴，村民参与

遗址保护区内的弥陀寺村村民醇厚朴实，待人接物以诚相待，且多年来积极参与并配合考古发掘工作，有遗址保护意识和荣誉感，为遗址公园建设提供了良好的人文环境。

(二)建设成果

1. 划定规划范围

现已将含学堂梁子遗址全部保护范围及部分建设控制地带划入遗址公园建设范围，共计85公顷。保护范围为学堂梁子高程为165米的等高线与北侧白家沟中心线所围合的区域，包括的部分建设控制地带为白家沟以北的弥陀寺村及周边农田，包含的建筑有白家沟两侧及桃沟右侧分布的民居、弥陀寺小学和村委会办公建筑。

2. 遗址考古研究工作取得进展

为了深入价值阐释，为这一旧石器时代文化遗址的保护、展示、利用提供更加充实和系统的内容，制定了专门的考古规划，进行了持续的考古研究工作。2021年，由中国科学院、湖北省文物考古研究院、武汉大学等单位联合成立"中国郧阳古人类研究中心"；同年，先后发掘了两个区域共231平方米的面积，发现了旧石器时代较晚的遗存，延长了学堂梁子遗址古人类活动史。2022年开展的考古发掘，发掘203平方米区域，发现了第3具脑颅和面颅保存得更加完好的人类头骨化石。考古发掘中，综合利用尖端技术，搭建多学科合作团队，构建当时的生态环境，奠定了坚实的材料与信息基础，树立了精细、高科技和多学科田野考古工作的典范。

3. 严格遵循管理规定

保护范围内除遗址保护、展示、管理必需的配套设施、基础设施、环境修复和展示园区必要的设施之外，一律不再新批建设用地。与遗址保护相关的建设活动均应满足文物保护要求，不得破坏考古文化层。目前，在遗址保护范围内设置了防护围栏、安装了监控设施、警示标示和界碑，为遗址公园建设提供了文物本体的安全保障。

建设控制地带内建设项目严格履行法定程序报批手续。改建和新建的建筑高度严格限制在7米以内，层数控制在两层。建筑形式、体量、色彩必须与周边历史环境及遗址的价值特征相协调。进行建设工程时，建设单位必须事先报请湖北省文化和旅游厅组织从事考古发掘的单位在工程范围内有可能埋藏文物的地方进行考古调查、勘探。目前，在遗址周边的采砂、淘金作业已严令关停。

4. 规划和建设项目有序推进

改造建设了 3500 平方米的"郧县人"遗址展示馆（考古工作站），能够满足发掘出土的 5000 余件石器、动物骨骼化石等文物及标本的陈列展示、考古研究与办公等需求。为配合考古发掘工作，搭建考古保护大棚 2100 平方米，建成恒温恒湿考古方舱 1050 平方米。在核心区 50000 平方米范围内安装了电子围栏和监控系统，聘请专业安保人员 24 小时值班，为考古遗址公园建设提供基础性安全保障。与此同时，启动了遗址公园规划的修编工作及遗址公园外围道路的建设工作。

（三）保护管理面临的问题

1. 遗址安全问题

遗址常年面临严峻的自然风雨和河水侵蚀破坏并缺乏必要的维护措施。一方面，遗址处于汉江边的阶地上，且其埋藏的顶部阶地夷平面为土壤环境，容易被河水或暴雨侵蚀，影响遗址的安全；现有遗址露明区域、遗址剖面探坑区域在自然环境影响下不断坍塌，存在失灭危险。另一方面，遗址保护技术措施尚在实施准备阶段，考古发掘提取相关可移动文物后，大部分遗址仅采取临时性考古探方回填、考古发掘临时性保护大棚等简单措施保护，针对遗址长远保护的措施尚未得到落实。

2. 遗址考古研究问题

通过近些年的考古发掘和研究工作，明确了学堂梁子遗址的核心价值及其在中国古人类演化和旧石器时代文化中的作用与地位。但是，学堂梁子遗址的发掘面积仍非常有限，对学堂梁子遗址总体布局及其与同时期遗址的关系尚不明确，对遗址的功能、文化面貌、文化分期尚缺乏合理的解释；学堂梁子遗址的研究工作还停留在对出土文物的研究阶段，对于整个遗存历史环境和现状环境的研究还处于起步阶段，对于整个汉水流域的古人类分布及进化方面的研究还存在较大的缺环。

3. 遗址风貌问题

遗址保护范围内有不少民居，或占压核心遗址区，或与整个遗址环境不协调，需要进行拆除或整治。此外，遗址内一些谷地中有不少淤泥，影响整个遗址观感，需要清淤，疏通水系。

三、对学堂梁子考古遗址公园保护建设的思考

学堂梁子出土的距今100万年的古人类头骨数量及完整程度世所罕见，为将中华文明探源研究引向深入，让陈列在广阔大地上的遗产"活"起来，把中华民族精神生生不息的根脉传承好，加快推进与文化遗产保护相适应、功能齐备完善的学堂梁子(郧县人)考古遗址公园建设刻不容缓。

(一)加强考古研究，促进保护利用

1. 以考古推动遗址核心价值阐释，为遗址公园建设提供支持

一方面，加强考古发掘力度与考古研究，弄清遗址总体布局及遗址功能。另一方面，加强对包括郧阳区、郧西县、丹江口在内的汉江中上游区域的考古调查，弄清楚"郧县人"及其所属文化的分布范围，弄清"郧县人"在本地区各阶段的进化特点及其文化分布，破译远古人类起源与演化谜团，讲好百万年人类史故事。通过以上两方面的工作，加深对"郧县人"的认识，进而为考古遗址公园的保护和展陈提供有力支撑。

2. 加强多学科合作研究，丰富遗址内涵

与多学科领域专家合作，通过地质学、古环境、DNA技术分析、伴生动物化石分析、区域沉积物分析、三维扫描、遥感测绘地形复原等手段加强研究，探寻百万年前遗址环境风貌，揭示学堂梁子遗址古植被与生存动物情况，从而达到深入了解遗址原貌、丰富遗址内涵的目的，并进而为保护遗址自然环境、提高遗址公园展示传播水平提供帮助。与此同时，根据新研究成果精准制订学堂梁子遗址近期、中期、远期的考古规划，为在国家层面的考古热中交上一份令人满意的"湖北答卷"，在国际学术界提升中国人类起源与演化研究方面的学术地位，提升本地区文化与社会发展的软实力。

(二)坚持整体保护理念

1. 遗址环境保护

大遗址保护不仅是对其遗址本体的保护，还包括对其环境的保护，遗址公园的整体形

象也和周边环境息息相关。因此，建设学堂梁子考古遗址公园必须保护好学堂梁子遗址周边的景观形貌。必须搞好整体生态建设，做好水土保持、水源涵养、绿化覆盖工作，从而有利于维持好公园环境控制区的景观形貌。

2. 周边相关遗址保护

除学堂梁子遗址外，郧阳及邻近的汉水流域尚有梅铺猿人、白龙洞和黄龙洞古人类遗址及丹江口市石鼓后山坡、房县樟脑洞等重要旧石器时代遗址。这种旧石器时代遗址富集现象全国唯一，世界罕见，堪称人类进化的廊道。著名考古学家李天元曾认为："根据对汉水阶地堆积及地层的分析研究，组织有关专家进一步调查，有可能在郧县境内或邻近地区寻找更多的与郧县人时代相当的，或者时代略早或略晚的地点，通过深入调查研究或许有可能进一步搞清郧县人及其文化的来龙去脉。"[1]因此，对学堂梁子遗址周边汉水流域进行遗址调查和对相关遗址进行保护意义重大，能进一步丰富学堂梁子遗址价值内涵。建议下一步参照河北泥河湾遗址成立学堂梁子旧石器考古研究暨保护中心，由省政府统一领导、统一规划这一区域相关遗址的保护工作，给予政策、统筹资金，打造世界级古人类研究中心。

（三）最小干预，维护遗址的真实性和完整性

1. 尊重遗址传统的用地性质

原先是农地的最好仍然保持其为农地，原先是草地更要维持其荒原的现状。但对于某一个区域的田地，要尽可能寻求去除目前小农经济留下的田地区隔和一个季节里的作物差异。

2. 保护遗址江岸阶地环境景观

在原有特色植被的基础上，进行适当的修整，使其阶地环境景观特色更为明显，以彰显"郧县人"生活的气候景观特点，便于游客观瞻和了解。如，可对遗址附近的山顶分布的小面积山岳草甸、山腰以下的山地森林和灌丛、河流谷地的流水和草地稍加整治，分别规划为山梁草甸景观区、森林灌丛景观区、溪流草地景观区。

3. 结合遗址及考古发掘情况合理设置或展陈

一方面，在尊重原有场地自然原貌的基础上，考虑地下遗存分布情况和功能分区，对

---

① 李天元主编，冯小波副主编：《郧县人》，湖北科学技术出版社2001年版，第192页。

草被、花卉、林木和保留农作物进行适当布局，通过场地植被的变化标示不同的遗址功能区。另一方面，根据以往考古发掘情况设置地层剖面展示点、化石认识点、考古体验点等。

4. 道路布置简化和谐

结合保护措施和环境整治，调整现有道路交通系统，尽量不另辟新的道路，满足公园基本需要即可。所有道路必须与遗产环境相和谐。

5. 工程设施建设尽量避免扰动，务求得体

遗址公园内相关展示工程、服务配套设施应尽量改造利用保护区划内的学校、民居和已有建筑设施。必需新建的建筑及配套设施的工程规模宜小不宜大，必须满足遗产保护的安全性要求。建筑与配套设施应力求简洁得体，与遗产环境相和谐，符合遗址的文化价值属性。

6. 严格控制游客数量

根据遗址的敏感性要求及保护需要，设置游客最大容量。容量控制以科学、合理的测算为基础，且测算数据需根据实践检验随时进行修正。

(四)注重文化效益和社会效益

1. 设置参与性文化项目功能区

可在遗址公园内开展沉浸式文化体验活动，如设计食物采集、石器制作等体验项目，让游众提高观光体验，加深对旧石器时代文化的认识。

2. 注重遗址文化展示与教育

可在适当位置通过实物展示、模拟展示、多媒体展示等方式展示郧县人、旧石器、生物化石、考古发掘等，使公众深入了解郧县人及郧县人发现的意义、旧石器的特点及制作过程、更新世动物分布及哺乳动物的进化和迁徙、考古的工作方法及工作过程等，从而达到普及遗址文化及增强文化自信的效果。

3. 加强区域性文化资源研究整合

加强对包括学堂梁子遗址文化在内的区域性文化资源的研究与整合，并将成果转化为

可供开发利用并能形成市场的产业源，为文化产业的发展提供源源不断的文化信息流，从而达到惠及民众，发挥社会效益的作用。

4. 改善村容村貌，丰富村民精神文化生活

可借遗址公园建设机会，加强遗址区内弥陀寺村的基础设施建设，改善弥陀寺村的村容村貌。与此同时，在遗址区内设置文化项目，发展文化服务业，推进文化活动，从而丰富村民精神文化生活，推进社会主义精神文明建设。

（五）兼顾利益相关方利益诉求，促进公园的可持续性发展

1. 灵活征用农民土地，保证农民收入的可持续性

考古遗址公园建设征用农民土地时，充分考虑农民诉求，尽可能地保证农民的可持续性收入。可采用灵活的征地方式，使农民每年都可获得征地补贴或征地分红。如，可将遗址公园规划范围内的征地同国家"退耕还林还草"结合起来，变土地性质为文物古迹用地；又比如，可参照国家森林公园、国营农场甚至民营农业公司的运行模式，吸纳农民责任地，探索新型的国家考古遗址公园的运营模式。

2. 根据需求，引入资本

可根据遗址公园的建设资金、展示利用和管理需求情况，吸纳一定民营资本按照既定规划进行投资建设，并在遗址公园管理机构监管下按照相关规定进行相关运营，并保障其合规运营的相应效益。

3. 依托遗址公园，发展配套产业，提升农民收入，促进乡村振兴

公园建成后，可引导农村居民参与遗址公园的讲解、安全保卫等文化服务型产业，促进就业。可发展农耕种植园、垂钓等产业，使农民通过土地资源和提供田园旅游服务实现创收。同时，公园遗产文化空间兼容乡村文化活动空间，可开展乡村传统文化、民俗文化主体体验及民宿体验活动，既增加游客观光体验与文化交流机会，又有利于遗址区居民提高收入。此外，可借遗址公园巨大 IP 效应，发展衍生产业和产品，做强特色农旅品牌，将当地农产品、手工制品转化为消费品，为当地居民提供就业，增加收入。

从发展视角看考古遗址公园的规划建设与利用

——以龙湾国家考古遗址公园为例

吴付平　王　娇*

摘　要： 龙湾遗址在 2003 年立项成为全国大遗址重点建设项目，2013 年被国家文物局列入第二批国家考古遗址公园立项名单，是国内起步发展早、规划建设早的考古遗址公园之一。本文以龙湾国家考古遗址公园的规划建设历程为切入点，从发展的视角，总结其发展过程中的经验和不足，结合当前大遗址保护利用的新要求，探讨考古遗址公园的规划建设和利用情况。

关键词： 遗址公园；荆楚大遗址；龙湾遗址

　　龙湾遗址位于湖北省潜江市西南，是国家文物局确定的全国六个大遗址保护片区之一、中国南方唯一大遗址保护片区——荆州片区的重要组成部分。它是目前唯一发现的东周时期离宫建筑群，为离宫建筑和王家园林建筑的鼻祖，文化类型稀缺，在考古学领域影响深远。龙湾国家考古遗址公园即是以龙湾遗址及其背景环境为主体，具备考古科研、展示展览、休闲游憩、研学拓展等功能，全方位展示楚文化及荆楚历史风貌的保护展示区域。

　　龙湾国家考古遗址公园是全国范围内起步发展早、规划建设早的考古遗址公园之一。从 20 世纪 80 年代发现龙湾遗址，提出保护、研究、开发的设想，到现在国家考古遗址公园建成开放，历经近四十载，可谓道阻且长。文章将从三个方面切入，以发展的视角，总结龙湾国家考古遗址公园在规划建设和利用情况方面的经验和不足，结合当前大遗址保护利用的新要求，探讨考古遗址公园的规划建设和利用情况。

---

* 吴付平，潜江市龙湾遗址博物院副院长、副研究馆员；王娇，潜江市龙湾遗址博物院助理馆员。

一、遗址—公园发展历程

1. 发现龙湾，考古研究工作稳步推进

1984 年春在全国第二次文物普查期间，由荆州地区和潜江县组成的联合文物普查小组在前期工作基础上，以寻找章华台、古华容城为重要目标，在潜江西南发现了东周时期大型楚文化遗址——龙湾放鹰台遗址，引起了地方政府和文物部门的高度重视，遗址保护、调查、考古和论证工作随即展开。

1985 年 7 月，潜江文物普查组罗仲全、罗军二人带着龙湾遗址出土文物照片资料前往上海拜访著名历史地理学家谭其骧，并汇报了遗址勘查情况。谭先生早在 1980 年 8 月复旦大学版历史地理专辑增刊《云梦与云梦泽》一文中表述："以方位道里计之，则台(章华台)与县(汉晋华容县)故址当在今潜江县西南。"谭其骧在审视文物照片资料后，欣然题字："章华台遗址在潜江龙湾"。

1986 年 1 月，荆州地区和潜江县文物工作者对遗址进行了踏勘和局部钻探。发现该遗址规模庞大，总面积约 200 万平方米①。文化内涵丰富，有早到新石器时代的原始文化层，东周文化遗址分布范围最广、最丰富，还有汉至六朝时期文化堆积。1987 年 4—6 月，由荆州地区博物馆副馆长陈跃钧为领队对放鹰台遗址进行了小范围的试掘，试掘面积 400 平方米，揭露出放鹰台 1 号宫殿基址的局部(见图 1)，发现东侧门、贝壳路、居住面等遗迹②。

1987 年 6 月 26—28 日，章华台遗址学术讨论会在潜江县召开。考古、历史、古建筑和历史地理等方面的专家、学者共 40 人，从多学科、多层次、多角度共同商讨、论证，将章华台遗址学术论证研究工作推向一个小高峰。著名考古学家、北京大学考古系教授邹衡曾 3 次受邀到潜江龙湾遗址考察，认为这是楚国历史、文化研究中的一件大事，对楚文化研究具有开创性的贡献。

学术界的论证，确定了龙湾遗址为楚王离宫章华台的性质，为遗址的保护和利用奠定了良好基础。

---

① 陈跃钧：《湖北潜江龙湾章华台遗址的调查与试掘》，湖北省考古学会编：《楚章华台学术讨论会论文集》，武汉大学出版社 1988 年版，第 1 页。
② 荆州地区博物馆、潜江县博物馆：《湖北潜江龙湾发现楚国大型宫殿基址》，《江汉考古》1987 年第 3 期。

图1　考古发现的放鹰台1号宫殿基址(章华台)

2. 规划先行，各级领导高度重视

龙湾遗址自发现伊始，即受到各级领导的重视和支持。在遗址被发现的第一年，即被列为县级文物保护单位，并树立保护标志牌。1992年被列入湖北省文物保护单位。2001年被公布为第五批全国重点文物保护单位。

2000年8月，潜江市人民政府拨专款聘请湖北省文物考古研究所编制《潜江龙湾遗址保护与管理总体规划》，同年12月，总体规划文本获国家文物局批复同意。龙湾遗址列入全国"十五"期间大遗址保护、展示重点项目。2002年3月，潜江市人民政府聘请中国建筑设计研究院建筑历史研究所编制完成《湖北省潜江市龙湾遗址放鹰台遗址群保护规划》。同年8月，潜江市人民政府聘请湖北省建筑科学研究设计院、湖北建筑规划设计研究所编制完成《湖北省潜江市龙湾遗址放鹰台遗址群保护工程(一期)设计》。规划文本均得到国家文物局批复同意，2005年由湖北省人民政府批准公布实施。

纵观国家大遗址发展，1997年国务院在《关于加强和改善文物工作的通知》中第一次明确提出大遗址这一说法。2001年《文物事业"十五"发展规划和2015年远景目标纲要》提出"大遗址保护和考古"任务，完成大部分大遗址的保护规划，完成部分大遗址管理条例的制定工作。而龙湾遗址在保护和规划方面谋划早、起步早。在地方政府积极推动下，在"十五"期间已经完成保护规划和保护工程设计文本的编制、审批和公布实施，在行动和实践中走在了大遗址保护、利用的前列。

3. 建设龙湾，发挥大遗址社会作用

2008 年，龙湾遗址(一期)保护工程启动，迈出了遗址公园的建设步伐。先后实施了文物本体保护、环境整治、展览展示、安防、标识、配套基础设施建设等工程，并成立了专门的管理机构。

文物本体保护方面，实施复原疏浚古河道，完成 1602 米古河道疏浚工程。实施古楚湖退池还湖工程，总面积达 70 公顷。对放鹰台遗址群的 1~11 号夯土台基进行覆土、固土保护，保护总面积 15.2 公顷。完成 11 个夯土台基及古河道边岸边坡的加固工程。

环境治理方面，实施遗址核心区民宅、商铺、临时建筑物搬迁 57 户，对人员妥善安置。迁出现代坟 32 座，拆迁庙宇 1 座。对遗址区植树、种草、绿化美化。

展览展示工程方面，2011 年 9 月，放鹰台 1 号基址展示工程开工建设，2013 年建成并对外开放。以楚王离宫主体建筑章华台遗址为依托，通过局部遗迹实体展示和 1 : 1 模拟展示的方式，将古章华台遗址真实、客观、完整地还原在观众面前。龙湾遗址博物馆于 2014 年开工，2018 年竣工并对外开放。馆内举办有"天下第一台——章华台"大型文物主题展览，形象地解读古楚章华台的历史故事。两大展示场馆和夯土遗迹展示区、古河道、古楚湖湿地环境共同构成龙湾国家考古遗址公园的雏形。

安防及标识工程，2015 年争取国家专项资金，完成遗址核心区和博物馆区域的安防、消防、防雷等保护性设施建设。2016 年启动龙湾遗址东区核心保护展示区的标识展示工程，2019 年完工。

基础设施配套方面，由地方政府投入资金建设进入遗址区的专线公路——章华台路、幸福路。治理遗址区内幸福渠、一号渠，实施清淤工程，并对幸福渠护坡进行硬化。安装园区内保护工程、管理、工作等用电设施。2016—2018 年，对放鹰台 1 号基址展示区及园区主要区域进行配套设施建设和提升，新建景区大门 1 座、游客休息亭 4 座、仿木栈道 2 处，在放鹰台基址展示区和博物馆区各建旅游厕所 1 座。

管理机构方面，2010 年在龙湾镇瞄新村新建龙湾遗址保护工作站，占地面积 1334 平方米，负责龙湾遗址保护工程等项目的施工和现场管理。2012 年，为完善制度体系，潜江市机构编制委员会批复成立专门的管理机构——潜江市龙湾遗址文物管理处，为隶属于潜江市文化和旅游局管理的财政全额拨款事业单位，核定编制 10 名，2020 年更名为潜江市龙湾遗址博物院，核定编制 15 名，承担龙湾遗址文物保护与管理、考古与研究、对外宣传教育、展览展示、旅游开发利用等工作。2014 年，湖北省文物考古研究所设立龙湾遗址工作站，全面负责开展龙湾遗址的考古发掘、研究、文物保护等工作。

通过持续投入和建设，龙湾遗址实现了自然环境资源和文化历史资源的协同保护，社

会效益日益显现。2013 年被列入第二批国家考古遗址公园立项名单。2014 年成为国家荆楚文化片区重点展示项目。2019 年成为省台办、省文化和旅游厅授牌的"海峡两岸考古教学交流基地"。2021 年 4 月获评湖北省首批文化遗址公园，同年纳入创建国家 4A 级旅游景区名单。2022 年，入选湖北省第二批中小学生研学实践基地，被评为"国家考古遗址公园"。龙湾国家考古遗址公园已成为潜江市城市文化名片和核心旅游景区，成为研究、传承、展示、宣传荆楚文化的重要基地和窗口，在传承中华优秀传统文化、传播荆楚文明方面发挥着越来越重要的作用。

二、现状与不足

龙湾国家考古遗址公园的规划建设，有成功的经验，也存在问题和不足。

1. 建设期过长，规划和设施跟不上发展需求

龙湾国家考古遗址公园创建工作，尽管有前期考古工作扎实、利用情况到位、规划建设先行等良好条件，但仍历时 20 余载，建设周期相对漫长，原因何在？龙湾遗址，总保护面积 100.9 平方千米，分为东、西两区，是包括楚王离宫建筑群、景观水域、古河道、生活区、墓葬区、城址在内的大型聚落遗址（参见图 2）。对于这样一个规模大、范围广的古遗址进行规划建设，颇具难度。

图 2　龙湾国家考古遗址公园规划鸟瞰图

考古遗址公园建设牵涉土地权属、居民安置、国土规划、地方政策和财政水平等诸多方面，建设周期过长，导致规划跟不上新的社会形势和发展需要，在具体实施中也会导致建设与规划的脱节，不利于公园的管理和运营。同时建设周期过长，导致在公园设施还未完备的情况下，前期投入建设的场馆、设施已经破旧、老化，展示手段和方法跟不上开放景区发展需求。

2. 景区功能不足，缺乏游客吸引力

《国家考古遗址公园管理办法》中明确定义："国家考古遗址公园，是指以重要考古遗址及其环境为主体，具有科研、教育、游憩等功能，在考古遗址研究阐释、保护利用和文化传承方面具有全国性示范意义的特定公共文化空间。"从定义来看，休闲游憩的旅游功能是国家考古遗址公园所必须具备的。如何具备这一功能？只靠深厚的历史底蕴和文化价值显然是不够的，还必须在游客吸引力、游玩体验等方面做功课。龙湾国家考古遗址公园虽然具备开放条件，但景区配套设施不完备，缺少游玩体验类项目，缺乏留住游客的景区配套服务，对游客的吸引力不足。

3. 考古研究与价值阐释不足

龙湾遗址近年的考古工作取得了多项重要发现。如放鹰台 1 号与 2 号台基之间的发掘，首次揭露了东周时期楚宫建筑之间的连接方式。墓葬区的发掘丰富了龙湾遗址的文化内涵。而系统开展的考古调查和勘探工作扩大了龙湾遗址的已知范围，对遗址群的分布特点和功能布局有了全面认识。但缺乏深入研究和利用，考古工作仅仅停留在资料的基础上，而无法发挥宣传推广作用，文物利用价值得不到体现。

4. 资源利用率低、市场活力不足

龙湾国家考古遗址公园规划面积 2.3 平方千米，现已建成开放放鹰台基址展示区（含章华台基址展示馆、放鹰台 2～6 号夯土台基、古河道风光、考古发掘区）、博物馆展示区、打鼓台等夯土台基展示区、古楚湖湿地风光等展示模块。资源丰富、展示类型多样，但展示手段相对单一，主要是以参观为主，缺乏景区开发项目，资源利用效率低。

当前的机构设置和人员主要以文物保护和管理、考古发掘和研究为主，缺乏景区运营和市场化管理的专业化团队及人员，导致考古遗址公园在宣传推广、旅游开发方面力量薄弱，不能充分发挥资源优势。

三、新时期遗址公园建设发展的思考

党的二十大报告明确提出，加大文物和文化遗产保护力度，加强城乡建设中历史文化保护传承，建好用好国家文化公园，坚持以文塑旅，以旅彰文，推进文化和旅游深度融合。增强中华文明传播力、影响力，加快构建中国话语和中国叙事体系，讲好中国故事，传播好中国声音。近年，湖北省实施"荆楚大遗址传承发展工程"，目前已批准挂牌 3 批共 18 处湖北省文化遗址公园。

在有利的时代背景下，遗址公园的发展规划应如何展开？如何保护好、利用好手中的文化遗产资源？如何讲好文化遗产中的中国故事？总结龙湾国家考古遗址公园发展历程，笔者认为应从以下方面发力。

1. 从基础做起，夯实遗址利用的根基

在遗址保护和传承中，坚持考古先行的原则。一个遗址的价值几何，发展和规划的前景在哪？需要以考古研究工作作为基础和支撑。因此，一个遗址保护利用的前提是，做好基础的考古发掘与研究工作，考古发掘工作持续进行，研究工作就要及时跟进，将遗址的利用情况放在发展的、动态的考古工作中，及时用新的证据材料对遗址的价值内涵做出论证和补充。

2. 从现状出发，将规划落到实处

对于大部分国家考古遗址公园而言，由于建设牵扯面广，不能一蹴而就，因此必须坚持总体规划、分期实施的原则。如何避免规划与建设周期拉长所带来的系列问题，这就要求在规划阶段做足功课，让短期建设能满足开放利用的需求，中长期建设亦兼顾景区和地方经济社会发展的需要。充分论证、合理规划、强化执行，将各个时期规划协调贯通，落到实处。

3. 突出特色，打造旅游亮点

每座国家考古遗址公园都是凝聚人类智慧和时代历史烙印的宝贵文化遗产，具有文化内涵丰富，资源特色鲜明的特征。公园的规划建设和利用要紧扣遗址主题，突出特色，发挥资源优势。以历史文物资源为基础，打造故事化、情景化展示空间；提炼精华，打造特色文化符号，建设特色打卡地和文化景点，加强文化资源品牌化发展；深入挖掘文旅资源，举办特色活动，满足游客多样化需求。

4. 创新发展，释放遗址公园活力

在以文塑旅，以旅彰文，文旅融合的发展趋势下，国家考古遗址公园建设是对文旅融合的实践和创新。遗址公园具有宝贵的、不可再生的文物资源，具有区别于传统景区的特色资源优势。但同时作为国家重点文物保护单位，其旅游开发和建设必须在文物保护的红线范围内实施。因此，如何在保护好文化遗产的前提下，发挥旅游景区的功能？如何将文化资源优势转化为游客吸引力？需要遗址公园管理方在思路和方法上做出探索和创新。作为遗址公园，要立足于考古遗址，讲好历史故事；健全景区配套设施和服务功能，丰富旅游体验；与旅游市场接轨，释放遗址公园活力；与国家乡村振兴战略融合发展，助力地方经济社会发展。

擂鼓墩大遗址价值阐释及考古遗址公园建设

余 虹 陈晓坤*

摘 要：擂鼓墩大遗址具有极高的历史、科学、艺术和社会价值。新时代下，擂鼓墩国家考古遗址公园的创建需要注意提升考古遗址公园管理机构管理能力和管理运营水平，开展考古研究及研究成果转化，吸纳社会力量参与公园建设，进而打造擂鼓墩文化品牌，提高社会影响力。

关键词：擂鼓墩；大遗址保护；考古遗址公园；价值阐释

擂鼓墩古墓群是战国时期曾侯陵墓区，以特色鲜明、内涵丰富及价值巨大著称，1988年被国务院评为全国重点文物保护单位，2013年、2022年分别被国家文物局纳入大遗址保护和国家考古遗址公园立项名单。

擂鼓墩古墓群保护范围及建设控制地带总面积约1243公顷。其中古墓群由8处墓地构成，约115.8公顷。在分布上，基本上是一家墓占据一处岗地的制高点，彼此独立，自成一体。迄今为止考古勘探发现古墓葬71座，4座墓葬为冢墓，其中抢救性发掘墓葬35座①。已发掘的遗存包括团坡墓地M1（曾侯乙墓）、团坡墓地M2（擂鼓墩二号墓）、吴家湾墓地30座及曾侯乙墓5个附葬坑等。1978年发掘的曾侯乙墓被评为20世纪中国十大考古发现之一，出土了包括曾侯乙编钟、编磬等在内的青铜乐器、礼器、兵器等15000余件。

一、擂鼓墩古墓群的价值阐释

擂鼓墩古墓群是中国百年百大考古发现的"湖北随州曾侯墓群"的主体，是国家长江文

---

* 余虹，随州市擂鼓墩文物保护中心宣教部主任、馆员；陈晓坤，随州市擂鼓墩文物保护中心副主任、副研究员。

① 1997年和2021年擂鼓墩古墓群考古勘探资料，参见随州市博物馆编：《随州文物志》，武汉大学出版社2020年版。

化公园湖北段"随枣走廊（金道锡行）文化走廊"建设部分的核心，是编钟文化、青铜文化、曾楚文化交流融合及文化传承的重要载体。以曾侯乙编钟为代表的"礼乐"和以漆木衣箱为代表的"天文"，展示了曾随文化的最高成就，是东周文明的杰出代表。曾侯乙编钟是中华礼乐之器的典范，为弘扬优秀的中华文化、扩大中华文化影响力作出了特殊贡献。随着战国中晚期曾国最终为楚国所灭，曾随文化被纳入荆楚文化，并随着秦统一中国而融入中华文明多元一体格局之中。

（一）历史价值

擂鼓墩古墓群是我国保存最好的先秦时期诸侯墓葬群之一，为研究曾侯家族及其高等级贵族政治、宗法、丧葬礼俗等提供了可靠的实物资料，是东周考古、古文字研究及楚、曾历史文化研究不可或缺的学术资源。擂鼓墩古墓群出土文物展示了先秦时期社会、经济、科技、艺术诸方面的辉煌成就。其中曾侯乙墓和擂鼓墩二号墓出土的以编钟为代表的乐器，其形与声为世所罕见，钟磬及其他乐器构件上留下的文字资料，被誉为世界上最早的乐律学著作，改写了世界音乐史。

考古表明，擂鼓墩古墓群的考古学文化极其丰富，具有深远的考古研究意义，对曾国历史研究具有核心价值。目前的曾国考古工作方兴未艾，随着考古研究不断深入，曾国历史的面纱正在逐步展开。擂鼓墩墓群与其他地方的曾国墓地一起组成了曾国历史研究的宏大画卷。它们各自所表现出来的曾国文化之间的差异，正在不断丰富和完善曾国的历史文化。

（二）科学价值

擂鼓墩古墓群出土的文物集中体现了我国先秦时期在冶金铸造、天文学、乐律学、材料力学、军事技术、纺织技术、玻璃生产技术等方面的发展水平和科学技术成就。

曾侯乙墓椁室分为东、中、西、北室，由171根巨大的梓木、榉木垒叠而成。曾侯乙墓椁室所呈现的科学构造，是古代人民智慧的结晶。做好科学技术精神的继承与发扬，全面推动文物技术成果落地，通过活化利用，实现推陈出新，是时代赋予我们的新任务。可以通过文物修缮工程学习古建筑技艺，挖掘深藏于文物中的科学技术，推动古建技术的发展，也可以研究新型材料，使沉寂在文物中的营造技术产生符合新时代需求的活态发展。正在实施的曾侯乙墓椁室保护修缮工程，其施工单位荆州文物保护中心一方面力图复原椁室构造和椁木建筑技术，另一方面自制较多铁质工具、改良平板车等，对巨大的椁木提取、转运、修复等环节的安全性和科学性发挥了很好的作用。

曾侯乙墓和擂鼓墩二号墓出土的大批青铜礼器和乐器，其精湛的铸造工艺反映出极高的金属铸造水平，至今也无法完全超越。

（三）艺术价值

擂鼓墩古墓群出土的文物，集中反映了战国时期我国在音乐、工艺、雕塑、绘画、书法等方面的艺术成就。在擂鼓墩考古发掘现场有幸目睹文物出土的惊艳一刻，是"神韵随州，一见钟情"；在省博物馆参观欣赏曾侯乙墓出土文物，体验文物带来的美感，是心灵的洗礼；在曾侯乙墓遗址认知曾侯乙墓遗址的布局、宏大椁室，能感受惊世的震撼。

擂鼓墩大遗址承载着战国时期的中国古典文艺史，出土的文物展示的不仅是感性的美，更有其内在的历史逻辑；不仅蕴含着我们对中华民族数千年历史的了解和自豪，同时也拓展了我们对新时代下文物活化和利用的认知。尤其可贵的是，它赋予我们以一种积极向上的姿态，去对待艺术和生活中的美，提升我们为实现中华民族伟大复兴的信心和力量。

（四）社会价值

曾侯乙墓出土的珍贵文物自 20 世纪 80 年代对社会公众开放展示以来，产生了巨大的社会效益，形成了极高的品牌及时代价值。擂鼓墩大遗址是向广大人民群众进行爱国主义教育的基地，是湖北省文化产业发展的重要资源，更是随州历史文化名城的有机组成部分，对提高随州城市知名度，促进随州市曾随文化建设和经济建设有着重大的作用。擂鼓墩大遗址自然生态环境的保护也将在随州市城市生态景观建设中起到重要作用。新时代下，擂鼓墩大遗址保护必由之路是创建擂鼓墩国家考古遗址公园，讲好曾随文化故事，构建曾随文化地标和中华文明标识，为申遗工作奠定良好基础。

二、建设考古遗址公园的思考

基于 40 余年的擂鼓墩古墓群考古工作与科学保护，又随着近年来曾国考古发掘与研究的不断深入，擂鼓墩古墓群在曾国文化遗产保护和历史研究中的地位愈发重要，也为后期的曾国文化遗存的保护提供了擂鼓墩方案。着力加强擂鼓墩古墓群的考古研究工作，通过有目的地考古发掘、勘探，最大限度地掌握古墓群的墓葬数量、形制、年代、属性及墓葬彼此间的关系，从而为大遗址保护及考古遗址公园建设提供更为准确的依据。全面认识其历史价值和现实意义，显得十分必要和迫切。因此，推动和创建擂鼓墩国家考古遗址公园是新时代下的责任和使命，意义重大，且建设遗址公园的可行性已然成熟。

（一）加强遗址公园管理能力

1. 成立公园建设领导小组

组建以市政府主要领导牵头的擂鼓墩考古遗址公园建设领导小组，领导小组成员包括文化文物、自然资源、规划建设、旅游、交通、民政、市政等相关政府部门主要领导。领导小组总体负责考古遗址公园的建设和决策。条件允许时，在擂鼓墩文物保护中心基础上成立兼具文物保护利用、城乡行政管理多重职能的擂鼓墩古墓群管理委员会，全权负责国家考古遗址公园范围内的文物安全、日常管理与运行等工作。

2. 做好规划统筹

不仅有考古遗址公园规划，还要有单项规划；规划既要有专家的智慧、领导的高见，还要有民众力量的参与；规划不能局限于一家之言，要取多家之长，形成最终设计方案或规划。雄安新区规划编制，用了两年时间，2300多名一流专家、12个国内外顶尖团队参与编制，反复比较论证。擂鼓墩国家考古遗址公园的规划统筹也需要相应的科学性、系统性。

3. 加强管理运营制度建设

按照国家考古遗址公园评定的相关要求，公园管理运营机构应建立公园管理制度体系，包括公共安全制度、风险防范制度、人员培训制度、财务管理制度、投诉反馈制度，并完善遗址日常监测和维护制度，严格按制度要求落实各项工作。

4. 培养专业管理人员

按照国家考古遗址公园评定的相关要求，管理机构应涵盖考古及学术研究、不可移动文物日常管理监测、博物馆可移动文物保护管理、讲解和社会教育活动、数据档案管理等职能，专业技术人员(包含文博、文保、工程、网络等)需达到职工总数的40%以上。不拘一格降人才，选用能担当堪大任的人才。

（二）推动考古研究和成果转化

通过对擂鼓墩古墓群开展持续、系统的考古与研究工作，进一步揭示战国时期擂鼓墩古墓群的价值内涵，为考古遗址公园的展示和阐释提供科学依据，明确曾随文化在中华文明进程的地位和作用。

按照国家考古遗址公园评定的相关要求，加强与湖北省文物考古研究院、武汉大学等省内考古科研单位和院校的全方位合作，推动擂鼓墩古墓群考古发掘及科学研究工作。已完成的考古工作要及时出版相关考古发掘报告、研究专著，出版宣传册、公布数字化成果，提供考古体验、开放考古工作现场，利用、引导社会力量参与考古影像资料采集与公众考古宣传策划。

(三)吸收社会力量参与公园建设

按照保护规划和考古遗址公园规划内容，逐步开展各类工程建设，做好项目管理和资金筹措工作，争取社会力量参与公园配套建设。

国家考古遗址公园建设资金的来源渠道主要包括：国家和地方文物行业专项资金、国家其他行业专项资金、地方政府及其职能部门资金、社会资本(国有企业投资、民间投资等)。其中，国家和地方文物行业专项资金主要用于前期考古和测绘、文物本体保护展示、环境整治等，其他相关项目所需资金和运营所需资金一般由地方财政负担。

积极争取社会力量参与考古遗址公园的配套建设工作，坚持政府主导、多元投入，调动社会力量参与文物保护利用工作，积极运用特许经营、ABO等融资模式①。

(四)打造擂鼓墩文化品牌

开展文化宣传、考古体验、主题研学等活动。设立擂鼓墩考古遗址公园主题活动日，凸显公园文化教育属性，扩大公园影响力。邀请国内相关领域专家，举办曾随文化、擂鼓墩青铜器为主题的学术研讨会。开发曾侯乙墓出土文物数字化文创产品。和随州花鼓剧团合作，实施编钟展演和随州花鼓戏共创共建。开展考古遗址公园视觉识别系统(VI)设计②，明确考古遗址公园标识系统定位和标识形象，并应用到公园的标识系统和宣传推广活动中。

---

① ABO模式，全称授权(Authorize)—建设(Build)—运营(Operate)，即地方政府通过竞争性程序或直接签署协议方式授权相关企业作为项目业主，并由其向政府方提供项目的投融资、建设及运营服务，合作期满负责将项目设施移交给政府方，由政府方按约定给予一定财政资金支持的合作方式。

② 视觉识别系统(Visual Identity, VI)是运用系统的、统一的视觉符号系统。是静态的识别符号具体化、视觉化的传达形式，具有最外在、最直接、最具有传播力设计特点，用完整、系统的视觉传达体系，将企业或单位理念、文化特质、服务内容、企业规范等抽象语意转换为具体符号的概念，塑造出独特的企业或单位形象。

新时代条件下，只有做好擂鼓墩大遗址的价值阐释，才能真正做到以人为本，让文物保护成果惠及于民，才能深刻发掘以青铜礼乐文明和天文成就为核心的曾随文化精神内涵，从而作好文化传承和文化自信的随州文章。只有建设好擂鼓墩考古遗址公园，做好新时代下文物的活化利用，让文物从幕后走向前台，走向人民群众，走向世界舞台，才能更好提升中华优秀传统文化的国际影响力。

新时代文化遗址公园社教工作初探

——以建始县直立人遗址管理处*实践为例

唐　芳**

摘　要：文化遗产是中华传统文化的重要载体，承载着中华民族的基因和血脉，是宝贵的教育资源，充分利用这些资源开展社会教育发挥其引领风尚，教育人民，服务社会，推动发展，培育社会主义核心价值观的作用，让遗址融入城乡发展，融入百姓生产生活，使保护成果更多惠及人民，才能让遗址在新时代绽放出新的光彩。本文以建始县直立人遗址管理处的实践为例，初探新时代文化遗址公园社教工作方法。

关键词：新时代；文化遗址公园；社教工作；初探

一、新时代文化遗址公园的内涵

2022年4月1日，国家文物局发布《国家考古遗址公园管理办法》指出："国家考古遗址公园，是指以重要考古遗址及其环境为主体，具有科研、教育、游憩等功能，在考古遗址研究阐释、保护利用和文化传承方面具有全国性示范意义的特定公共文化空间。"这是对国家考古遗址公园的定义，笔者认为也适用于国家文化遗址公园。上述定义道出了考古遗址公园的两个特点：第一个特点，遗址是前提，保护是关键，突出遗址及其反映的文化内涵的重要性。第二个特点，它同时具备博物馆和公园的功能。遗址博物馆强调了其在展示遗物和遗迹的同时，还应该具备博物馆的三重基本性质；公园则突出了人文环境和自然环境的特性，因此，可以说，考古遗址公园的定义在强调了物的同时也关

　＊　建始县直立人遗址管理处于2023年6月更名为建始县直立人遗址保护利用中心，为行文方便，本文仍称"管理处"。

　＊＊　唐芳，建始县直立人遗址保护利用中心办公室主任、文博馆员。

注到了人，其侧重点则是以公园的形态对遗址所处历史的保护与展示，强调了一种保存状态下的原生境界以及对人生存环境的改善和对人性的关怀，展现了一座城市的文脉和风采，是上述三者的结合与升华①。

二、建始县直立人遗址简介和在社会教育工作中所做的尝试

（一）建始县直立人遗址简介

建始县直立人遗址，位于湖北省恩施自治州建始县高坪镇（见图 1）。1970—2000 年，中国科学院古脊椎动物与古人类研究所多次发掘，共发现古人牙化石 6 枚及人工打制的石器、骨制品，另发现哺乳动物化石 9 目、37 科、68 属、87 种。经过古人类学、旧石器考古学、古生物学、第四纪地质学、环境地质学等学科的系统研究，确定该遗址发现的古人牙化石为早期直立人，距今约 215 万～195 万年，是我国也是亚洲大陆目前发现的时代最古老的古人类化石，同时也是我国首次发现的直立人与巨猿共生的化石点，具有非常重要的文化价值、考古价值、科学价值。该遗址是研究动物进化、气候演变、地质变迁的理想场所。

图 1　建始直立人遗址龙骨洞东洞全景

2006 年，建始县直立人遗址经国务院核定并公布为第六批全国重点文物保护单位。

---

① 朱章义、郑漫丽：《城市文化建设中的遗址保护与利用——以金沙考古遗址公园为例》，《成都文物》2016 年第 2 期。

2022年10月经省人民政府公布为第二批湖北省文化遗址公园。建始县直立人遗址先后实施了遗址区域文物本体保护、地质灾害治理、古道维修、环境优化、配套设施建设等项目，已免费对外开放。遗址毗邻2家国家4A级景区，1家3A级景区，交通区位优势明显，已成为外地游客观光打卡点、本地居民休闲健身地、中小学生研学地。遗址文化公园规划占地近2平方千米，目前遗址文化公园保护利用工程已启动，预计2024年年底投入使用(见图2)。

图2　建始直立人遗址文化公园保护利用设施效果图

(二)建始县直立人遗址管理处在社会教育工作中所做的尝试

建始县直立人遗址管理处于2018年11月19日挂牌。建始县直立人遗址管理处共有3人，其中在编工作人员1名，2名保洁安全人员。从2019年开始，遗址管理处社教工作人员尝试走出去，引进来。融入群众、走进农家，例如将"建始精品文物展"送到村庄和社区，让人们了解自己身边的文化遗产，关心身边的文化遗产，并适时发出《保护文物，从我做起》的倡议书，同时进行文物知识有奖竞答活动；利用现有的资源与中小学校联合开展研学活动，青少年参观陈列室后，会在遗址古道边，拿出自备的工具清理散落的矿泉水瓶、烟头、零食包装袋等垃圾，用实际行动表达对文物的热爱之心和敬畏之情。在遗址绿化带，孩子们最爱抚摸巨猿洞外的怪石，最爱聆听远古人类的故事，最爱探究洞内从上而下的清晰的文化层。在当地政府组织的文化志愿者培训活动中，遗址管理处积极支持并义务授课，普及文物知识，宣传文物法规，使更多的人加入文物保护行列。2022年的博物馆日，遗址管理处围绕"博物馆的力量"这一主题，组织了"我爱家乡的国宝"作文竞赛、经典诵读和专题讲座。经过尝试，建始县直立人遗址管理处社教工作的路子越来越广，方法越来越多，社会影响越来越大。在2022年10月当地政府组织的高坪镇"首款"农产品推介系列抖音宣传片中，管理处社教工作人员被邀请专门介绍当地丰富的文化遗产，为田园经济助力，帮果农解愁。通过这些互动，建始县直立人遗址就这样悄然融入人们的生活，成了人们缺不得、少不了、不能离的一个地儿。越来越多的人认为：文化遗址公园应该是一个可以放松、受到启发、重新焕发活力和与他人建立连接的地方。

(三)横向比较：金沙国家考古遗址公园的成功经验

2010年金沙遗址被公布为首批国家考古遗址公园，2012年，金沙遗址博物馆晋升为国家一级博物馆。其社教工作有很多值得借鉴的经验：一是举办文化惠民活动，从室内走向室外更广阔的天地。自2009年以来，金沙国家考古遗址公园每年春节期间都会举办以古蜀文明和太阳崇拜为主题的大型文化活动即"成都金沙文化节"，将金沙元素融入群众喜爱的灯展、歌舞、巡游及各种传统民间艺术形式，比如以艺术彩灯的形式来表现金沙先民的生活环境、社会生产、宗教祭祀及出土的精美文物等，用全新的艺术形态和载体赋予社教工作新的内涵。二是开展公共考古活动。通过考古发掘现场展示、现场讲解、专家讲座、向公众开放文物保护修复实验室以及开展"模拟考古""我是小小考古学家""圆梦金沙——金沙寻宝活动"等参与实验活动的方式，实现了考古发掘研究与公众认知的及时有效互动①。三是打造金沙文化品牌，创作产生了4D电影《梦回金沙》、《金沙》音乐剧、《太阳神鸟》歌舞剧，等等。金沙国家考古遗址公园的社教工作以公众喜闻乐见的形式得以彰显，使之真正成为社会教育的重要场所，是值得同类遗址公园学习的。

三、新时代文化遗址公园社教工作的方法思考

(一)新时代文化遗址公园社教工作内涵

党的二十大报告指出，全面建设社会主义现代化国家，必须坚持中国特色社会主义发展道路，增强文化自信，围绕举旗帜、聚民心、育新人、兴文化、展形象建设社会主义强国，发展面向现代化、面向世界、面向未来的、民族的、科学的文化创新创造活力，增强

---

① 王芳、黄玉洁：《金沙大遗址保护方法与展示理念的多样化探索》，《中国文化遗产》2014年第5期。

实现中华民族伟大复兴的精神力量。文化遗址公园作为传播、解读、展现历史文化知识、优秀传统文化的载体，无疑要在面向大众开放的同时，发挥以文化人，以文育人的作用，即社会教育功能。

新时代文化遗址公园社教工作是以唤起公众的文化遗产保护意识，培养公众对文化遗产的情感，传授文化遗产保护技能，增强公众民族自信心和自豪感，促进公众积极参与文化遗产保护为目的，在学校教育以外，针对社会公众进行的一切有目的、有组织、有计划的社会教育活动。

（二）方法初探

1. 转变理念

要转变理念，从"以物为本"转变为"以人为本"，所谓"以物为本"指的是以往长期以来社教工作者在文化推广活动中，只重视文物本身的意义，忽略了公众的主导地位，错误地将自己和公众定位为"教育者"和"受教育者"的关系。而"以人为本"的社教理念，强调尊重公众自主学习的权利，重视公众置身于遗址公园的感受。要从"教育者"转变为"服务者"，帮助公众学习，为其创造参与学习的机会和体验，提倡服务意识。

2. 丰富形式

文化遗址公园本身就是一个爱国主义及科普教育基地，也是外地游客旅游研学打卡地，为了充分发挥其核心功能，文化遗址公园社教工作应做到五结合：与未成年教育结合、与非遗保护结合、与考古结合、与社区文化建设结合与志愿活动结合。

与未成年教育结合。文化遗址公园的教育以促进青少年心智发育和人格完善为目的，通过探索适宜的教育形式，为青少年提供各种接触社会的机会和途径，帮助他们健全人格，完善人格，从容面对未来。心理学研究表明，只有学得快乐才能学得持久。可以根据建始县直立人文化遗址公园自身的特点，设计适宜中、小学生学习的课件和教具，并策划一系列内容丰富、适合不同年级学生的课程学习或模拟考古活动；同时开展以展览为依托的家庭亲子互动活动，有计划地开展以家庭为单位的亲子互动活动，以吸引更多的公众体验遗址公园学习的乐趣；利用每年暑期举办小小讲解员培训班活动，提升孩子们的综合素养，增强孩子们的文化自信心和自豪感；继续举办像"我爱家乡的国宝"作文竞赛活动，从小厚植爱国爱家乡的种子。

与非遗保护结合。建始县直立人遗址位于建始县的文化大镇高坪，这里是省级非遗项目《南乡锣鼓》和《闹年舞台》的故乡，也是恩施州最早的民族文化活化传承基地。遗址公园应以传承、保护、弘扬优秀民族文化为己任，利用公园开展非遗研究、培训、展示工作，继续推进非遗培训进校园，展演进景区，以及春节送春联、元宵猜灯谜、中秋摸秋等传统民俗活动，让生生不息的民族文化瑰宝亮相、放光、传播。

与考古结合。考古工作是认知遗址文化的基础①。随着人们对遗产保护意识的不断增强，考古这门古老而艰深的学科逐渐从殿堂步入民间。将考古勘探、发掘和现场保护等工作的全过程展示给观众，会让观众身临其境地感受挖掘现场，激发人们的兴趣和对遗址保护的责任感。把原状展示与虚拟展示有机融合，充分展现考古发掘阶段性成果，使其既有坚实的学术支撑，又便于普通大众看得懂，看得明白②，这也是文化遗址公园的魅力所在。考古让逝去的历史变得真实可信，让模糊的记忆变得触手可及。

建始县直立人遗址是很好的考古科普教育基地。2011年5月27日，建始县政府与中国科学院古脊椎动物与古人类研究所签订合作协议，联合成立科学考察站，并达成长期联合科考发掘直立人遗址协议。近年来，由于种种原因，这种联合科考鲜有活动，我们要坚持开展联合科考，并让公众参与进来，充分发挥遗址科普教育基地的功能。

与社区文化建设结合的活动。社区是我国最基层的社会组织之一，覆盖的人群最为广泛。社区文化建设也成为我们创建和谐社会、建设文化强国的重要内容。文化遗址公园应该整合多方资源，与社区融合，在社区的参与下，结合遗址特色开展民众喜闻乐见的文化活动，引领健康社会风尚，把人们对美好生活的向往融入多姿多彩的活动中，唱响主旋律，引领风尚。各种文化活动，既普及了历史文化知识，又激发了人们对人类起源的求索，拉近了遗址与民众的距离，激励人民群众热爱自己的民族、国家、乡土。

与志愿活动结合。遗址公园是周边老百姓的家园，与居民有着紧密联系。遗址要加大对周边文化志愿者的培植，一是对志愿者开展免费培训，让其受到历史文化的熏陶，使其不仅可以无偿为公众提供讲解、咨询等服务，还能参与走进社区、学校、农村的社会教育活动，把他们培养成为遗址社会教育的另一支生力军。同时培训所得技能也使他们在农村婚丧嫁娶等红白喜事、旅游接待演出中频繁活动，让他们获收益、增底气、有动力。二是扶持和发展志愿者成为乡风文明劝导员，协助志愿者开展健康有益的文体活动，为营造向上、健康、和谐、温馨的美丽乡村而努力。

3. 拓展平台

在移动互联网时代下，网络平台已覆盖到了各个年龄阶层的人群，人们只需通过一部

---

① 王守功：《考古工作在考古遗址公园建设中的作用》，《中国文物报》，2012年9月28日。
② 朱章义、郑漫丽：《保护 阐释 共赢：大遗址保护的必由之路》，《古都郑州》2015年第4期。

小小手机足不出户就可以得到遗址最新的动态。基于此，在建始县直立人遗址社教工作中，需要开通多平台官方账号，建立自己的网站、官方微博、抖音或微信公众号等主流平台，相关人员需要结合平台的特点，选择对应的运营内容，定期在这些平台上发布相关的文字、图片、视频，以此来吸引民众到遗址参观。待主流平台建设完成后，相关工作人员需要做好维护工作，及时关注社会热点，精心策划发布内容，保证内容的及时性、趣味性、真实性等，这样才能够提升平台的粉丝量与关注度，促使人们转发与分享博物馆的内容，让更多的人走进博物馆、感受博物馆、爱上博物馆。

4. 完善机制

一个文化遗址公园也是一所社会大学校，文化遗址公园除了具有传播遗址文化、展示遗址环境、游憩交流功能外，也需要完善与公众之间的互动机制，以此来调动公众参与的兴趣与主动性，从而提升遗址的社教效果。同时，建始直立人遗址需要借助互联网平台来与公众沟通交流，及时获取公众的意见和建议，从而对自身社教工作中存在的不足加以合理改进。此外，遗址需要不断创新自己的社教方式，借助多样化的形式来解读陈列室背后的洞穴、从古至今的动植物种类、出土的建始人化石等，以此来增强社教工作的趣味性；也可借助计算机技术、网络技术、元宇宙等来对龙骨洞、建始人和远古动物等进行形象化的展示和虚拟化的体验，从而吸引公众的注意和参与，提升社教工作的效果，让人们走进遗址，让遗址走向世界。

四、总结

综上所述，文化遗址公园作为保护和展示人类精神与物质文明成果的重要场所，需要对移动互联网加以充分利用，让文化遗址公园社教工作既立足于公园，又能勇敢走出去，从公园走进社会、走进学校、走进村庄，不仅能够让社会大众有所了解，而且要让文化遗址公园的活动深入人心，融入百姓生活，让文化遗产保护惠及于民，使之成为爱民族、爱国家、爱乡土的生动教材，真正变成大众自个儿认定的精神家园。

基于容美土司遗址保护利用的思考

喻 欣*

摘 要： 大遗址保护涉及民生需要、城市建设和旅游发展等方方面面，必须坚持以人为本，妥善处理各方面的关系。近年来，鹤峰容美土司遗址保护利用的工作实践诠释了在保护遗址的同时，充分尊重人民的生活需求，并合理利用文物价值，以文物合理利用来助推经济发展，以经济发展带动地方文物保护，方可形成保护、利用、发展的良性循环。

关键词： 大遗址；保护利用；民生需要；城市建设；文化旅游

鹤峰的容美土司雄踞一方，实力强大，幅员宽广，雍正皇帝曾言"楚蜀各土司，惟容美最为富强"。史书有载，元至大元年(1308年)，第一任土司田墨施什用，被元庭授予黄沙寨千户官职①。明清时期容美土司发展壮大成为施州卫四大土司之一。清雍正十三年(1735年)，末代土司田旻如自缢于屏山万全洞，结束了容美土司长达400余年的统治。"自汉历唐世守容阳"的容美土司是鄂西南势力最为强大的土司，他们文治武功都颇有建树，还利用大自然赐予的天然屏障，营建衙署、爵府、居室等用于屯兵、读书、娱乐、繁衍生息，创造了特有的土司文化。

2006年，容美土司遗址被国务院核准公布为全国重点文物保护单位，共包括遗址点16处，分布于鹤峰县容美镇、太平镇、五里乡、燕子镇、下坪乡5个乡镇10个自然村内。此外在五峰县的五峰镇、百年关镇等5个乡镇9个自然村，以及巴东县、建始县等地均发现了容美土司时期的遗存②。这些遗址点的分布区域情况各异，有的在县城核心区域，有的位于人迹罕至的山顶，还有的在一直被耕种的基本农田中，因此容美土司遗址具有分布广、利用难度大、周边环境复杂等问题。针对这些问题，本文结合容美土司遗址保护工作

---

* 喻欣，鹤峰县文化遗产局博物馆股股长、助理馆员。

① 《元史》卷22《武帝本纪二》，中华书局1976年版。

② 《容美土司遗址群概况》，湖北省文物考古研究所、鹤峰县博物馆编著：《容美土司遗址》，科学出版社2020年版，第5页。

开展情况，谈谈关于大遗址保护利用的几点思考。

一、保护利用与民生需求

民生需求是人们生存的基本需要，即吃饱穿暖，安居乐业。大遗址保护面临的第一个问题就是遗址保护与周边居民渴望提升居住环境的矛盾。造成这一矛盾的原因有三：一是保护范围难以划定。爵府遗址位于鹤峰县容美镇屏山村，南府遗址位于五里乡南村村，两个遗址所在地原本就是古村落。容美土司的统治结束后，各处府邸遭到破坏或逐渐自然损毁，部分村民就在遗址周边及遗址上开始新建房屋。随着文物保护工作的开展，这些遗址被公布为文物保护单位，也划定了保护范围及建设控制地带，早已建设在遗址周边的房屋，却因与遗址距离过密，没办法被排除于保护范围，一旦将之划入保护范围及建设控制地带，后续的建设就受到了制约。二是建房需求不断增多。随着经济社会发展，外出务工的农民逐年增多，随之而来的就是务工地的房价不断攀升，外出务工人员虽然手头上的钱多了，但是不足以支撑在城市买房的开支，所以当务工者没法在城里留下来的时候，回原居住地盖房或者翻修老屋的意愿就不断攀升。没有外出务工的农民由于家庭结构分化，大家庭不断分开成小家庭，也会不断产生扩大居住面积的需要，再加上周边居民生活水平和居住环境不断改善，与遗址保护范围内的老旧房屋形成了鲜明对比，拆除老屋重建或改建的意愿就越发强烈。三是搬迁难度较大。遗址所在地多为私人承包的土地或山林，一般房屋选址都是便于生产、生活的，与承包的土地、山林相近，而老屋也传承了几代，除地理环境、交通运输等硬件条件外，儿时记忆、祖辈相袭等原因也使得居民不愿意离开现居地，所以异地搬迁及产权置换也有难度。

要处理好大遗址保护与民生需求的关系，首先要尊重民生需求，把它作为一切工作的根本目标，要走一条民生发展和保护利用可持续发展的和谐之路。

1. 充分考虑居住需求

大遗址保护除本体保护外，还涉及征地拆迁、环境整治、土地调整等诸多具体问题，而这些问题就直接关系到村民的居住需求。以容美土司爵府遗址为例，遗址位于鹤峰县容美镇屏山村二组，毗邻 4A 级景区屏山峡谷，近年来旅游景区热度不断攀升，该村土地的经济价值也在不断上涨，再加上部分村民的故居情结和承包土地临近居住地等原因，村民不愿意搬迁，但是现在所居住的房屋都是六七十年代修建的木质结构，不管是安全性还是舒适性都已经无法满足居住需求，所以爵府遗址周边 16 户村民要求原址翻修房屋的问题一直无法解决。

大遗址的保护利用工作不断推进，不仅限制村民随意改建核心区内的房屋，还要对部分占压遗址的建筑进行拆除。为了解决保护利用与居住需求的矛盾，鹤峰县政府成立工作专班，由鹤峰县容美镇政府牵头，联合自然资源与规划、住建、文化和旅游等部门共同开展工作。工作专班充分考虑被拆迁住户的实际需求，以改善所在地民众的生活品质与环境品质为目标，提出多套解决方案，通过走访、座谈、村民大会等多种形式，经讨论最终确定就近集中安置的方案。2020年，鹤峰县政府多渠道筹措资金1003万元，于4月正式启动容美土司遗址保护配套设施建设及屏山环境整治项目。为确定搬迁安置点，容美镇政府多次组织召开村民大会，以就近为原则，以便民为宗旨，以保护遗址为底线，最终将安置点选择在离遗址1千米的一处山坳内，之后又历时6个多月，征收山林及土地约9公顷，搬迁墓葬30余座，并重新规划修建了一条长1.38千米、宽6.5米入户道路和16个屋场，为遗址保护范围内自愿搬迁房屋的原居户创造了条件，也解决了遗址保护利用问题。

2. 提高遗产保护价值

遗址保护利用的最终目的是造福于民。首先是服务于参观者。通过遗址的保护利用，留住历史的"根"和"魂"，展现独特的地域文化，让参观者身临其境，感受历史的厚重。相较于有形建筑，遗址展示利用难度较大，因为其观赏性稍显逊色。2022年，鹤峰县开始实施"容美土司爵府遗址保护展示工程"，对爵府遗址中的行署遗址、小昆仑遗址、鸣虎山遗址、戏楼遗址进行保护展示，涉及面积共计24500平方米。为了在保证遗址安全的前提下，最大限度地发挥遗址的价值，鹤峰县以原有的遗址道路系统和公路为基础，设计了3条参观线路，将爵府遗址和屏山峡谷风光完美融合，让人行走其间既可感受历史文化，又可饱览山川美景，沿途还配备足量的标志标牌，进行详细解说，便于参观者更好地读懂遗址的文化和历史。

其次是服务周边居民。随着遗址的利用，前来参观的游客不断增多，给周边居民的生活和出行带来较多不便的同时也带来了机遇，因此遗址保护利用规划要尽可能考虑周边居民的生产生活，为他们预留就业和创业空间，使其能够从中受益，从而激发周边群众对遗址保护的积极性。容美土司万全洞遗址位于屏山村四组，因为离峡谷景区较远，以前处于无人问津的状态，随着对万全洞遗址的保护和利用，这里也"热"了起来。万全洞遗址周边的村民见前来参观的人越来越多，于是在家办起了农家乐，为了保护好这一文化资源，都积极地加入遗址保护的队伍中，离万全洞遗址最近的居民还成了遗址的看护员。万全洞遗址的保护利用甚至还吸引了企业对遗址周边的土地进行统一规划管理，将遗址周边变成了花的海洋，并扩宽了参观道路，形成了遗址保护和利用的良性循环。

二、保护利用与城市建设

受到遗址所在地社会经济发展及城市建设的直接影响，在经济发展和城市建设面前，一些文物遗迹未经过充分的调查、保护、论证就被占压、填埋、拆除，不少历史文化街区的原貌在改造过程中不见踪影。容美土司遗址有许多文物点位于城区，面临着类似的威胁。

为了减少经济建设和文化建设之间的矛盾，可从以下几个方面着手：

1. 规划编制合理可行

首先要编制整体规划。坚持原址保护的原则，编制遗址整体保护规划，同时依法将遗址保护规划纳入当地的经济发展和城乡建设规划中。2015 年，结合多年来的考古研究成果，鹤峰县编制完成了《容美土司遗址文物保护规划纲要》，为之后的保护利用奠定了基础。其次是规划要合理可行。要充分考虑遗址的实际情况，编制的保护规划要与城市建设相适应，使其更好地服务城市建设，要锦上添花，而不能添油加醋。容美土司中府遗址位于鹤峰县城中心，随着历年来的建设发展，中府遗址被大面积拆毁，到 20 世纪 90 年代，仅西、南两段城墙有遗存，但是保护范围的划定使得区域内的工程建设无法开展，为了在进行遗址保护的同时，保证环城路、医院综合楼等民生工程的建设，2021 年通过进一步考古发掘，针对遗址保存现状又编制了《容美土司中府遗址保护管理规划》，重新对保护范围进行了调整，在遗址保护和城市建设中找到了平衡点。最后是规划要有前瞻性。在进行遗产周边规划时，要同步规划建设遗址周边的道路交通、餐饮娱乐等配套设施，使遗址为城市建设带来最大的附加值，尽可能地发挥其经济拉动作用。

2. 规范建设前审批

大型工程建设中如果发现遗迹，一般采用的保护措施都是进行抢救性发掘，这是一种相对的保护措施，也是比较被动的办法。因为在建设过程中一般会使用挖掘机、推土机等大型机械，在操作过程中地下的文物或遗迹已经遭受到不同程度损坏，文物信息已无法被完整地保存下来。并且进行抢救性发掘会影响施工进度，造成经济损失，从而激化文物保护和经济建设之间的矛盾。2020 年，恩施州下发《关于进一步规范应用恩施州工程建设项目工改系统的通知》，全州深入推进工程建设项目审批改革工作。鹤峰县以此为契机，将文物部门的行政审批列入工程建设审批的必要环节，并与住建、自然资源与规划等部门通过工改系统联合审批，既提高了工程建设前置审批的效率，又避免了建设后考古等不必要的麻烦。

3. 彰显遗址文化特色

城市规划建设要在细节彰显文化特色，建筑设计要兼具美学规律，在细节上将特色文化融入整个城市，对主要交通干道及文化片区周边建筑要在体型、体量、色彩等方面作出相应要求，并在路灯、公交站台、店铺招牌、城市绿化等方面加入遗址的文化元素。还要充分利用公共文化服务设施的建设，凸显文化性。2022年，鹤峰县政府推进老城区改造，在考古调查和中府规划的基础上，对老政府小区进行拆迁，因为在容美土司时期这里是南城门所在地，所以将此处用于容美土司中府广场建设，在广场的设计中还融入了土司文化历史，同时对广场周边的白鹤井进行了环境整治，白鹤井是容美土司中府的主要水源，两处文化服务设施的联合打造，为鹤峰主城区增加了一抹亮色。

三、保护利用与文化旅游

遗址是特定历史时期政治、经济、文化等多方面形成的综合产物，是历史留下的固化印记，要更好地发挥大遗址的价值，除了对遗址本身的保护利用外，还要结合当地的其他文化元素，共同推进旅游产业有效融合发展。但目前文旅融合发展存在的问题也比较突出，主要表现在文旅融合度差、文化影响力低及过度开发等问题。

多年来，鹤峰县不断探索，努力解决文旅发展瓶颈，让大遗址文化资源成为鹤峰发展的有效动能。

1. 深入挖掘文化内涵

旅游是一种文化活动，要满足旅游者的物质需求，更要满足精神文化需求，要想在众多文化资源供给中脱颖而出，就必须不断挖掘文化内涵，突出本地文化特色，只有读懂遗址的历史，才能讲好遗址的故事。早在1980年，鹤峰土家族自治县成立后，就迅速制定了县民族工作计划，对屏山爵府、万全洞、万人洞、情田峒等古遗址进行了比较深入的考察、研究，取得了许多宝贵的历史资料。在此之后的40多年间，又联合省考古研究所先后对爵府遗址、戏楼遗址、鸣虎山遗址、小昆仑遗址、万全洞洞府遗址、紫云宫遗址、向氏家族墓地、大屋场遗址、南府遗址、中府遗址等进行了考古挖掘，并编纂了《容美土司遗址》等三本专著。通过考古调查，弄清了遗址的分布范围、建筑布局以及建筑结构，对研究容美土司的文化、建筑风格以及军事等信息有较高的学术价值，同时也为进行大遗址保护以及发展利用打下了坚实的基础。

2. 加大文旅融合力度

2018年10月，鹤峰县委明确提出了加快建设文化强县的目标，以红色文化、民族文化、生态文化和发展文化为主要内容，挖掘文化资源，彰显文化特色，推动文化繁荣。之后又结合"十四五"规划，积极推进文旅融合及全域旅游发展，将文化景观与自然景观有效融合。经过数年努力，几条文化线路已初具雏形：容美镇的屏山旅游线是以屏山峡谷风光为亮点，以土司文化为内核，以土家民宿为卖点的绿色文化线路；五里乡至走马镇的文化旅游线融合了多种文化特色，其中包括以五里坪革命旧址为代表的红色文化，以容美土司南府为中心的土司文化，以南村古茶道为核心的茶文化，以五龙山为代表的生态文化。鹤峰县游客人数和旅游综合收入也节节攀升。2018年12月，旅游综合收入达10.41亿元，同比增长25%；2019年鹤峰县接待游客239.44万人次，实现旅游综合收入13.34亿元。2020年，受新冠疫情影响，鹤峰县接待游客50.5万人次，实现旅游综合收入3.46亿元。2021年，全年累计接待游客226.8万人次，恢复至2019年的94.9%，同比2020年增长350%；实现旅游综合收入11.95亿元，恢复至2019年的90%，同比2020年增长260%；2022年1—12月累计接待游客427.3万人次，实现旅游综合收入20.05亿元，同比增长88%、68%，增幅为恩施州第一。

屈原祠文化遗址公园建设浅谈

望青松　李西海*

摘　要：屈原祠具有重要的历史、艺术、科学和社会价值。建设屈原祠文化遗址公园，有利于弘扬爱国主义、坚定文化自信、助推地方经济社会发展。建设过程中，应注意价值阐释传播、强化教育研学功能、提升展陈水平、促进文旅融合发展，打造新时代湖北文物代表性文化品牌。

关键词：屈原祠；文化遗址公园；建设

屈原是战国时期楚国人，"楚辞"创立者，被誉"中华诗祖""辞赋之祖"，中国历史上第一个浪漫主义诗人、第一个伟大的爱国诗人，代表作品有《离骚》《天问》《九歌》《九章》等。屈原忠君爱国、独立不迁、上下求索、廉洁修身等伟大精神和高洁品格为后世所敬仰。1953年世界和平理事会将屈原确定为世界四大文化名人。

一、屈原祠的历史沿革

人们纪念屈原而修建屈原祠。据记载，屈原祠为归州刺史王茂元于唐元和十五年（820年）始建。宋元丰三年（1080年），宋神宗尊封屈原为"清烈公"，将屈原祠修缮后更名为"清烈公祠"。元泰定年间（1324—1328年）、至正四年（1344年）相继重修。清康熙八年（1669年）知州王景阳、雍正十一年（1733年）湖北学政凌如焕、乾隆四十六年（1781年）知州王沛膏、嘉庆二十五年（1820年）知州李忻等又多次维修，"岁以五月五日致祭"。

屈原祠原坐落在湖北秭归城东五里江边屈原沱的山丘上。南宋诗人陆游《楚城》诗曰："江上荒城猿鸟悲，隔江便是屈原祠。一千五百年间事，只有滩声似旧时。"1976年因葛洲

---

* 望青松，秭归县文物保护中心副主任、副研究馆员；李西海，秭归县文物保护中心书记、主任，馆员。

坝工程回水影响，屈原祠由原来屈原沱山丘迁至归州城东向家坪。1981年公布为省级文物保护单位。2006年因三峡大坝修建，再次将屈原祠东迁至秭归茅坪新县城，新修屈原祠坐落在全国重点文物保护单位凤凰山古建筑群内（参见图1），与三峡大坝遥相呼应，总建筑面积5929平方米。2010年端午节建成对外开放。

图1　凤凰山古建筑群全貌

二、屈原祠价值

（一）历史价值

屈原祠仿古新建工程集文物搬迁、新建与仿古建设于一体，与重庆市的白鹤梁、石宝寨、张桓侯庙同列为三峡文物保护的四大保护项目。原样搬迁复建的山门、屈原墓、大殿、前殿的全木仿古结构，强化了屈原祠总体建筑的可识别性，以屈原故里地方乡土建筑特色来表现整体建筑风格，突出楚文化风韵。历代文人墨客留下的《楚三闾大夫屈先生祠堂铭并序》《清烈公庙记》《重修三闾大夫祠记》等铭文墨迹，都是屈原祠各个历史时期不同发展的结合产物，也记录着时代的历史变迁，反映出人类社会生存活动的方方面面，是民族文化艺术发展的一个见证，是人类文化信息传承的一个组成部分。屈原祠对屈原文化传承与保护具有较高的历史价值和现实意义。

(二)艺术价值

屈原祠的重檐歇山六柱五间三重式"山"字牌楼,不仅造型雄伟,装饰精美,寓意深刻,而且集门、牌、楼、墙的功能于一体,是屈原祠的标志性建筑(见图2),彰显峡江地区的传统建筑风格。建筑屋脊及兽件采用楚地风格造型,泥塑或灰塑图案以树木花卉、动物人物为主,如"梅兰竹菊"四君子、"松竹梅"三友、龙、凤、麒麟等。彩绘除借鉴了旋子彩画的格式和布局以外,在山墙、窗口、檐口等处绘有墨线淡彩退晕彩画,图案多为卷草、云纹,以墨线为主,用黄、红、青等色点缀。正殿陈列有全国著名雕塑家王福臻80年代设计的低头沉思、顶风徐步的屈原青铜像和原湖北美术学院院长唐小禾夫妇创作的两幅大型沥粉彩色壁画《屈子远游图》《端午祭归图》。南北碑廊镶嵌着96块阴刻石碑,篆刻屈原的代表作以及后人题诗书法等作品,或行云流水,或柳骨颜筋。建筑形制、泥塑彩绘、书法壁画等堪称我省荆楚大地传统祠堂建筑的艺术经典。

图2 屈原祠文化遗址公园全貌

(三)科学价值

屈原祠坐南朝北,依山而建,面临高峡平湖,选址、布局与生态环境高度和谐统一。视野开阔、直通自然,充分体现天人合一的科学环境选择,为"看大坝、览平湖、拜屈原"

的最佳网红打卡场所。屈原祠前殿、大殿，为大木结构，采用榫卯形式结合，数几千件大小构件用榫卯形式严丝合缝地组合成一座精美的殿堂，反映出装配结构技术的成熟，构件加工水平和施工组织水平的高超。榫卯结构的柔性连接，可以吸收横向水平冲击，具有良好的抗震性能。建筑油漆、彩绘使用了传统建筑"地仗工艺"和"一麻五灰"建造工艺，桐油、大漆的用料方式，色彩鲜艳强烈，对防治油漆彩绘裂缝、变形、腐蚀、受潮、脱落、色变等起到了关键性作用。建筑形制、建造手法、用材用料等充分体现了中国古代传统工艺的科学、可靠。

（四）社会价值

屈原以其始终不渝的爱国忧民精神而彪炳史册，以其开创先河的骚体诗而享誉文坛，以其坚持不懈上下求索而流芳百世。习近平总书记曾在不同场合多次引用屈原诗歌中的名句来阐述思想，寄情言志。如"屈原逐而赋《离骚》"①；"遂古之初，谁传道之？上下未形，何由考之？"②；"诚既勇兮又以武，终刚强兮不可凌。身既死兮神以灵，魂魄毅兮为鬼雄"③；"长太息以掩涕兮，哀民生之多艰"④；"路漫漫其修远兮，吾将上下而求索"⑤；"亦余心之所善兮，虽九死其犹未悔"⑥。高度彰显了屈原深固难徙的爱国情怀，哀民多艰的民本思想，上下求索的实干精神，洁身自好的清白节操。自屈原祠建成开放以来，曾迎来30多位党和国家领导人及众多文人墨客参观游览，或题字，或题诗，为屈原祠留下了弥足珍贵的历史资料和精神财富。屈原祠是人们祭祀屈原的重要场所，也是爱国主义的教育基地，更是华夏文人墨客寻根问祖的圣地。2015年6月，中共中央台湾工作办公室、国务院台湾事务办公室批准屈原祠为"海峡两岸交流基地"。近年来，湖北秭归与台湾两地充分发挥屈原祠文化遗址公园独特资源优势，开展了"海峡两岸屈原文化论坛""两岸乡亲祭

---

① 习近平：《领导干部要读点历史——2011年9月在中央党校2011年秋季学期开学典礼上的讲话》，共产党员网（https：//news.12371.cn/2015/12/15/ARTI1450165276165255.shtml），2015年12月15日，检索时间：2023年8月8日。

② 习近平：《携手探索浩瀚宇宙 共创人类美好未来——在国际天文学联合会第28届大会开幕式上的致辞》，《光明日报》，2012年8月22日。

③ 习近平：《在纪念中国人民抗日战争暨世界反法西斯战争胜利69周年座谈会上的讲话（2014年9月3日）》，人民出版社2014年版，第5页。

④ 习近平：《在文艺工作座谈会上的讲话（2014年10月15日）》，人民出版社2015年版，第16页；习近平：《在全国脱贫攻坚总结表彰大会上的讲话（2021年2月25日）》，人民出版社2021年版，第2页。

⑤ 习近平：《在庆祝中国共产党成立95周年大会上的讲话（2016年7月1日）》，人民出版社2016年版，第28页。

⑥ 习近平：《在中国科学院第十九次院士大会、中国工程院第十四次院士大会上的讲话（2018年5月28日）》，人民出版社2018年版，第10~11页。

诗祖——屈原铜像赠送揭幕典礼""诗歌的太阳——两岸屈原文化交流与诗会""两岸一家亲——两岸屈家赛龙舟""根的记忆——台湾屈家故里行"等一系列屈原文化交流活动，为两岸文化交流发挥了积极作用。

三、屈原祠文化遗址公园建设目标和思路

以习近平新时代中国特色社会主义思想为指导，认真落实习近平总书记关于文物工作系列重要论述和关于三峡文物保护利用的指示批示，按照宜昌市委、市政府提出"一标三地"建设目标，让屈原成为宜昌永恒的文化地标，把宜昌打造成屈原文化的权威阐释地、标准制定地、活动聚集推广地。屈原祠文化遗址公园是实现这一建设目标的重要载体。在建设屈原祠文化遗址公园过程中，应着重做好以下几点：

(一)加强屈原文化的价值解读阐释及传播

依托国家、省、市、县"屈原学会"等专家团队，全面科学系统挖掘阐释屈原文化价值和时代价值，深入挖掘展示屈原的古诗词文化①、楚文化②、端午文化③、廉政文化(《卜居》《招魂》)、柑橘文化(《橘颂》)、龙舟文化④、美食文化(《招魂》《大招》)等方面的独特价值。组建屈原文化研究院，开展屈原作品研究阐释和联合攻关，细致全面科学的研究解读，使其成为国内研究屈原作品、思想及荆楚文化的中心之一。利用博物馆展览"五进"活动和"文化进万家"等活动，通过自媒体、抖音、微信、制作微视频、动漫等方式，创新传播手段，加大宣传推介屈原文化。

(二)加强屈原祠文物保护利用

坚持"保护第一、加强管理、挖掘价值、有效利用、让文物活起来"的新时代文物工作方针，高水平开展包括屈原祠在内的凤凰山古建筑群的保护修缮、陈列展示、安全防护、旅游服务等工作，以屈原祠文化遗址公园为中心，联合周边归州古城、楚王城遗址和湖北三峡移民博物馆等文物资源，推出有特色的研学品牌、休闲观光项目、精品文化旅游线

---

① 刘济民编注：《歌咏屈原古今诗词选》，中国炎黄文化出版社 2008 年版。

② 谭家斌：《"屈原是楚文学的杰出代表"——茅盾与屈原(上、下)》，《三峡文化》2018 年第 5、6 期。

③ 萧放：《端午节俗的传统要素与当代意义》，刘晓峰主编：《人类非物质文化遗产代表作：中国端午节(研究卷)》，广西师范大学出版社 2013 年版，第 149 页。

④ 谭家斌：《龙、龙舟文化与屈原文化》，余先志主编：《中国端午习俗》，长江出版社 2010 年版；《屈原与龙舟》，《三峡晚报》，2019 年 6 月 5 日。

路，以物见人，让文物遗址"活起来、热起来"。同时，加强文化创意产品开发，形成集研发、生产、销售于一体的产业链，激发文创市场活力，把屈原祠文化遗址公园建设发展与乡村振兴结合起来，因地制宜在遗址公园区域适度发展服务业，为区域发展提供新的增长点。

（三）加强屈原文化的创新转化

充分发挥现代科技手段，加快文物数字化工程，建设屈原祠智慧文化遗址公园，加强智慧化展示传播平台运行管理。依托屈原祠馆藏精品文物，运用科技开发文物数字化藏品，提炼文化标识。利用新技术新手段，创新文化遗址公园展陈和服务形式，提升展陈服务水平。坚持展示方式与展陈内容相得益彰，推进"互联网+"文化遗址公园的全景式、立体式、延伸式展示宣传，传承历史文化，弘扬荆楚精神。

附 录

省人民政府办公厅关于印发荆楚大遗址传承发展工程实施方案（2019—2023年）的通知①

各市、州、县人民政府，省政府各部门：

《荆楚大遗址传承发展工程实施方案（2019—2023年）》已经省政府同意，现予印发，请认真组织实施。

2019年2月2日

荆楚大遗址传承发展工程实施方案

（2019—2023年）

为贯彻落实《中共中央办公厅、国务院办公厅关于实施中华优秀传统文化传承发展工程的意见》《中共中央办公厅、国务院办公厅关于加强文物保护利用改革的若干意见》和《省人民政府关于进一步加强文物工作的实施意见》（鄂政发〔2016〕29号）等文件精神，加强大遗址传承发展，打造荆楚文化重要标识，现制定荆楚大遗址传承发展工程实施方案。

一、总体目标

依托丰富的大遗址资源，坚持"保护第一、合理利用"的原则，深化文化供给侧改革，传承弘扬荆楚文化，实现文化遗产的创造性转化、创新性发展，充分发挥大遗址在乡村振兴、长江经济带建设等发展战略中的促进作用，满足人民群众对美好生活的向往，提升湖北文化软实力。

到2023年，围绕"人类起源""文明起源""楚文化""三国文化""土司文化""红色文化""荆楚名人"等主题，建成开放的国家考古遗址公园和湖北省文化遗址公园不少于20个，大遗址保护管理能力和水平得到显著提升，荆楚大遗址传承发展体系基本形成，成为

---

① 《湖北省人民政府办公厅关于印发荆楚大遗址传承发展工程实施方案（2019—2023年）的通知》，《湖北省人民政府公报2019年第6号》，2019年3月16日。

中国大遗址保护南方示范区。

二、工程对象

规模较大、特色鲜明、影响深远，体现荆楚人民独特创造、价值理念、精神追求，具有重要历史、科学、艺术价值的大遗址，包括古遗址、古墓葬、古建筑、近现代重要史迹及代表性建筑等。

三、主要任务

（一）编制《荆楚大遗址传承发展规划（纲要）》。立足湖北省情，着眼传承发展，完善顶层设计，统筹规划荆楚大遗址时空布局，指导荆楚大遗址传承发展工程科学发展、有序发展、高质量发展。（责任单位：省文化和旅游厅、省住建厅，有关市、州、县人民政府）

（二）开展国家考古遗址公园和省文化遗址公园建设。推进熊家冢、盘龙城、龙湾、铜绿山、石家河、屈家岭、苏家垄等国家考古遗址公园建设，加强大遗址荆州片区保护利用。依托擂鼓墩、走马岭、容美土司等大遗址，公布湖北省文化遗址公园名录。由遗址公园所在市、州、县人民政府组织实施保护展示工程、环境整治工程、安消防工程、标识导览系统工程以及展示馆（遗址博物馆）、配套服务设施建设，加强保护管理机构建设，提升开放水平，提高综合效益。（责任单位：有关市、州、县人民政府，省文化和旅游厅）

（三）深入推进学术研究。实施大课题引领战略，加强考古、历史与科技融合，围绕远古人类起源、长江中游文明进程、楚文化源流、矿冶考古等重大课题，持续开展以考古为基础的多学科综合研究，深入阐释大遗址价值内涵，形成一批具有一定学术影响力的科研成果。（责任单位：省文化和旅游厅、省社会科学院、省教育厅、省科技厅）

（四）加强宣传，打造文化品牌。充分利用新技术、新媒体，讲好荆楚故事，展示湖北形象，营造大遗址传承发展良好社会氛围。推进荆楚大遗址"走出去"，加强国际交流合作，形成一批荆楚大遗址文化品牌，扩大荆楚大遗址影响力。利用好国家级"海峡两岸考古教学交流基地"等平台，充分发挥考古和文物保护工作在推动两岸交流中的积极作用，为港澳台师生来鄂参与考古发掘、整理和研究提供便利，促进两岸同胞共同弘扬中华文化，增进两岸青少年的文化、民族和国家认同。（责任单位：省文化和旅游厅、省新闻出版局、省委外办、省委台办）

（五）促进文旅融合，发挥综合效益。打造"楚文化游""三国文化游""红色荆楚游"等荆楚大遗址优质旅游产品，发展全域旅游，助力脱贫攻坚。鼓励以荆楚大遗址为核心素材，研发荆楚特色文创产品，发展文化产业。拓展文旅融合的深度和广度，推动遗址公园建设与休闲农业、康养基地、特色小镇建设融合。（责任单位：省文化和旅游厅、省新闻

出版局、省农业农村厅、省住建厅）

四、保障措施

（一）加强组织领导。将荆楚大遗址传承发展工程作为省级重点文化旅游发展战略，加强组织保障，成立荆楚大遗址传承发展工程领导小组，明确责任分工，精心组织实施。有关市、州、县人民政府参照建立健全领导工作机制。将荆楚大遗址传承发展工程实施情况列入综合考核体系。

（二）落实经费保障。有关市、州、县人民政府应加大资金投入和整合力度，重点加强对征地拆迁、环境整治、配套设施和遗址博物馆等基础设施建设等经费保障。加大国家专项经费争取力度。省级财政加大扶持力度，省级各类相关专项经费优先支持纳入荆楚大遗址传承发展工程名录的项目。鼓励社会资本参与。（责任单位：省财政厅、省发展改革委、省文化和旅游厅等相关部门，有关市、州、县人民政府）

（三）强化部门协同。发展改革、自然资源、住建、交通运输、水利、农业农村、文化和旅游等部门在遗址博物馆建设、环境治理、搬迁安置、土地规划、基础设施建设、交通、河流治理、旅游品牌和旅游项目建设等方面给予重点倾斜。其他有关部门根据各自职责，在产业发展、学术研究、对外宣传等方面给予优先支持。（责任单位：省发展改革委、省自然资源厅、省住建厅、省交通运输厅、省水利厅、省农业农村厅、省文化和旅游厅）

荆楚大遗址传承发展工程项目库

（2019—2023年）名单

一、国家考古遗址公园（7处）

武汉市：盘龙城遗址
黄石市：铜绿山古铜矿遗址
荆州市：熊家冢
荆门市：屈家岭遗址、苏家垄墓群
天门市：石家河遗址
潜江市：龙湾遗址

二、湖北省文化遗址公园（33处）

武汉市：明楚王墓群

黄石市：华新水泥厂旧址

十堰市：学堂梁子遗址

襄阳市：古隆中、习家池、张自忠殉国处纪念园、凤凰咀遗址、雕龙碑遗址

宜昌市：屈原祠、关陵、长阳人遗址、城背溪遗址

荆州市：楚纪南故城、走马岭遗址

荆门市：纪山楚墓群、马家垸遗址

孝感市：新四军五师司令部旧址、中原突围纪念园

黄冈市：李时珍墓、东坡赤壁、禹王城遗址、罗州城遗址

咸宁市：向阳湖文化名人旧址、天岳关抗战遗址、赤壁古战场

随州市：炎帝故里、擂鼓墩古墓群、叶家山墓地、义地岗古墓群、安居遗址

恩施州：容美土司遗址、建始直立人遗址、大寨坪遗址

关于印发《湖北省文化遗址公园评定
细则(试行)》的通知

鄂大遗址发〔2020〕4 号

各市、州、直管市及神农架林区文化和旅游局(文物局):

为落实省政府《荆楚大遗址传承发展工程实施方案(2019—2023 年)》(鄂政办发〔2019〕14 号),有序推进湖北省文化遗址公园评定,参照国家文物局《国家考古遗址公园评定细则(试行)》,结合我省实际,省文化和旅游厅起草了《湖北省文化遗址公园评定细则(试行)》,经征求各单位意见并修改完善,现正式印发。

专此。

荆楚大遗址传承发展工程领导小组办公室

2020 年 12 月 10 日

湖北省文化遗址公园评定细则

为推进实施荆楚大遗址传承发展工程,参照《国家考古遗址公园评定细则(试行)》,结合湖北实际,制订湖北省文化遗址公园评定细则如下:

一、评定标准分类

1. 评定标准包括 4 大类:

(1)资源条件

(2)保护管理与科研工作

(3)展示与阐释工作

（4）公园建设管理与运营工作

每大类之下分若干小类，一共 20 个小类。

2. 评定标准应与评分表配合使用，评分表总分值 700 分。

二、评定标准说明

（一）资源条件，分 3 小类

1. 文物价值，指的是文物遗址具有的历史、科学、艺术价值。

（1）属于世界文化遗产的，评价为"极好"，对应分值为 60~70；

（2）属于全国重点文物保护单位的，评价为"很好"，对应分值为 50~59；

（3）属于省级文物保护单位的，评价为"好"，对应分值为 40~49；

（4）属于市县级文物保护单位的，评价为"一般"，对应分值为 20~39；

（5）属于未定级文物点的，评价为"差"，对应分值为 1~19。

2. 区位条件，包括两个方面，一是指申报项目距离全国性或区域性经济文化中心的距离；二是指申报项目通达性，与机场、车站、码头、高速公路出口的距离，最后一公里交通的便利性。

3. 环境条件，指的是申报项目所处环境的空气、水、噪声、卫生等方面的条件。

（二）保护管理与科研工作，分 7 小类

4. 四有工作，指的是保护区划划定、保护标志树立、记录档案建立、保护管理机构设置情况。

5. 保护规划，指的是符合国家规定的资质单位，按照法定程序和专业规范，承担保护规划的编制进度、质量，以及按法定程序报批结果等情况。

6. 本体保护，指的是对申报项目存在的稳定性、结构性、生物性等危险和各类安全隐患进行全面勘察后，制定保护方案并按程序报批后实施，实施完成后消除了危险、排除了隐患、阻止了恶化趋势。

7. 环境保护，包括两方面，一是指对申报项目所处自然环境的保护；二是指尊重并保持与申报项目属性相吻合的历史风貌，或者审慎地有依据地恢复历史风貌。

8. 日常维护、监测与风险防范，指的是认真开展日常维护、监测与风险防范，并且有制度、设备、人员保障，记录和报告工作真实、准确、及时。

9. 研究与成果转化，指的是开展的各类社会科学、自然科学方面的调查、勘察、研究，并对相关调查、勘察、研究成果进行及时准确的转化，为保护管理、展示阐释、宣传推介等工作提供依据。

(三)展示与阐释工作,分4小类

10. 遗址公园的主题,指的是文物价值的展示阐释在公园中处于主体性、主导性位置。

11. 展示规划实施,指的是展示与阐释工作具有科学性、计划性、合法性,按照保护规划和考古遗址公园规划中展示规划的相关规定,如期实施

12. 展示设施,指的是具有一定数量的展示馆舍,如博物馆、陈列馆、体验中心等,规模适宜、布局合理、功能适用,与周边环境协调,工程质量符合国家相关规范和标准。

13. 遗址展示,包括六个方面,即展示策划、展示内容、展示方法、展示布局、展示流线、标识系统。

(四)公园的建设、管理与运营,分7小类

14. 建设手续,指的是建设手续的合法性、完备性。

15. 基础支持条件,指的是公园建设的可行性,包括五个方面,即所在区域的社会经济条件、地方政府的政策支持度及持续性、资金投入数量及稳定性预期、利益相关者的支持、土地能够按照规划安排顺利予以使用。

16. 机构人员,包括三个方面,一是保护管理机构拥有完整的使用性、管理权,权责清晰;二是机构设置规模适度、内部分工明确、满足保护管理的功能需要;三是具有较完备的专门人员、或者能便利地从社会获得专业帮助。

17. 设施与服务,包括八个方面,即服务设施布局的合理性、导览设施设备与讲解引导服务、交通的便利性和环保性、公共安全设施设备及应急处置能力、公共卫生、休闲设施及服务、通信设施设备、无障碍设备及服务。

18. 开放效果,包括六个方面,即是否体现公益性、保护性科研性等设施设备场所是否有条件开放、游客量控制是否科学有效、是否经常举办文化教育活动、是否为当地社区提供经常性的服务活动、运营收入与遗址价值、前期投入、运营支出等是否匹配。

19. 相关制度完备性和执行效果,包括三个方面,即公共安全制度、人员培训制度、投诉反馈制度。

20. 宣传推广,包括六个方面,即出版宣传、媒体宣传、网络宣传、品牌经营、文创产品、周边广告宣传。

三、评分表

总得分在450分以上的,授予湖北省文化遗址公园称号。

湖北省文化遗址公园评分表

（总分 700 分）

申报项目名称：

一类评价项	二类评价项	评价内容	满分分值	得分
1. 资源条件（共150分）	1.1 文物价值（70分）	历史、艺术、科学价值重大，具有突出代表性	70	
	1.2 区位条件（50分）	可达性：周边交通设施完善，能够比较便利地到达飞机场、火车站、公共汽车站、码头等交通枢纽；或具有一级公路或高等级航道、航线直达；或具有旅游专线及交通工具	30	
		相关资源：位于或毗邻国家历史文化名城、国家风景名胜区、高等级旅游区或其他世界遗产等，能够形成规模联动效应	12	
		周边设施：周边具备与公园规模、游客容量相匹配的配套住宿、餐饮等服务设施	8	
	1.3 环境条件（30分）	空气质量：周边空气质量达到国家相关标准要求	10	
		噪声指标：周边噪声指标达到国家相关标准要求	6	
		水质量：周边水环境达到国家相关标准要求	8	
		环境卫生：周边公共卫生条件良好，绿化率高，风貌协调，环境优美	6	
2. 文物的保护、管理与科研（共130分）	2.1 四有工作（10分）	依法公布保护范围和建设控制地带；规范树立保护标志和保护界桩；记录档案完备；保护机构与文物遗址规模、内涵、保护需求相适应	10	
	2.2 保护规划（5分）	文物保护规划编制完成，并依程序报批、公布	5	
	2.3 本体保护（25分）	实施依据：符合保护规划要求，法定报批手续完备	5	
		实施效果：遗址的重要特征、物理构造保存良好，重要遗迹均得到妥善保护，各种病害因素得到较好的缓解和控制，保护措施具有可逆性、可识别性	20	
	2.4 环境保护（15分）	自然环境：对自然环境资源和历史文化资源进行协同保护	10	
		历史环境：对历史环境进行保护	5	

续表

一类 评价项	二类 评价项	评价内容	满分 分值	得分
2. 文物 的保护、 管理 与科研 (共 130分)	2.5 日常维 护、监测与 风险防范 (40分)	制度:建立并完善遗址日常维护、监测和风险防范制度,并严格按制度要求落实各项工作	6	
		设备:应具备基本的对遗址进行维护、监测、风险防范设备及物资储备,设备应及时维护、定点放置、专人管理,能够随时提用	6	
		人员:设置专门的机构或人员维护、监测、风险防范,相关人员具备相应的专业知识和技术	8	
		记录:及时记录存档、档案定点放置、专人管理,能够随时提取查看	12	
		报告:建立动态报告制度,随时发现、随时报告、及时整改	8	
	2.6 研究与 成果转化 (35分)	开展过专业的调查、勘察、考古以及历史、科技、艺术等多学科研究工作,公开发表的成果较为丰富	20	
		研究成果通过多种宣传展示手段,得以准确、及时性转化,转化的形式和内容易于被大众接受	15	
3. 遗址 的展示 与阐释 (共 140分)	3.1 遗址公 园的主题 (40分)	文物价值的展示与阐释在公园中处于主体地位	40	
	3.2 展示规 划实施(10 分)	按照保护规划和考古遗址公园规划中展示规划的相关规定,如期实施	10	
	3.3 展示设 施(30分)	馆舍:展示馆舍如博物馆、陈列馆、体验中心等规模适宜、布局合理、功能适用,与遗址及周边环境协调,工程质量符合国家相关规范和标准	30	
	3.4 遗址展 示(60分)	展示策划:有策划研究,对展示内容、方法、布局等做出详细研究与论证	8	
		展示内容:全面、深入、丰富,体现文物价值与内涵;展示依据具有科学性、信息来源可靠、数据准确	20	
		展示方法:科学性、协调性、生动性、通俗性,易于公众理解、可读可视性强	8	
		展示布局:系统性、全面性、脉络清晰、主旨明确、重点突出	8	
		展示流线:科学性、逻辑性、流畅性	8	
		标识系统:简洁、环保、美观、精良,与遗址风貌相协调、布局合理、位置明显、内容与表达准确,至少两种语言	8	

一类评价项	二类评价项	评价内容	满分分值	得分
4. 遗址公园的建设、管理与运营（共280分）	4.1 建设手续（30分）	遗址公园规划经省级及以上文物主管部门书面批准	10	
		公园建设的各类项目获得相关部门批准，审批文件齐全	20	
	4.2 基础支持条件（45分）	社会经济：公园所在地区经济发展和社会治理水平较高，社会稳定，秩序良好	8	
		政策支持：地方政府对于遗址公园建设、管理给予稳定的政策支持	9	
		资金支持：建设、运营资金状况良好，得到地方政府、企业、个人等各方面的支持	12	
		利益相关者支持：遗址公园的建设在充分听取各方面利益相关者意见的基础上，得到包括政府、专业机构、企事业团体、地方社区、当地居民等的支持和协助	8	
	4.3 机构人员（35分）	土地权属明晰：遗址公园范围内的土地权属清晰明确；土地权属不存在争议，有相应权属证明文件	8	
		管理权属明晰：遗址公园的管理权属、管理机构清晰明确	8	
		机构：公园管理机构设置完善、合理，内部职能明确	12	
		人力资源：工作人员数量及专业背景和技术能力与公园规模、工作要求相匹配	15	
	4.4 设施与服务（50分）	服务设施布局：各类设施门类齐全，布局科学，环境协调，舒适便利。酌情设立游客服务中心	8	
		导览与服务：有可靠稳定的讲解员队伍，有自助导览设备，提供多语言服务；讲解词兼顾专业性、科学性、生动性；有专门的工作人员提供信息咨询服务	6	
		交通设施及服务：游览（参观）路线合理、顺畅，出入口、停车场地、园内道路设置合理，满足日常公众需求，园内交通工具安全、清洁、环保	8	
		公共安全：安全出口、疏散通道通畅，标志醒目；应急照明、救生设施设备完好，有应急医护人员和常备药品、医疗设备；危险地段标志明显、防护设施齐备、有效，特殊地段有专人看守	8	

一类评价项	二类评价项	评价内容	满分分值	得分
4. 遗址公园的建设、管理与运营（共280分）	4.4 设施与服务（50分）	公共卫生：公共厕所、垃圾箱等布局合理、标识醒目、造型美观、设备完好、协调环境、生态环保	5	
		休闲设施及服务：公共休息设施、购物场所、餐饮场所等布局合理、规模适度、设施齐全；食品卫生符合国家标准；旅游商品种类丰富，特色突出。	5	
		信息服务：网络、电话、邮政、通讯设施布局合理、功能齐全、信号通畅、使用方便、收费合理	5	
		无障碍设施及服务：能够无障碍到达主要遗址展示设施及展示场地主要区域，标识或解说系统以及主要服务设施满足无障碍要求	5	
	4.5 开放效果（55分）	公益性开放：定时定期对老年人、军人、学生等团体优惠及免费开放；日常免费、优惠开放制度和措施向社会公示；提供定期免费专业讲解和针对特殊观众群体的讲解服务	12	
		文物保护现场及设施、考古工地现场及考古设施，文物标本库、开放实验室等保护与研究设施，向公众开放	6	
		观众流量：1. 观众流量对遗址安全的不利影响降至最低（科学确定游客容量，监测和控制实际参观人数）；2. 观众流量与遗址知名度、公园规模相适应	13	
		文化教育活动：积极举办各种与遗址内涵相关的文化和教育活动，并体现教育性、娱乐性、普及性、经常性、针对性，类型多样(教育项目、社会培训、公众讲座等)。活动情况及时记录并存档	6	
		社区活动：积极开展丰富的社区活动，体现广泛性、参与性、层级性、经常性，在社区有较大影响并受到欢迎。活动情况及时记录并存档	6	
		运营收入：收费项目依据充分、价格合理、标示醒目；运营收入与遗址价值、建设规模等相适应	12	

一类评价项	二类评价项	评价内容	满分分值	得分
4. 遗址公园的建设、管理与运营（共280分）	4.6 制度体系(15分)	公共安全制度：执行公安、交通、劳动、质监、旅游等法规和规定，建立健全公共安全制度，配备与公园面积、游客接待量相匹配的安防、消防、逃生、医疗等设备和工作人员。相关设备和物资储备有专人管理、定期检修、补充。有应急预案并定期演练	6	
		人员培训制度：制订培训制度，培训内容全面(应包括管理、考古、文物保护、安全等)，落实经费，上岗人员培训合格率达100%	4	
		投诉反馈制度：公众意见征集制度、渠道完善，定期对征求意见进行研究并进行相应改进。投诉制度健全，投诉处理及时、妥善。档案记录完整	5	
	4.7 宣传推广(50分)	出版宣传：重视与遗址公园及遗址相关的印刷、电子出版物的制作和发行，加强对遗址公园的宣传	6	
		媒体推介：积极利用平面媒体、广播媒体、电视媒体、网络媒体等加强对遗址公园的宣传和推广，提高遗址公园的知名度	8	
		远程展示：有专门公园网站，网站架构清晰、完整，网页制作精美；网站内容丰富。网页内容更新及时、准确。网站能够支持两种或两种以上语言	8	
		品牌经营：具有独特的品牌形象并形成外在品牌标志；注册、运用自身的品牌标志，树立独特的产品形象、良好的质量形象、鲜明的视觉形象和文明的员工形象	10	
		文化产品：文化产品开发体现遗址公园特色，品种较多，制作精美，品位高、有内涵，产品销售情况好	10	
		周边展示：场外及周边展示设施布局合理，规模适度，制作精美，内容准确，与环境相协调。在附近交通枢纽和人流量大的场所有宣传引导标志	8	
总得分			700	

关于印发《荆楚大遗址传承发展工程规划(纲要)》的通知

鄂大遗址发〔2021〕4 号

荆楚大遗址传承发展工程领导小组成员单位:

经请示省政府同意,现将《荆楚大遗址传承发展工程规划(纲要)》印发你们,请认真遵照执行。

荆楚大遗址传承发展工程领导小组办公室

2021 年 12 月 10 日

荆楚大遗址传承发展工程规划(纲要)

第一章 指导思想和发展目标

为进一步深入学习贯彻落实习近平总书记关于文物考古工作重要论述和指示批示精神,贯彻落实湖北省委省政府实施"荆楚大遗址保护传承工程"重大决策部署,立足湖北省情,着眼传承发展,完善顶层设计,统筹规划荆楚大遗址时空布局,特编制《荆楚大遗址传承发展工程规划(纲要)》。

第一条 工作基础

湖北省大遗址资源丰富。在多年来持续开展考古和文物保护工作的基础上,湖北省楚纪南故城、龙湾、盘龙城、屈家岭、石家河、铜绿山、走马岭、容美土司、擂鼓墩等 9 处古遗址被国家文物局列入国家"十三五"大遗址项目库;荆州片区成为全国大遗址六大片区之一，也是南方唯一的部省共建大遗址片区；铜绿山、容美土司被列入《中国世界文化遗产预备名单》；熊家冢、盘龙城 2 个国家考古遗址公园获国家文物局批准挂牌，铜绿山、龙湾、石家河、屈家岭、苏家垄 5 个国家考古遗址公园获批立项，国家级大遗址及国家考古遗址公园数量位居全国前列。这些大遗址类型多样，特色鲜明，内涵丰富，价值巨大，不仅是荆楚文化的重要标识，而且是中华文明体系中不可或缺的重要组成部分。

第二条 政策背景

湖北省高度重视文物工作，并在考古与文化遗产保护利用工作中不断探索符合省情的新思路、新方法，2017 年 7 月，省政府成立石家河国家考古遗址公园建设领导小组；11 月，省委印发《关于学习贯彻落实党的十九大精神全面建设社会主义现代化强省的决定》，提出实施"荆楚大遗址保护传承工程"；2018 年 1 月，实施"荆楚大遗址保护传承工程"被列入 2018 年省政府工作报告。

2019 年 2 月 2 日，省政府发布《荆楚大遗址传承发展工程实施方案（2019—2023 年）》（以下简称《实施方案》），进一步明确了荆楚大遗址传承发展工程的总体目标、工程对象、主要任务和保障措施。2021 年 9 月，省政府召开荆楚大遗址传承发展工程推进会，会议强调，要将荆楚大遗址传承发展工程摆在突出位置，全面提速加力推进；要压实主体责任，强化协同配合，动员社会力量，凝聚强大合力，让璀璨荆楚文化为湖北高质量发展赋能添彩。

第三条 指导思想

坚持以习近平新时代中国特色社会主义思想为指导，全面落实《国务院关于进一步加强文物工作的指导意见》《关于实施中华优秀传统文化传承发展工程的意见》，统筹好文物保护与经济社会发展，切实加大荆楚大遗址保护力度，推进文物合理适度利用，加强大遗址传承发展，用荆楚大遗址保护利用工作展示和弘扬我国百万年人类史、一万年文化史、五千多年文明史。广泛动员社会力量参与，切实做到在保护中发展、在发展中保护，努力走出一条符合省情的荆楚大遗址保护利用之路。充分发挥大遗址在乡村振兴、长江经济带建设等发展战略中的促进作用，大遗址传承发展工作成为带动当地经济社会发展的重要引擎，遗址保护传承工作满足人民群众对美好生活的向往，提升湖北文化软实力。

——坚持强调重点、分级、分类。优先实施重大项目、重点工程，实施体系化、差异性保护利用。体现荆楚大遗址保护利用的整体需求。逐步把反映荆楚人民独特创造、价值理念、精神追求的荆楚大遗址保护起来，不断丰富完善荆楚大遗址保护体系。突出当代价值，把荆楚大遗址保护同弘扬传统文化相结合，同有效保护和利用荆楚大遗址相结合，同资源保护与生态建设相结合，同推动区域经济社会协调发展相结合，实现社会效益和经济效益相统一。

——整合资源优势促进融合发展。做好本规划与相关区域的城乡规划以及交通建设、环境保护和风景名胜等专项规划的衔接，统筹推进遗址公园建设与历史文化、民族风情、自然生态、都市生活、乡村休闲等各类资源的融合发展，培育形成主题鲜明、内涵丰富、形式多样的荆楚大遗址与相关资源综合保护利用模式，满足多样性需求，不断创新荆楚大遗址综合利用模式。

——加快配套设施建设，带动遗址主体。按照建成一批"国家考古遗址公园"和"湖北省文化遗址公园"的总体部署，形成一批主题鲜明、交通顺达的荆楚大遗址参观游览目的地。加快完善荆楚大遗址观览综合交通运输体系，结合交通建设规划，重点推进荆楚大遗址之间、荆楚大遗址与主要交通干线的连接公路建设以及高速铁路建设，积极推动遗址公园旅游列车、遗址公园旅游大巴的发展。

——增强遗址公园保护利用发展的活力。鼓励在理论、技术、宣传、发展模式、体制机制等方面积极创新探索；着力加强人才队伍建设，按照政治合格、业务精湛、作风优良、服务规范的要求，整合考古、文物保护、教育培训资源，分级分类做好相关教育培训工作。

第四条　战略目标

通过对重点文物保护项目的集中投入、重点投入，力争在"十四五"期间，进一步提升荆楚大遗址文物保护、利用和管理水平。

发挥区域联动效应，建成一批"国家考古遗址公园"和"湖北省文化遗址公园"，荆楚大遗址传承发展体系基本确立，形成湖北重要文化标识，使湖北成为中国大遗址保护南方示范区。

通过采取有效措施，有效保护荆楚大遗址，消除遗址安全隐患，确保文物本体安全完整和周边环境完整和谐。全面提升荆楚大遗址保护管理工作水平，实现荆楚大遗址保护标志全部配备，大遗址得到专门机构或专人管理，保护档案梳理完整、登记到位。

建立科学完备的荆楚大遗址展示与阐释体系。为提高展示服务水平，具备文化遗址公园立项、挂牌条件的大遗址，配备必要展示利用设施和游客服务设施并对外开放。

进一步加强荆楚大遗址文化内涵和传承发展研究。加大对旧石器时代、新旧过渡时期、新石器时代、商周时期相关大遗址的研究广度和深度，不断实证荆楚人类史、文化史、文明史。深化荆楚大遗址和荆楚文明认识，荆楚大遗址研究水平迈上新台阶。

发掘荆楚文化精神内涵，使荆楚大遗址成为在全国具有影响力的旅游目的地和文化公园，成为带动大遗址周边区域经济社会发展的特色产业。进一步协调屈家岭遗址、龙湾遗址、明楚王墓、关陵、炎帝神农故里、东坡赤壁等建设条件相对成熟的大遗址申报国家考古遗址公园及省级文化遗址公园，到2023年，建成开放的国家考古遗址公园和省级文化遗址公园不少于20个。

第五条　发展定位

——文物保护利用示范区。实施一批遗址保护工程和展示利用工程，保证遗址本体安全，改善周边自然和生态环境，完善周边基础设施建设，强化遗址保护利用管理，建成一批国家考古遗址公园和省级文化遗址公园，使其成为区域文化遗产保护的标杆，为周边区域文化遗产保护起到示范作用。

——文旅融合发展新模式。在建设遗址文化公园的基础上，整合周边文物（文化）和旅游资源，发挥公园带动作用，打造荆楚大遗址优质旅游产品，助力发展全域旅游。鼓励以荆楚大遗址为核心素材，研发荆楚特色文创产品，拓展文旅融合的深度和广度，推动遗址公园建设与休闲农业、康养基地、特色小镇建设融合，使文化遗址公园成为文旅融合发展的新平台。

——区域社会发展助推剂。结合荆楚大遗址传承发展工程，积极推进新型城镇化、信息化和农业现代化，探索建立有利于欠发达地区"四化"同步发展的体制机制，加快致富步伐，为欠发达地区科学发展提供示范，助推区域经济社会发展；提炼荆楚大遗址价值，深化区域文化内涵，打造区域文化标识，助推区域文化发展进步。

第六条　发展策略

——坚持保护为主。一是依法保护，加快推进《屈家岭遗址保护条例》等大遗址保护专项立法进程。二是靠前保护，坚决落实"先考古、后出让"要求。三是精准保护，全面推行文物安全保护"一处一策"工作机制。四是系统保护，既要保证文物本体安全完整，又要有效改善周边自然和生态环境。

——注重考古先行。利用武汉大学长江文明考古研究院、湖北大学文化遗产学院等教学科研平台，推动考古学科建设和能力提升，进一步挖掘大遗址价值内涵，力争在人类起源、楚文化、曾文化、矿冶文化、水下考古等课题研究中实现新突破。

——打造文化标识。整合同类型资源，发挥周边遗址集聚效应，形成荆楚大遗址区域性保护展示体系，提炼荆楚大遗址文化元素，打造荆楚大遗址文化标识品牌，提升区域社会文化形象和文化软实力。

——讲好荆楚故事。以跨界创意、融媒传播、精品打造为重点,以国际古迹遗址日等重要节日为契机,讲好大遗址考古挖掘成果与荆楚文化、中华文明,乃至世界文明的脉络关系与精彩故事,不断扩大荆楚文化影响力,推动荆楚文化走出去。

第七条 规划期限

2021—2025 年,分近、中两期实施。

近期:2021—2023 年,三年;

中期:2024—2025 年,两年。

第二章 荆楚大遗址价值

大遗址由文物本体与相关历史环境组成,具有遗存丰富、底蕴深厚、景观宏伟等特点。历史、艺术、科学、社会、文化价值突出。

第八条 历史价值

荆楚大遗址所在地区是实证中国五千年文明史最具规模和影响力的区域之一,在中国城市发展史与长江中游地区城市发展模式上有重大影响,是长江文明历史文化的载体,是长江中游城市的文明之光,是长江文明辉煌的历史见证,也是中华文明起源的重要组成部分。荆楚大遗址为研究人类起源与演化提供了详实可靠的依据,为建立长江中游地区史前文化的考古学文化谱系结构提供了关键支撑。

荆楚大遗址各遗产点保存了遗址空间布局和历史自然环境,是历经时间和社会变迁而持续传承下来的产物,遗址地域广阔、规模宏大、结构复杂、分布密集,遗存种类多且数量大,保留了古代遗址的基本特征,是我国考古学、历史学以及各专门史、地方史研究的对象,出土文物数量较大,为研究荆楚文化的历史发展提供了实证资料,为研究历史时期长江中游湖北地区城市建设、政治、经济等各方面文化面貌提供了重要依据,对厘清湖北及周边地区的历史文化脉络起到重要作用,具有极高的史料价值。

第九条 艺术价值

荆楚大遗址包含着丰富的文化底蕴,无论是各大遗址整体格局还是单独出土的文物都具有极高的艺术欣赏价值,涉及建筑、审美等多个方面,给予人们美的享受、陶冶情操、娱乐欣赏。

从建筑艺术角度来看,荆楚大遗址拥有非常丰富的建筑史资料,包含的遗址建筑形态各异，各遗址中还可以看到大量不同形态的建筑构件，是一部长达千年的建筑图画资料，遗址的功能布局构思、巧妙设计所体现的对称、和谐、有序及文化内涵，展示了一部图文并茂的中国古代城市建筑史。

从审美艺术角度来看，荆楚大遗址出土了陶器、玉器、铜器、铁器、漆木器、竹器、纺织品乃至武器等可移动文物，囊括了从礼器到生活用器的各个方面，体现了史前文明到历史时期的审美趣味，装饰风格反映出当时人们的审美观念和艺术思想，这为研究中国近千年的美术发展史提供了珍贵的资料。

第十条　科学价值

荆楚大遗址作为历史产物，是当时社会生产力发展水平、科技技术水平的缩影，是重要科学技术进步的参照点，为科学史的研究提供了实物资料，对现代科技的发展具有借鉴作用。

荆楚大遗址保存了大量的考古文化遗存，出土了类型丰富、用途各异、保存完好的大量可移动文物，同时也展现了各个历史时期、多个类型的丰富的实物遗存。反映当时社会生产力状况下的生产关系、建造的技术科学水平和建造技能，见证了荆楚文化的重要发展阶段，具有古代城市、建筑工艺、军事和城市防洪等多方面的重要学术价值，同时还保留了生态学、环境学、工程学、人类学、社会学等诸多学科的重要信息，具有重要的科研价值。

第十一条　社会价值

荆楚大遗址的社会价值体现在城市建设发展的推动和地方文化发展的促进；对地域风景特质的保护与传承，增强了大众的文化自觉、自信；并深刻影响了公众的教育、文化、休闲生活。

荆楚大遗址的科学考古、合理展示利用，在促进当地社会经济、文化的协调发展中起到积极作用。遗址保护结合地域文化展开活化利用活动，以多种形式的文创活动作为特色旅游资源，展示着湖北各个地区的历史文化和生产生活状况，同时也促进了当地经济社会的发展。

荆楚大遗址作为中华民族的民族之魂、文化之根的重要载体，已成为城市地方性的基因，这种具有场所特征的空间型遗产正在成为城市文化表征的主角，成为城市文化身份认同的主角，大遗址区域的文化景观再塑造，不再只是美化或者提升城市形象，而是建构城市文化特色的内涵与作用机制，成为今天人们缅怀历史，增强民族认同、文化自信的文化场所，同时在创造性保护利用的过程中表现出了超越遗址空间范围的广阔社会影响。

第十二条　文化价值

荆楚大遗址是文化精神的载体，是湖北省悠久历史、深厚文化底蕴的实物见证，是展示荆楚文化的窗口和平台，她见证了湖北历史的沧桑变化，是湖北"城市文化发展的链条"和"城市历史记忆的符号"，是湖北特有文化名片。

荆楚大遗址承载着丰富的可供解读的特定文化内涵和历史信息，是人们了解和研究过去的社会、政治、经济、文化和人类生存状态的钥匙和工具，是遗址所在地区或城市文脉的主要源泉，是区域发展的重要文化经济资源。

从物质文化和精神文化的双重角度审视荆楚大遗址的发展轨迹，她具有筚路蓝缕的进取精神、海纳百川的开放精神、革故鼎新的创新精神、深固难徙的爱国精神、止戈为武的和合精神，这些特质既是时代的产物，又是优秀民族文化和民族精神的具体展现，是中国优秀传统文化的重要资源。

第三章　荆楚大遗址现状

大遗址的保护利用工作，受到遗址所在地的区位、人口、产值、保存、利用、管理、产权、研究、交通、配套设施等多方面因素的影响，科学评价各个荆楚大遗址的现状，是针对性做好荆楚大遗址保护利用工作的基础。

第十三条　区位现状

根据相关荆楚大遗址所处地理位置与周边行政中心区域的位置关系，将荆楚大遗址的区位现状分为四级：

A 级：遗产主体地处所在县区行政中心；

B 级：遗产主体地处城乡接合部；

C 级：遗产主体地处乡村地带；

D 级：遗产主体地处郊野地区。

第十四条　人口现状

根据相关荆楚大遗址所处县区人口数量，将荆楚大遗址的人口现状分为四级：

A 级：县区人口在 100 万人以上（大城市）；

B 级：县区人口在 50 万~100 万人（中等城市）；

C 级：县区人口在 20 万~50 万人（Ⅰ型小城市）；

D 级：县区人口在 20 万人以下（Ⅱ型小城市）。

第十五条　产值现状

根据相关荆楚大遗址所处县区年生产总值（2019 年）情况，将荆楚大遗址的产值现状分为四级：

A 级：县区生产总值在 500 亿元以上；

B 级：县区生产总值在 300 亿~500 亿元；

C 级：县区生产总值在 200 亿~300 亿元；

D 级：县区生产总值在 200 亿元以下。

第十六条　保存现状

根据相关荆楚大遗址文物遗存的形制完整性、结构稳定性及其损坏程度，将其现状分为四级：

A 级：格局完整清晰，保护措施较为全面，保存状况良好；

B 级：整体格局完整，遗存形制基本清晰或局部出现损坏；

C 级：整体格局不明，遗存形制局部出现损坏；

D 级：遗存形制不清晰或遭到严重损坏。

第十七条　利用现状

根据相关荆楚大遗址展示开放情况，将其利用现状分为四级：

A 级：实现面向社会的全面开放；

B 级：实现遗址局部开放或面向特定人群开放；

C 级：具备一定开放条件但暂未开放，实施必要展示利用工程后可实施开放；

D 级：暂不具备开放条件，后期可结合当地发展情况实施文物保护利用及相关专项配套产业。

第十八条　管理现状

根据相关荆楚大遗址管理机构、管理人员配备情况，将其管理现状分为四级：

A 级：有专门的保护管理机构并配备专业人员管理；

B 级：由所在地文物行政主管部门针对性管理，有管理员定期实施检查管理；

C 级：由所在地文物行政主管部门兼管；

D 级：管理权属不明确。

第十九条 产权现状

根据相关荆楚大遗址分布范围内的土地权属,将其产权现状分为四级:

A 级:大遗址分布范围内所有土地均归国有;

B 级:大遗址分布范围内土地归国有和集体所有;

C 级:大遗址分布范围内土地归国有、集体所有和私人共有;

D 级:大遗址分布范围内土地归集体所有和私人共有。

第二十条 研究现状

根据相关荆楚大遗址近年来实施考古工作情况,将其考古工作现状分为四级:

A 级:目前正在实施考古或文物保护工程项目,并已有研究专著成果出版;

B 级:5 年内实施过考古或文物保护工程项目,或已有系统研究专著出版;

C 级:10 年内实施过考古或文物保护工程项目,未出版相关研究专著;

D 级:10 年以上未实施考古或文物保护工程项目,未出版相关研究专著。

第二十一条 交通现状

根据相关荆楚大遗址周边机场、高速公路、高速铁路和国道、省道、县乡道等交通情况,将其交通现状分为四级:

A 级:县区范围内有两条以上高速公路,并含有高速铁路、机场等,行车距离机场或高速公路出入口、高速铁路车站 15 分钟内;

B 级:县区范围内两条及以下高速公路、铁路,行车距离高速公路出入口、高速铁路车站 15 分钟内;

C 级:行车距离高速公路出入口、高速铁路车站 15~30 分钟;

D 级:行车距离高速公路出入口、高速铁路车站 30~60 分钟。

第二十二条 配套设施现状

根据相关荆楚大遗址分布区域相关游客服务、陈列馆、管理用房等配套设施配备情况,将其配套设施现状分为四级:

A 级:具备相关配套设施并已投入使用;

B 级:主要配套设施正在建设;

C 级:无主要配套设施,配套设施纳入建设规划;

D 级:无主要配套设施,配套设施暂未纳入建设规划。

第二十三条　荆楚大遗址综合现状

通过对各影响因素中 A 级因素进行统计分析，按照 A 级指标的数量，可初步确定荆楚大遗址传承发展工程中，各个荆楚大遗址的综合现状(专栏一)：

Ⅰ级：影响因素指标 A 级指标总数 7 个及以上；

Ⅱ级：影响因素指标 A 级指标总数 5~6 个；

Ⅲ级：影响因素指标 A 级指标总数 3~4 个；

Ⅳ级：影响因素指标 A 级指标总数 3 个以下。

从各个大遗址不同影响因素的分级情况，可以初步判断各个大遗址的优势条件和发展短板，后期可根据大遗址自身不足实施针对性措施，补齐短板，提高综合实力。评级较高的大遗址，各方面条件相对较好，但仍需进一步加强管理，完善尚存不足的影响因素，拓展利用形式和方法；评级相对较低的大遗址，文化遗址公园建设的限制性因素较多，需拓展大遗址保护利用思路，根据遗址自身条件实施针对性保护利用措施，联合其他多种手段展示和阐释大遗址的价值。

专栏一　荆楚大遗址综合现状	
综合现状	大遗址名称
Ⅰ级(9处)	盘龙城遗址、铜绿山古铜矿遗址、熊家冢、华新水泥厂旧址、古隆中、习家池、关陵、东坡赤壁、擂鼓墩古墓群
Ⅱ级(18处)	屈家岭遗址、苏家垄墓群、石家河遗址、龙湾遗址、明楚王墓群、学堂梁子遗址、张自忠殉国处纪念园、凤凰咀遗址、雕龙碑遗址、屈原祠、楚纪南故城、走马岭遗址、新四军五师司令部旧址、中原突围纪念园、李时珍墓、向阳湖文化名人旧址、赤壁古战场、炎帝故里
Ⅲ级(3处)	长阳人遗址、纪山楚墓群、义地岗古墓群
Ⅳ级(10处)	城背溪遗址、马家垸遗址、禹王城遗址、罗州城遗址、天岳关抗战遗址、叶家山墓地、安居遗址、容美土司遗址、建始直立人遗址、大寨坪遗址

第四章　保护利用格局

第二十四条　整体布局

通过整合文化性质相似、地理位置相近、周边资源分布相关的荆楚大遗址，并结合周边区域性中心城市联动,形成分层级的组团式保护利用模式。空间布局的整体结构为"一轴、两翼、三区、多组团"(专栏二)。

整体布局	基本框架	主要内容
	专栏二 荆楚大遗址传承发展工程整体布局	
一轴	随州—荆门—荆州"大遗址保护中心轴线"	随州、荆门、天门、荆州、潜江等南北纵向荆楚大遗址核心保护展示轴线,"一轴"沿线的大遗址数量多、价值大、级别高、分布集中、保护现状较好、发展潜力巨大。
两翼	西翼—自然风光、东翼—人文景观	以"一轴"为中线的荆楚大遗址东、西主题分布区。其中,西翼分布区内的大遗址能够集中体现荆楚远古时代人类演化历史,同时大多具备良好的自然条件,风景优美、环境宜人,主要以"自然风光"为主题;东翼则主要反映人类各项生产生活活动和人类创造,较为集中的反映荆楚近现代进程中的历史事件,主要以"人文历史"为主题。
三区	曾随文化保护展示区、史前文化保护展示区、楚文化核心保护展示区	文化性质相似、分布相对集中且前期文物保护工作较为成熟,近期具备集中展示利用和传承发展潜力的大遗址保护展示片区。 曾随文化保护展示区:随州为主、京山为辅的曾随文化大遗址集中分布区,以主要反映曾随文化的城址、墓葬为主体的大遗址保护展示区。 史前文化保护展示区:地处荆门、天门辖区内,集中反映湖北新石器时代晚期长江中游考古学文化面貌的大遗址保护展示片区。 楚文化核心保护展示区:地处荆州、荆门、潜江辖区内,以能够体现楚文化价值、反映楚文化生产生活面貌和起居丧葬习俗的遗址、墓葬保护展示片区。
多组团	古隆中—习家池—凤凰咀组团、新五师—中原突围组团、东坡赤壁—禹王城组团、铜绿山—华新水泥厂组团	古隆中—习家池—凤凰咀组团:以景观游园为主题,地处襄阳市襄城区、襄州区范围内,三处遗产分别相距12.8、33.5、28.6公里,车程约30分钟。 新五师—中原突围组团:以革命文化为主题,地处孝感市大悟县,两旧址相距39.8公里,车程约1小时。 东坡赤壁—禹王城组团:以长江故道遗存为主题,地处黄冈市黄州区,两处遗址相距4.7公里,车程约15分钟。 铜绿山—华新水泥厂组团:以工业遗产为主题,地处黄石市黄石港区和大冶市,两处遗址相距20.5公里,车程约1小时。

第二十五条　空间格局保护框架

一轴。荆楚大遗址保护展示核心轴线，对外可连通南阳盆地和澧阳平原诸考古学文化，衔接河南南部、湖南北部文化旅游资源，形成华中地区大遗址保护展示景观带；对内可整合周边5A景区、革命老区等同类型周边资源，并发挥集聚效应，形成荆楚大遗址区域性保护展示体系，并在此基础上打造荆楚大遗址文化标识，成为提升荆楚社会文化形象和文化软实力有效媒介。

两翼。荆楚大遗址核心轴线的有效辐射，带动周边区域文旅资源衍射发展。依托各个大遗址周边的生态、环境特色、社会资源及周边文化旅游资源的密集程度，提炼各个大遗址价值，深化区域文化内涵，建设各地区荆楚大遗址主题保护展示片区，打造区域文化标识，助推区域文化发展进步。

三区。发挥各保护展示区大遗址资源的鲜明特色和突出的资源禀赋，提升文物保护利用水平，对文物保护利用机制进行专项创新实践，在重点领域形成可复制可推广经验，使其成为区域文化遗产保护的标杆，为周边区域文化遗产保护起到示范作用，打造文物保护利用和文旅融合示范片区，实现文物资源的有效保护、合理利用和推动区域经济社会高质量发展。

多组团。发挥各大遗址组团的带动、引领作用，在建设文化遗址公园的基础上，不断完善基础设施，通过盘活周边文物（文化）和旅游资源，打造荆楚大遗址优质旅游产品，拓展文旅融合的深度和广度，推动遗址公园建设与休闲农业、康养基地、特色小镇建设融合，使各组团成为所在地文旅融合发展的新平台。

第二十六条　遗址公园建设框架

结合湖北省荆楚大遗址综合现状分析，总结文化遗址公园建设的优势与不足，可对荆楚大遗址实施分级分类保护（专栏三）。

综合现状为Ⅰ级的大遗址，文化遗址公园各方面建设条件已相对成熟，结合地方申报情况，可将其挂牌为湖北省文化遗址公园。

综合现状为Ⅱ级的大遗址，文化遗址公园各方面建设条件较好，但仍存在一定短板，一些尚不具备挂牌条件。可结合地方申报情况，对其中地方政府具有较强保护发展意愿的大遗址予以立项，待进一步补齐短板、提档升级，达到文化遗址公园挂牌条件后再予挂牌。

综合现状为Ⅲ级的大遗址，文化遗址公园各方面建设条件存在一定短板，需综合借鉴其他发展较好的荆楚大遗址，针对存在的问题提出解决思路并积极实施，待进一步具备遗址公园建设条件后,再实施文化遗址公园立项。

综合现状为Ⅳ级的大遗址,文化遗址公园各方面建设条件不足,尚不具备文化遗址公园建设立项条件。应结合大遗址自身条件,重新梳理和综合考虑大遗址保护发展思路:对其中仍具备文化遗址公园建设条件的,可通过弥补不足,补齐短板,尽快达到文化遗址公园立项条件;对经过短期集中发展建设仍无法达到文化遗址公园立项条件的,应转变大遗址保护发展思路,打造符合遗址所在地经济社会发展水平、经济特征和当地特色产业的大遗址特色品牌和文化标识。

结合文化遗址公园建设运营和后期管理情况,对荆楚文化遗址公园实施动态评估机制,对遗址保护、公园运营、社会反响、区域经济社会发展起到良好促进作用的、已经挂牌或立项的文化遗址公园,予以更多政策扶持,进一步将其打造成为荆楚文化标识和品牌,成为湖北文物保护利用和文旅融合示范区;对文化遗址公园建设不主动、不积极或者在建设过程中发生重大文物违法犯罪案件、重大文物安全事故和重大文物舆情事件,应对其实施专项整治措施,视情节延长创建期限或者取消立项/挂牌资格。

专栏三　荆楚文化遗址公园建设框架	
公园建设层级	大遗址名称
已挂牌	盘龙城遗址、熊家冢、明楚王墓群、屈家岭遗址、龙湾遗址、关陵、东坡赤壁、炎帝故里
具备挂牌条件	铜绿山古铜矿遗址、华新水泥厂旧址、古隆中、习家池、擂鼓墩古墓群
具备立项条件	苏家垄墓群、石家河遗址、学堂梁子遗址、张自忠殉国处纪念园、凤凰咀遗址、雕龙碑遗址、屈原祠、楚纪南故城、走马岭遗址、新四军五师司令部旧址、中原突围纪念园、李时珍墓、赤壁古战场
初步具备立项条件	长阳人遗址、纪山楚墓群、向阳湖文化名人旧址、义地岗古墓群
补齐短板后具备立项条件	城背溪遗址、马家垸遗址、禹王城遗址、罗州城遗址、天岳关抗战遗址、叶家山墓地、安居遗址、容美土司遗址、建始直立人遗址、大寨坪遗址

第五章　保护利用机制

第二十七条　法规建设

荆楚大遗址各建设单位可结合《实施方案》和《湖北省文化遗址公园评定细则(试行)》

等文件，结合各地自身条件，适时编制实施大遗址保护和文化遗址公园建设的保护管理规章制度，进一步明确各地在大遗址保护利用工作中的组织机构、部门分工，细化荆楚大遗址保护、利用的具体办法和规定，以及项目的安排和经费的保障等。各相关县市区人民政府，根据《湖北省文化遗址公园评定细则(试行)》，结合本地实际制定相应的办法。

第二十八条　遗址安全

荆楚大遗址的遗址安全工作实行属地管理，各级人民政府切实履行遗址安全属地管理的主体责任，建立健全文物安全工作协调机制。

湖北省文化和旅游厅(湖北省文物局)负责制定全省荆楚大遗址安全工作规划，指导和监督荆楚大遗址安全工作；市、县级人民政府文物行政主管部门负责本行政区域内的荆楚大遗址安全监督管理工作。

荆楚大遗址的遗址安全工作实行直接责任人制度，国家所有的荆楚大遗址安全由文物主管部门负责人直接负责，集体所有的荆楚大遗址由权属单位法人或产权人负责，接受社会监督。

遗址安全责任人应当明确安全管理人员及岗位职责，健全安全管理制度，开展安全巡查，完善安全防护设施和措施，整改安全隐患。

根据遗址属性、分布状况和保存条件等因素，不断改善遗址安防条件，建立文物安全应急响应机制，提升管理机构应对突发事件能力，在发生盗掘和自然灾害的情况下，能够在最短时间内采取有效措施，将文物的损失降低到最低限度。

严格执行文物保护单位保护范围和建设控制地带的管理要求，对已有的危及文物保护单位安全、污染文物保护单位及其周边环境、影响文物保护单位历史风貌及景观的设施，所在地人民政府应当依法采取措施限期治理。

第二十九条　产权管理

应在适当区域内划定文物保护用地，土地使用性质为文物古迹用地，文物行政主管部门在此范围内依法开展与荆楚大遗址保护和利用有关的各项活动。在文物古迹用地内，不得开展与荆楚大遗址保护、利用无关的活动，不得实施与遗址保护、利用无关的建设项目。

对产权归集体所有的大遗址，文物行政主管部门应指导乡镇人民政府，在文物周边划出适当区域，为遗址的安全与展示留出一定的空间。当地政府应积极协调、提供优惠政策，制定村民宅基地的补偿办法，推动荆楚大遗址保护范围内的村民宅基地迁移，为荆楚大遗址的展示提供一定的空间，改善大遗址的景观环境。

第三十条　社会教育

市、县级党委宣传部门分别制定本行政区域荆楚大遗址宣传教育计划，建立共建共享机制，有计划地以讲授文化遗产课程、现场参观学习体验等多种方式开展学习活动。大力推进"互联网+中华文明"的建设，充分利用网络平台在宣传教育方面的积极作用，进一步扩大荆楚大遗址的影响力和知名度。

制定各地大遗址标识体系建设计划，充分依托大遗址标识和品牌效应，进一步提炼城市形象定位，借传统主流媒体、新媒体，多渠道、高频率开展可持续的、有影响力的荆楚大遗址标识体系和城市形象宣传，切实提升城市美誉度和知名度。通过举办大型会展、特色节庆、品牌赛事、文化演艺等各类活动，进一步加强各大遗址文化标识和对外营销。

第三十一条　人才建设

鼓励学术研究，充分依托武汉大学长江文明考古研究院和湖北大学文化遗产学院，作为培养荆楚大遗址在保护、利用、管理和研究等方面的人才基地，积极组织荆楚大遗址传承发展相关学术研究活动，积极面向社会，组织学术研讨、开办学术讲座。进一步提高专业人才队伍综合素质，并在培养基层专业人才、中层管理人才方面给予政策倾斜，向文物行政主管部门和地方文物保护、科研机构输送所需的人才。

根据荆楚大遗址保护利用工作在管理、研究、宣传等方面的需要，积极争取各大遗址所在地党委政府增加文物管理机构的人员编制，构建具有高素质专业化结构的人才队伍，扩充文化遗址公园的管理和讲解员队伍。

第六章　本体保护工程

在未来五年内，荆楚大遗址得到系统保护，遗址本体安全得到基本保障，安全隐患逐步消除。根据荆楚大遗址的保存状况，保护措施分为日常保养、现状整修和重点修复等三个层次。

第三十二条　日常保养

——实施对象：针对保护措施较为全面，保存状况良好的遗址，主要实施日常保养工作，制定规范化的维护制度和具体工作措施，定期对遗存进行维护。

——实施内容：剔除遗址上深根系植物，做好遗址排水措施，及时做好保洁环卫，清理遗址地表污染物。结合连续监测、重点维护病害和外力侵害多发易发的地上遗迹，及时修复轻微损伤，排除不安全因素。

——实施要求：将实施范围控制在最小限度，在不对整体进行扰动的前提下进行小范围修补或补配，维修中应注意维修部位与遗址整体之间的协调性。

第三十三条　现状整修

——实施对象：针对遗存形制基本清晰或局部出现损坏的遗址，主要采取现状整修措施。消除对遗址产生破坏和威胁的不利因素，保证遗址本体的安全和完整。

——实施内容：规整遗址坍塌、错乱和修补残损部分，清除经评估为不当的添加物等。大遗址存在房屋建设、鱼塘建设等生产生活活动的，应进行规范化监测，及时叫停违反保护要求的建设，并消除可能产生的不利影响。

——实施要求：现状整修要严格尊重遗址布局，施工中应尊重传统工艺，技术手段都应根据其遗存性质和类型经过严格的评估方可实施。

第三十四条　重点修复

——实施对象：针对遗存形制不清晰或遭到严重损坏的遗存进行重点修复。

——实施内容：对现状坑洞、淘蚀部位实施填护措施；对文化层裸露部分实施培土防固；对需要展示利用的遗迹基底采取防潮和硝碱防治保护措施、组织基底周边的雨水排放。

——实施要求：重点修复工程除应满足现状整修的要求以外，应尊重其原格局、形制并有充分的修复依据。

第七章　环境整治措施

在未来五年内，荆楚大遗址的景观环境得到有效改善，逐步清除和减少对荆楚大遗址周边环境风貌有影响的建构筑物，清理场地、加强绿化，有效改善荆楚大遗址的历史景观和生态环境，对尚不能清除但对遗址本体和环境有影响的建构物进行必要的改造。主要措施包括景观环境整治、建筑立面整治和居民社会调控等。

第三十五条　景观环境整治

在国家考古遗址公园、湖北文化遗址公园建设过程中，结合各大遗址保护展示工作需要，进行周边绿化、植被整治和自然水系治理，迁移遗址保护范围内占压遗址本体的现代坟墓。

第三十六条 建筑立面整治

对地处荆楚大遗址保护范围和建设控制地带内，影响文物风貌的后期添建、改建和新建建筑进行整治，分为改造工程和拆迁工程。改造工程主要涉及对大遗址风貌有一定影响的一般建筑，保持原建筑主体结构不变，按照文物保护要求对其高度、立面材料、色调以及风格进行协调性改造。拆除工程主要针对大遗址风貌有严重影响的现代建筑予以拆除。

第三十七条 居民社会调控

保护范围内存在村落、民居、厂房等建构筑物的大遗址，根据村落和民居的分布情况、密集程度、对遗址的破坏威胁程度，搬迁直接占压已发现遗存的建构筑物，搬迁后实施填埋及覆草保护。有条件的大遗址，应对大遗址保护范围内的建构筑物进行分期搬迁和清理，或采取只减不增、只拆不建、宅基地置换等措施，将大遗址内的建构筑物进行自然衰减(专栏四)。

专栏四 荆楚大遗址环境整治措施	
环境整治措施	大遗址名称
景观环境整治	屈家岭遗址、苏家垄墓群、石家河遗址、明楚王墓群、学堂梁子遗址、凤凰咀遗址、雕龙碑遗址、关陵、城背溪遗址、新四军五师司令部旧址、中原突围纪念园、天岳关抗战遗址
建筑立面整治	铜绿山古铜矿遗址、石家河遗址、华新水泥厂旧址、学堂梁子遗址、雕龙碑遗址、张自忠殉国处纪念园、凤凰咀遗址、关陵、长阳人遗址、楚纪南故城、纪山楚墓群、马家垸遗址、新四军五师司令部旧址、中原突围纪念园、禹王城遗址、罗州城遗址、向阳湖文化名人旧址、叶家山墓地、义地岗古墓群、安居遗址、容美土司遗址、建始直立人遗址
居民社会调控	屈家岭遗址、苏家垄墓群、明楚王墓群、走马岭遗址、禹王城遗址、罗州城遗址、安居遗址、大寨坪遗址

第八章 展示利用手段

在未来五年内，结合荆楚大遗址"一轴、两翼、三区、多组团"的整体布局及各个大遗址自身条件，建立能够发扬和传承荆楚文化，发挥良好社会效益的展示利用体系，在保证遗址安全和周边环境完整的前提下，探索更多符合自身特色的展示利用方式，提升文物保护管理和利用水平，协调文物保护、文化传承与地方经济社会发展、民生改善、环境提升的关系。

第三十八条　传播教育

包括互联网、出版物、电视、广播、电影、游戏和巡回展览等文化宣传活动；公众讲座、社区课堂、日常教学、学校第二课堂、研学旅游、演出与文化活动、知识培训等科普教育活动。

第三十九条　产业转化

包括依托大遗址的价值内涵和相关信息资源开展文学艺术创作、文化创意、演出、出版、文化节等相关产业转化的活动。

第四十条　游憩休闲

将大遗址所处的空间环境开放为街心公园、公共绿地、小型广场、街道活动场地等，设置必要的展示服务设施，为公众提供具有历史氛围的公共活动场所。

第四十一条　产业协调

围绕大遗址利用调整所在地现有产业结构，形成适合大遗址保护利用和地方经济社会发展的产业环境。发展生态环境保护、农林产业升级等低能耗低强度的产业，与大遗址价值展示和文物环境改善相协调(专栏五)。

专栏五　荆楚大遗址特色展示利用措施	
展示利用措施	大遗址名称
传播教育	盘龙城遗址、铜绿山古铜矿遗址、熊家冢、屈家岭遗址、华新水泥厂旧址、古隆中、习家池、张自忠殉国处纪念园、凤凰咀遗址、屈原祠、关陵、走马岭遗址、新四军五师司令部旧址、中原突围纪念园、李时珍墓、东坡赤壁、天岳关抗战遗址、赤壁古战场、炎帝故里、擂鼓墩古墓群
产业转化	盘龙城遗址、铜绿山古铜矿遗址、熊家冢、屈家岭遗址、龙湾遗址、华新水泥厂旧址、古隆中、屈原祠、关陵、李时珍墓、东坡赤壁、赤壁古战场、炎帝故里、擂鼓墩古墓群

续表

专栏五　荆楚大遗址特色展示利用措施	
展示利用措施	大遗址名称
游憩休闲	盘龙城遗址、铜绿山古铜矿遗址、熊家冢、屈家岭遗址、龙湾遗址、明楚王墓群、华新水泥厂旧址、学堂梁子遗址、古隆中、习家池、屈原祠、关陵、长阳人遗址、城背溪遗址、楚纪南故城、东坡赤壁、禹王城遗址、罗州城遗址、向阳湖文化名人旧址、赤壁古战场、炎帝故里、擂鼓墩古墓群、叶家山墓地、义地岗古墓群、安居遗址、容美土司遗址、建始直立人遗址
产业协调	屈家岭遗址、苏家垄墓群、石家河遗址、龙湾遗址、学堂梁子遗址、凤凰咀遗址、雕龙碑遗址、长阳人遗址、城背溪遗址、楚纪南故城、走马岭遗址、纪山楚墓群、马家垸遗址、向阳湖文化名人旧址、安居遗址、容美土司遗址、建始直立人遗址、大寨坪遗址

第九章　遗址管理体系

荆楚大遗址传承发展工程的管理采取"政府主导、多方协同、项目支持、社会参与"的方式，建立保障机制、加强监督管理、统筹各方力量、科学安排项目。

在未来五年内，荆楚大遗址的各项规章制度逐步建立，各规划措施有序实施，保护机构及人员配备基本满足各个大遗址保护利用需求，保护利用项目稳步推进，经费渠道进一步拓宽、管理进一步规范。

第四十二条　规划管理

尚未编制文物保护规划及保护规划即将期满的，应及时组织编制/修编文物保护规划。已公布保护规划的，应严格按照保护规划实施相关保护、利用、管理和研究措施。各大遗址保护管理机构可根据大遗址保护发展实际需求，编制文化遗址公园规划或详细建设方案，确保文化遗址公园各项建设活动规范开展。

荆楚大遗址传承发展工程应"多规合一"，各地的大遗址保护、利用规划及公园建设规划应纳入各级行政区域内的国土空间规划，各类专业规划也应紧紧围绕如何充分利用大遗址及建设好文化遗址公园以促进区域经济社会发展。

第四十三条　机构管理

发挥荆楚大遗址传承发展工程领导小组的宏观指导作用，发挥各级政府荆楚大遗址传承发展工程责任主体的作用。各级文物行政主管部门是荆楚大遗址传承发展工程管理和利用的主要负责机构，产权归国家所有荆楚大遗址的管理责任主体是文物行政主管部门，负责日常的管理和保护工作；产权归集体的荆楚大遗址的管理责任主体是乡、镇一级人民政府。

拟建设文化遗址公园的荆楚大遗址，应针对各大遗址成立专门的管理机构，能够履行大遗址利用或监管职责，完善管理机构的部门构成、各项管理规章制度，进一步明确制定管理工作发展方向。按照专业保护、安全防护、管理利用三类补充人员配置，根据文化遗址公园发展需求，制定人才梯队培育计划，保持人才队伍的可持续发展。

第四十四条　工程管理

荆楚大遗址各项文物保护工程应坚持项目立项制度，全国重点文物保护单位文物保护项目须经国家文物局，省级文物保护单位文物保护项目须经湖北省文化和旅游厅(湖北省文物局)批准同意立项(项目计划)后，方可开展勘察与设计方案编制工作。

突发性抢险或不涉及资金申请的项目，可直接报审技术方案。审慎选择熟悉文物保护法律法规、具备相应技术能力的单位承担项目勘察设计工作，确保文物保护勘察设计方案质量。严格按照批复的勘察设计方案施工，认真履行开工报告制度，定期开展工程检查与验收，确保文物保护工程质量。

建立荆楚大遗址文物保护利用监管机制，梳理和形成荆楚大遗址资源目录和专题数据库，做好荆楚大遗址在保护工程、文物安全、展示利用和景观环境等方面的监测、预警工作，同时做好馆藏文物的清理、定级、建账和建档工作。

第四十五条　经费管理

以项目作为引领，科学合理地开展荆楚大遗址保护、利用工作。要依靠国家和地方财政的支持，在国家相关文物保护法律、法规框架下，实行专家指导，科学规划设计，合理安排资金，使荆楚大遗址保护和利用有序开展。

需要申请国家或省级文物保护专项资金补助的文物保护工程项目，应在完成工程立项(项目计划)及设计方案审批后，在各年度相应的时间节点按照湖北省文化和旅游厅(湖北省文物局)要求开展申报。项目资金经批准、到达各地后，应严格按照《国家文物保护专项资金管理办法》《湖北省文物保护专项资金管理办法》执行使用，不得擅自调整专项补助资金使用范围和用途。

第十章　遗址研究阐述

在未来五年内，能够根据荆楚大遗址实际需求开展必要的考古工作。积极探索针对遗址的遗存性质、价值特征、保护经验、公园建设、文旅融合等方面进行的科研工作，进一步深化遗址价值研究与阐释。

第四十六条　考古发掘

古遗址、古墓葬类大遗址，应根据考古研究需要和遗址展示利用需要不断深入进行相关考古工作，以进一步明确遗址的时空分布结构和文化内涵，深化对遗址价值的认知，梳理遗址的核心价值。有条件的大遗址，应对较重要的考古发掘成果做好现场保护工作，结合实际需要，进行遗存现场展示；暂不具备现场保护展示工作条件的，可在发掘后回填，辅以模拟展示、模型展示等其他手段进行展示利用，以进一步丰富文化遗址公园展示形式和展示内容。

第四十七条　科研课题

根据相关考古发掘成果，加强荆楚大遗址考古研究工作，探索遗址的布局、规模、遗存间的关系、遗址使用年代、发展源流，加强遗址的时空结构、文化性质、与周边同时期考古学文化的关系等方面的研究。有条件的大遗址，应尽快开展多学科参与的遗址环境调查和环境考古研究，主要内容包括地理学和地质学调查、土壤标本采集等，以获取有关古代生态环境和自然资源的信息，为遗址历史环境修复和遗址展示利用中的植被配置提供可参考的依据。

综合考古学、建筑历史、城市规划史等各学术领域研究力量，系统收集和整理遗产价值的遗物，为遗存的保护、修缮、遗产的展示、利用、宣传等方面提供充分依据。为满足荆楚大遗址保护、展示需求和与遗产地社会经济的和谐发展需求，尽快开展遗址本体科技保护研究、遗址区植被配置和作物种植研究、土地利用实施对策研究、遗产地生态环境保护等专项研究。

第四十八条　成果出版

加强现有发掘材料的整理，在每个阶段的考古工作完成后，及时做好年度资料整理和简报的编写和刊发。在近期目标的阶段性工作完成后，对考古调查、勘探和发掘成果进行系统整理，及时组织编写出版考古报告。加强考古学和文化遗产保护研究间的成果转化工作，注重考古学研究与其他多学科研究的综合性、深入性和持续性，及时、准确、科学地做好学术研究成果的转化。

对实施相关文物保护工程的大遗址，在相关文物保护工程完工后，重大项目应在工程完工五年内完成成果出版，一般项目应在工程三年内公布技术成果。成果出版或发表工作由业主单位组织或委托相关专业机构开展，勘察设计、施工、监理单位负责汇总整理工程相关记录档案与材料，整体参与成果编制相关工作。

第十一章　基础设施建设

在未来五年内，能够进一步改善各荆楚大遗址的内外交通条件，打通遗址点与临近高速路"最后一公里"，提高遗址可达性。结合遗址的展示利用和文化遗址公园建设开放需求，设置必要的游客服务等配套设施。荆楚大遗址基础设施规划主要包括交通设施和配套设施两个方面。

第四十九条　交通设施

改善荆楚大遗址"三区"和"多组团"内部各遗址点之间的连接互通条件，为更好联通同区位、同类型大遗址，建立丰富荆楚大遗址展示陈列体系奠定基础。进一步做好高速路与遗址点之间交通环境的提档升级工作，以改善交通条件，提高遗址可达性。科学规划、有效实施遗址停车场、电瓶车道、游客步道和栈道等内部交通、道路设施，有效串联遗址内各个展示点，提高游客观赏体验。

第五十条　配套设施

根据文化遗址公园展示开放需要，在适当位置建设游客服务中心，具备游客服务、咨询以及停车等功能，满足游客基本游览、服务需求。根据出土文物情况设置规模不等的博物馆或陈列馆，满足遗址可移动文物收藏保管、陈列展示的基本需求。结合现场管理和考古工作需求设置管理用房或考古工作站。上述三类配套设施可根据实际需要统筹建设，已经建设相关设施的大遗址，根据实际情况进行提档升级，进一步改善文物保存及游客接待环境，提升游客体验(专栏六)。

结合各个遗址的价值特征，建立风格一致、要素不同的荆楚大遗址标识系统，以更好地揭示荆楚大遗址文化内涵、展示历史文化遗产，引导社会公众采用多种途径、更加形象地了解荆楚大遗址，并使展示路径、行进路线清晰化、秩序化。标识系统可按照引导、指向、定名、解说、导览定位、警示等六类设置(专栏七)。

专栏六　荆楚大遗址相关配套设施建设需求统计表	
配套设施	大遗址名称
游客服务中心	苏家垄墓群、龙湾遗址、明楚王墓群、凤凰咀遗址、关陵、城背溪遗址、纪山楚墓群、新四军五师司令部旧址
博物馆(陈列馆)	石家河遗址、明楚王墓群、学堂梁子遗址、凤凰咀遗址、关陵、长阳人遗址、城背溪遗址、楚纪南故城、走马岭遗址、纪山楚墓群、马家垸遗址、东坡赤壁、禹王城遗址、罗州城遗址、向阳湖文化名人旧址、天岳关抗战遗址、安居遗址、容美土司遗址、建始直立人遗址
管理用房(考古工作站)	熊家冢、龙湾遗址、明楚王墓群、张自忠殉国处纪念园、凤凰咀遗址、雕龙碑遗址、走马岭遗址、纪山楚墓群、马家垸遗址、禹王城遗址、叶家山墓地、义地岗古墓群、安居遗址、大寨坪遗址

专栏七　荆楚大遗址标识系统建设	
标识类别	主要内容
引导标识	用于标明公园路径走向,引导行进;除使用标识外,也可使用各类设计手法达到提示目的。
指向标识	指向标识使用箭头和文字,指向目标地,表达方向和距离;目标地主要包括各遗存点、文物环境、联合展示对象、博物馆展示馆等。
定名标识	定名标识使用 logo 和文字,显示对象的名称、属性、类型等基本信息;用于遗存点、道路、文物环境、联合展示资源、博物馆展示馆、基础设施等。
解说标识	解说标识用于通过文字(或辅助以图片、照片等)进行讲解说明;可与导览定位标识结合,一并设置。
导览定位标识	导览定位标识通过平面图,显示来访者的位置,与周边的相对关系,以及相关游览目标、设施等的位置信息。
警示标识	警示标识主要通过文字、图形等形式,对来访者行为进行规范、警示、提示的标识。警示标识尽量结合导览定位等已有标识设置。

第十二章　实施保障措施

荆楚大遗址传承发展工程是湖北省结合文化遗产保护现状和特征首次提出的系统工

程，探索形成一整套规范高效、科学合理的政策保障体系、综合管理体制是荆楚大遗址传承发展工程和省级文化遗址公园建设的重要任务。

第五十一条 规范管理

完善管理体制机制——为加强荆楚大遗址传承发展工程的组织领导，省政府成立由常务副省长任组长、分管副省长任副组长的领导小组，各相关市级人民政府应明确荆楚大遗址保护与传承发展工程牵头单位，确定工作机构和专职人员，负责承担具体建设、运营、维护，统筹协调本行政辖区内荆楚大遗址传承发展工程和省级文化遗址公园建设工作。

健全规划建设体系——树立全国眼光，坚持高点定位，按照"统一规划指引、统一建设标准"的基本要求，健全规划指引及建设标准体系。省级层面根据《荆楚大遗址传承发展工程规划（纲要）》，安排全省大遗址保护利用工作及文化遗址公园建设的各项事宜，明确空间布局、时序安排、重点项目建设要点和技术规范。各相关大遗址负责单位组织编制本辖区各项保护展示工程方案，深化荆楚大遗址传承发展工程项目安排。

发挥属地职能——各级人民政府做好本工程实施过程中的文物保护、生态保护、基础设施建设等工作。各地宣传、文化和旅游、自然资源、住房与城乡建设、农业农村、水利和湖泊等相关部门应积极建立工作协同与信息共享机制，重点明确文物保护单位、生态保护红线、自然保护区、森林公园、地质公园、湿地公园、风景名胜区等重要资源的保护管理权责边界，共同推动荆楚大遗址传承发展工作。

压实主体责任——根据《文物保护法》及国家考古遗址公园建设相关法规，大遗址所在地政府是全面推进大遗址保护工作、建设考古遗址公园、充分发挥大遗址社会效益的责任主体。相关政府要将大遗址保护工作纳入经济和社会发展规划、纳入财政预算、纳入绩效考核，统筹谋划，积极探索建立体现地方文化特色的大遗址保护利用模式，实现大遗址"永久保存、永续利用"。

强化协同配合——大遗址传承发展工程领导小组要充分发挥统筹协调作用，推动各相关部门牢固树立"一盘棋"思想，各司其职、各负其责，在资金投入、法规建设、规划编制、人才培养等方面加强政策对接和工作衔接，为荆楚大遗址传承发展工程提供有力保障、创造良好环境。

第五十二条 政策措施

多渠道筹措资金——按照"政府引导、社会参与"的原则，多渠道筹措资金，兼顾公益性与市场化。整合现有的财政资金，重点加强遗产保护、公共服务设施建设、标识配置等基础研究、标准设施方面的保障。在文旅融合区层面，鼓励社会资本积极参与文化创意产业、文化旅游产业的投资与建设。各地应积极支持省级重点重大项目,引导金融机构对荆楚大遗址传承发展工程和省级文化遗址公园建设进行信贷投放。争取中央对湖北在政策与资金方面的倾斜支持,确保规划确定的各项重大项目如期推进。积极广泛地吸收社会力量的参与,使荆楚大遗址保护利用工作成为全社会共同关注的事业,积极学习其他行业的管理经验、吸纳社会资金的介入,以扩大荆楚大遗址的影响力和宣传力。

加强政策专项扶持——以荆楚大遗址传承发展工程和省级文化遗址公园建设为载体,梳理文物保护、文化产业发展、旅游发展、城乡建设、生态环境保护、交通、水利、国土等方面专项扶持政策,从国家、省、市三级梳理相关专项政策,形成目标明确、条块结合、导向清晰的政策支持体系。

建立重大项目建设库——坚持解放思想、系统谋划、量力而行的原则,实施若干代表性重大项目,构建分类、分县区、分期的省级文化遗址公园建设重大项目建设库。强化项目实施可行性研究、环境影响评价等前置性工作,确保入库项目的有效性,完善重大项目储备、更新流程。

经梳理入库大遗址项目近 3 年来建设推进情况,对照《国家考古遗址公园评定细则(试行)》《湖北省文化遗址公园评定细则(试行)》等要求,结合各大遗址保护管理机构工作计划,项目库除已经挂牌和立项外的其余 32 处荆楚大遗址分为 A、B、C 三类,各类分别制定针对性工作思路,同时,项目库及时更新、动态调整[专栏八(略)]。

第五十三条 技术支持

加强技术支持力度——注重荆楚大遗址传承发展工程和省级文化遗址公园建设的科学性和专业性,设立省级专家咨询委员会和省级技术支持单位,持续推进本工程和省级文化遗址公园建设的相关研究、规范编制、规划编制和技术培训工作。

加强规划衔接——推进各相关县区职能部门结合本地实际编制省级文化遗址公园建设实施方案,根据荆楚大遗址资源分布密集情况,可以以市(州)或县(市、区)为单位开展编制工作,具体划定辖区内各功能区边界、细化各部分建设内容的落实途径、统筹相关建设项目等,在此基础上开展相关工程方案的编制和实施。

本规划明确的各方面工作内容,应纳入湖北省文物事业发展及相关"十四五"规划。特别注意各个大遗址文物保护区划与"三线"(生态保护红线、永久基本农田保护红线、城镇开发边界)的边界及管控要求衔接,实现管控边界、区域主导功能的协调一致。

各市(州)或县(市、区)的实施方案还应注重与既有各类文物保护规划、自然保护区规划、交通规划、水利发展规划等各相关规划的有机衔接,妥善处理荆楚大遗址传承发展工程和省级文化遗址公园建设与各类空间管控区域的边界协调及建设管理的衔接关系。

第五十四条　监督考评

明确监督主体与责任——明确荆楚大遗址传承发展工程和省级文化遗址公园建设监管主体及相应的监督及检查责任，并定期向荆楚大遗址传承发展工程和省级文化遗址公园建设主管部门报告监督检查结果。

建立评价考核体系——逐步将省级文化遗址公园建设运营相关要求纳入湖北省相应年度考核指标，形成评价标准和考核机制。

相关县区应认真开展自查，及时向荆楚大遗址传承发展工程主管部门反映重大进展、重大问题和意见建议，确保荆楚大遗址传承发展工程和省级文化遗址公园建设各项工作稳步推进。

附表 1　荆楚大遗址现状评估

区位条件	大遗址名称
A 级（13 处）	盘龙城遗址、铜绿山古铜矿遗址、屈家岭遗址、华新水泥厂旧址、古隆中、习家池、张自忠殉国处纪念园、屈原祠、楚纪南故城、中原突围纪念园、东坡赤壁、擂鼓墩古墓群、义地岗古墓群
B 级（9 处）	龙湾遗址、明楚王墓群、关陵、城背溪遗址、李时珍墓、禹王城遗址、罗州城遗址、炎帝故里、安居遗址
C 级（15 处）	熊家冢、苏家垄墓群、石家河遗址、凤凰咀遗址、雕龙碑遗址、走马岭遗址、纪山楚墓群、马家垸遗址、新四军五师司令部旧址、向阳湖文化名人旧址、天岳关抗战遗址、赤壁古战场、叶家山墓地、容美土司遗址、建始直立人遗址
D 级（3 处）	学堂梁子遗址、长阳人遗址、大寨坪遗址

人口条件	大遗址名称
A 级（8 处）	盘龙城遗址、熊家冢、石家河遗址、学堂梁子遗址、凤凰咀遗址、雕龙碑遗址、炎帝故里、安居遗址
B 级（11 处）	铜绿山古铜矿遗址、苏家垄墓群、龙湾遗址、明楚王墓群、古隆中、习家池、张自忠殉国处纪念园、李时珍墓、罗州城遗址、向阳湖文化名人旧址、赤壁古战场
C 级（20 处）	华新水泥厂旧址、屈原祠、关陵、长阳人遗址、城背溪遗址、楚纪南故城、走马岭遗址、纪山楚墓群、马家垸遗址、新四军五师司令部旧址、中原突围纪念园、东坡赤壁、禹王城遗址、天岳关抗战遗址、擂鼓墩古墓群、叶家山墓地、义地岗古墓群、容美土司遗址、建始直立人遗址、大寨坪遗址
D 级（1 处）	屈家岭遗址

产值条件	大遗址名称
A级(14处)	盘龙城遗址、铜绿山古铜矿遗址、苏家垄墓群、石家河遗址、龙湾遗址、明楚王墓群、学堂梁子遗址、凤凰咀遗址、雕龙碑遗址、关陵、城背溪遗址、擂鼓墩古墓群、叶家山墓地、义地岗古墓群
B级(8处)	熊家冢、古隆中、习家池、张自忠殉国处纪念园、纪山楚墓群、马家垸遗址、向阳湖文化名人旧址、赤壁古战场
C级(9处)	华新水泥厂旧址、楚纪南故城、走马岭遗址、李时珍墓、东坡赤壁、禹王城遗址、罗州城遗址、炎帝故里、安居遗址
D级(9处)	屈家岭遗址、屈原祠、长阳人遗址、新四军五师司令部旧址、中原突围纪念园、天岳关抗战遗址、容美土司遗址、建始直立人遗址、大寨坪遗址

保护现状	大遗址名称
A级(29处)	盘龙城遗址、铜绿山古铜矿遗址、熊家冢、屈家岭遗址、苏家垄墓群、石家河遗址、龙湾遗址、明楚王墓群、华新水泥厂旧址、学堂梁子遗址、古隆中、习家池、张自忠殉国处纪念园、凤凰咀遗址、雕龙碑遗址、屈原祠、关陵、走马岭遗址、纪山楚墓群、新四军五师司令部旧址、中原突围纪念园、李时珍墓、东坡赤壁、向阳湖文化名人旧址、赤壁古战场、炎帝故里、擂鼓墩古墓群、容美土司遗址、建始直立人遗址
B级(7处)	长阳人遗址、楚纪南故城、禹王城遗址、天岳关抗战遗址、叶家山墓地、义地岗古墓群、安居遗址
C级(4处)	城背溪遗址、马家垸遗址、罗州城遗址、大寨坪遗址
D级(0处)	

利用现状	大遗址名称
A级(21处)	盘龙城遗址、铜绿山古铜矿遗址、熊家冢、龙湾遗址、明楚王墓群、古隆中、习家池、张自忠殉国处纪念园、雕龙碑遗址、屈原祠、关陵、走马岭遗址、新四军五师司令部旧址、中原突围纪念园、李时珍墓、东坡赤壁、天岳关抗战遗址、赤壁古战场、炎帝故里、擂鼓墩古墓群、长阳人遗址
B级(3处)	屈家岭遗址、华新水泥厂旧址、楚纪南故城
C级(10处)	苏家垄墓群、石家河遗址、学堂梁子遗址、凤凰咀遗址、城背溪遗址、禹王城遗址、向阳湖文化名人旧址、义地岗古墓群、容美土司遗址、建始直立人遗址
D级(6处)	纪山楚墓群、马家垸遗址、罗州城遗址、叶家山墓地、安居遗址、大寨坪遗址

管理现状	大遗址名称
A级(29处)	盘龙城遗址、铜绿山古铜矿遗址、熊家冢、屈家岭遗址、石家河遗址、苏家垄墓群、龙湾遗址、明楚王墓群、华新水泥厂旧址、学堂梁子遗址、古隆中、习家池、张自忠殉国处纪念园、凤凰咀遗址、雕龙碑遗址、屈原祠、关陵、楚纪南故城、走马岭遗址、纪山楚墓群、新四军五师司令部旧址、中原突围纪念园、李时珍墓、东坡赤壁、向阳湖文化名人旧址、赤壁古战场、炎帝故里、擂鼓墩古墓群、容美土司遗址
B级(6处)	长阳人遗址、马家垸遗址、天岳关抗战遗址、叶家山墓地、义地岗古墓群、建始直立人遗址
C级(5处)	城背溪遗址、禹王城遗址、罗州城遗址、安居遗址、大寨坪遗址
D级(0处)	

产权现状	大遗址名称
A级(20处)	盘龙城遗址、熊家冢、华新水泥厂旧址、古隆中、习家池、张自忠殉国处纪念园、屈原祠、关陵、长阳人遗址、城背溪遗址、走马岭遗址、新四军五师司令部旧址、中原突围纪念园、李时珍墓、东坡赤壁、向阳湖文化名人旧址、赤壁古战场、炎帝故里、擂鼓墩古墓群、建始直立人遗址
B级(6处)	龙湾遗址、凤凰咀遗址、雕龙碑遗址、天岳关抗战遗址、义地岗古墓群、大寨坪遗址
C级(10处)	铜绿山古铜矿遗址、屈家岭遗址、苏家垄墓群、石家河遗址、明楚王墓群、学堂梁子遗址、楚纪南故城、纪山楚墓群、安居遗址、容美土司遗址
D级(4处)	马家垸遗址、禹王城遗址、罗州城遗址、叶家山墓地

研究现状	大遗址名称
A级(22处)	盘龙城遗址、铜绿山古铜矿遗址、熊家冢、屈家岭遗址、苏家垄墓群、石家河遗址、龙湾遗址、明楚王墓群、华新水泥厂旧址、学堂梁子遗址、习家池、凤凰咀遗址、关陵、长阳人遗址、楚纪南故城、走马岭遗址、纪山楚墓群、新四军五师司令部旧址、李时珍墓、东坡赤壁、向阳湖文化名人旧址、义地岗古墓群
B级(4处)	雕龙碑遗址、中原突围纪念园、禹王城遗址、安居遗址
C级(6处)	古隆中、炎帝故里、擂鼓墩古墓群、叶家山墓地、容美土司遗址、建始直立人遗址
D级(8处)	张自忠殉国处纪念园、屈原祠、城背溪遗址、马家垸遗址、罗州城遗址、天岳关抗战遗址、赤壁古战场、大寨坪遗址

交通现状	大遗址名称
A级(11处)	盘龙城遗址、铜绿山古铜矿遗址、屈家岭遗址、华新水泥厂旧址、古隆中、楚纪南故城、禹王城遗址、罗州城遗址、向阳湖文化名人旧址、赤壁古战场、安居遗址
B级(8处)	苏家垄墓群、石家河遗址、凤凰咀遗址、李时珍墓、马家垸遗址、苏家垄墓群①、炎帝故里、建始直立人遗址
C级(14处)	熊家冢、龙湾遗址、明楚王墓群、习家池、张自忠殉国处纪念园、屈原祠、关陵、走马岭遗址、纪山楚墓群、东坡赤壁、新四军五师司令部旧址、擂鼓墩古墓群、叶家山墓地、义地岗古墓群
D级(7处)	学堂梁子遗址、雕龙碑遗址、长阳人遗址、中原突围纪念园、天岳关抗战遗址、容美土司遗址、大寨坪遗址

基础设施现状	大遗址名称
A级(23处)	盘龙城遗址、铜绿山古铜矿遗址、熊家冢、屈家岭遗址、苏家垄墓群、龙湾遗址、明楚王墓群、华新水泥厂旧址、古隆中、习家池、张自忠殉国处纪念园、雕龙碑遗址、屈原祠、关陵、长阳人遗址、楚纪南故城、新四军五师司令部旧址、中原突围纪念园、李时珍墓、东坡赤壁、赤壁古战场、炎帝故里、擂鼓墩古墓群
B级(3处)	走马岭遗址、容美土司遗址、石家河遗址
C级(5处)	学堂梁子遗址、凤凰咀遗址、城背溪遗址、纪山楚墓群、义地岗古墓群
D级(9处)	马家垸遗址、禹王城遗址、罗州城遗址、向阳湖文化名人旧址、天岳关抗战遗址、叶家山墓地、安居遗址、建始直立人遗址、大寨坪遗址

附表2：国家考古遗址公园挂牌单位名单(略)

附表3：国家考古遗址公园立项单位名单(略)

附表4 荆楚大遗址拟建设省级文化遗址公园

名称	市域	县区	时代	性质	级别	占地面积
明楚王墓群	武汉市	江夏区	明代	古墓葬	国保	1160Ha
华新水泥厂旧址	黄石市	黄石港区	1946—2005年	近现代	国保	121.32Ha
学堂梁子遗址	十堰市	郧阳区	旧石器时代	古遗址	国保	240Ha
古隆中	襄阳市	襄城区	汉代	古建筑	国保	70Ha
习家池	襄阳市	襄城区	汉代	古建筑	省保	4.15Ha

---

① 原公布文件如此，对照40处荆楚大遗址名单，疑为"城背溪遗址"。(编者按)

名称	市域	县区	时代	性质	级别	占地面积
张自忠殉国处纪念园	襄阳市	宜城市	1941 年	近现代	省保	5.76Ha
凤凰咀遗址	襄阳市	襄州区	新石器时代	古遗址	国保	140.06Ha
雕龙碑遗址	襄阳市	枣阳市	新石器时代	古遗址	国保	100.19Ha
屈原祠	宜昌市	秭归县	清代	古建筑	国保	74.66Ha
关陵	宜昌市	当阳市	三国	古墓葬	国保	111Ha
长阳人遗址	宜昌市	长阳县	旧石器时代	古遗址	国保	5.8Ha
城背溪遗址	宜昌市	宜都市	新石器时代	古遗址	省保	2.55Ha
楚纪南故城	荆州市	荆州区	东周	古遗址	国保	83175Ha
走马岭遗址	荆州市	石首市	新石器时代	古遗址	国保	133.18Ha
纪山楚墓群	荆门市	沙洋县	东周	古墓葬	国保	3521.82Ha
马家垸遗址	荆门市	沙洋县	新石器时代	古遗址	国保	30Ha
新四军五师司令部旧址	孝感市	大悟县	1942—1945 年	近现代	国保	0.54Ha
中原突围纪念园	孝感市	大悟县	1946 年	近现代	国保	38.12Ha
李时珍墓	黄冈市	蕲春县	明代	古墓葬	国保	101Ha
东坡赤壁	黄冈市	黄州区	明—民国	石刻	国保	46.74Ha
禹王城遗址	黄冈市	黄州区	东周	古遗址	省保	206.04Ha
罗州城遗址	黄冈市	蕲春县	汉—宋	古遗址	省保	180Ha
向阳湖文化名人旧址	咸宁市	咸安区	当代	近现代	国保	8Ha
天岳关抗战遗址	咸宁市	通城县	1939 年	近现代	省保	1.82Ha
赤壁古战场	咸宁市	赤壁市	宋、明、清	石刻	国保	65.34Ha
炎帝故里	随州市	随县	明代	古遗址	省保	122.50Ha
擂鼓墩古墓群	随州市	曾都区	战国	古墓葬	国保	1198Ha
叶家山墓地	随州市	曾都区	西周	古墓葬	国保	237Ha
义地岗古墓群	随州市	曾都区	东周	古墓葬	国保	220.9Ha
安居遗址	随州市	随县	周、汉	古遗址	国保	226.37Ha
容美土司遗址	恩施州	鹤峰县	明至清	古遗址	国保	53.8Ha
建始直立人遗址	恩施州	建始县	旧石器时代	古遗址	国保	71Ha
大寨坪遗址	恩施州	咸丰县	宋—明	古遗址	省保	397.74Ha

备注：明楚王墓、关陵、东坡赤壁、炎帝神农故里已建成湖北省文化遗址公园。

省人民政府关于公布
第一批湖北省文化遗址公园的通知^①

鄂政发〔2021〕11 号

各市、州、县人民政府，省政府各部门：

为贯彻落实党中央、国务院关于实施中华优秀传统文化传承发展工程以及加强文物保护利用改革的决策部署，省人民政府决定批准屈家岭遗址、明楚王墓、龙湾遗址、炎帝神农故里、东坡赤壁、关陵为第一批湖北省文化遗址公园，现予公布。

被批准的湖北省文化遗址公园所在地政府和管理机构，要进一步加强公园建设和运营管理，妥善处理好文物保护、研究、展示利用之间的关系，不断提升公共服务水平，充分发挥文化遗址公园在讲好湖北故事、弘扬传承中华优秀传统文化中的积极作用。

各地各有关部门要深入学习贯彻习近平总书记关于文物工作系列重要论述精神，积极推进实施荆楚大遗址传承发展工程和文物保护利用改革工作，充分发挥大遗址在乡村振兴战略、长江经济带发展战略中的促进作用，为加快"建成支点、走在前列、谱写新篇"贡献文化力量。

2021 年 4 月 20 日

---

① 《省人民政府关于公布第一批湖北省文化遗址公园的通知》，湖北省人民政府网（http：// www. hubei. gov. cn/zfwj/ezf/202104/t20210430_3512872. shtml），2021 年 4 月 30 日，检索时间：2023 年 8 月 8 日。

省人民政府关于公布
第二批湖北省文化遗址公园的通知①

鄂政发〔2022〕24 号

各市、州、县人民政府，省政府各部门：

为贯彻落实习近平总书记关于文物工作系列重要论述精神，推动荆楚文化创造性转化创新性发展，省人民政府决定批准古隆中、华新水泥厂旧址、赤壁古战场、屈原祠、走马岭遗址、建始直立人遗址为第二批湖北省文化遗址公园，现予公布。

被批准的湖北省文化遗址公园所在政府和管理机构，要增强历史自觉，坚定文化自信，认真贯彻落实"保护第一、加强管理、挖掘价值、有效利用、让文物活起来"的新时代文物工作方针，进一步加大文物保护力度，加强公园运营管理，推动文物和文化遗产活起来，讲好湖北故事。

各地各有关部门要深入贯彻落实全国文物工作会议精神，积极推进实施荆楚大遗址传承发展工程，奋力推进文物事业高质量发展，为建设文化强省、建设全国构建新发展格局先行区作出更大贡献。

2022 年 10 月 5 日

---

① 《省人民政府关于公布第二批湖北省文化遗址公园的通知》，湖北省人民政府网（http：//www.hubei.gov.cn/zfwj/ezf/202303/t20230310_4579324.shtml），2023 年 3 月 10 日，检索时间：2023 年 8月 8 日。

省人民政府关于公布
第三批湖北省文化遗址公园的通知^①

鄂政发〔2024〕3 号

各市、州、县人民政府，省政府各部门：

为贯彻落实习近平文化思想，推动荆楚文化创造性转化和创新性发展，省人民政府决定批准铜绿山古铜矿遗址、三游洞、李时珍墓、彭家寨、容美土司屏山爵府遗址、凤凰咀遗址为第三批湖北省文化遗址公园，现予公布。

湖北省文化遗址公园所在政府和管理机构，要增强历史自觉，坚定文化自信，认真贯彻落实"保护第一、加强管理、挖掘价值、有效利用、让文物活起来"的新时代文物工作要求，进一步加大文物保护力度，加强公园运营管理，推动文物和文化遗产活起来，讲好湖北故事。

各地各有关部门要立足新发展阶段，加强文物保护利用和文化遗产保护传承，坚持以文塑旅、以旅彰文，推动文旅融合，高水平建成文化旅游强省，为加快建设全国构建新发展格局先行区，加快建成中部地区崛起重要战略支点，奋力推进中国式现代化湖北实践作出新的更大贡献。

2024 年 3 月 16 日

---

① 《省人民政府关于公布第三批湖北省文化遗址公园的通知》，湖北省人民政府网（http://www.hubei.gov.cn/zfwj/ezf/202403/t20240321_5128823.shtml），2024 年 3 月 21 日，检索时间：2024 年 5 月 14日。

湖北省国家考古遗址公园名单(第1至4批)

挂牌国家考古遗址公园(4处)		
公园名称	挂牌时间	批准文号
熊家冢国家考古遗址公园	2013 年 12 月 17 日	文物保发〔2013〕19 号
盘龙城国家考古遗址公园	2017 年 11 月 7 日	文物保函〔2017〕1839 号
屈家岭国家考古遗址公园	2022 年 12 月 16 日	文物考函〔2022〕1316 号
龙湾国家考古遗址公园	2022 年 12 月 16 日	文物考函〔2022〕1316 号
立项考古遗址公园(7处)		
公园名称	立项时间	批准文号
楚纪南城(含八岭山、熊家冢)考古遗址公园	2010 年 10 月 9 日	文物保发〔2010〕35 号
铜绿山考古遗址公园	2013 年 12 月 17 日	文物保发〔2013〕19 号
石家河考古遗址公园	2017 年 11 月 7 日	文物保函〔2017〕1839 号
苏家垄考古遗址公园	2017 年 11 月 7 日	文物保函〔2017〕1839 号
明楚王墓考古遗址公园	2022 年 12 月 16 日	文物考函〔2022〕1316 号
学堂梁子考古遗址公园	2022 年 12 月 16 日	文物考函〔2022〕1316 号
擂鼓墩考古遗址公园	2022 年 12 月 16 日	文物考函〔2022〕1316 号

后　　记

　　按照湖北省人民政府办公厅印发的《荆楚大遗址传承发展工程实施方案（2019—2023年）》，2023年是这一工程的收官之年。2019年以来，荆楚大遗址传承发展工程大步向前，为完善大遗址保护利用体系、促进全省经济社会协调发展谱写了新的篇章。为展现工程成果，进一步推动工作，根据省文化和旅游厅、省文物局统一部署，省文物事业发展中心从2022年下半年开始筹划编撰本书，面向有关专家、省内外文博单位以及社会各界公开征稿，得到了热烈回应，累计收到论文40余篇，涉及考古科研、保护修缮、展览展示、宣传传播、建设运营等诸多方面，体现了实施荆楚大遗址传承发展工程的理论思考和实践探索成果。经过认真筛选，并联系部分作者对稿件进行修改完善，最终确定31篇论文入选；同时，为增强本书的实用性，我们精心收集若干政策性文件和有关遗址公园的数据，作为附录。由于征稿时间有限，本书内容尚未完全覆盖"荆楚大遗址传承发展工程"40处重点遗址，也由于我们水平有限，在编辑审校方面不可避免地存在疏漏，种种遗憾，恳请广大读者原谅包涵。

　　在此，向所有关心支持荆楚大遗址传承发展工程的各界人士致以诚挚的感谢。